U0647038

南京大學亞太發展研究中心
Centre for Asia-Pacific Development Studies, Nanjing University
CAPDS

人文亞太

孙 江 主编

南京大学出版社

主　　办　南京大学亚太发展研究中心

学术委员会（以姓氏拼音为序）

陈谦平（南京大学历史学院）

韩东育（东北师范大学历史文化学院）

黄兴涛（中国人民大学历史学院）

李恭忠（南京大学历史学院）

石　斌（南京大学中美文化研究中心）

孙　江（南京大学学衡研究院）

王月清（南京大学哲学系）

王中忱（清华大学文学院）

吴义雄（中山大学历史学系）

杨念群（中国人民大学历史学院）

张伯伟（南京大学文学院）

章　清（复旦大学历史学系）

编辑委员会

主　编：孙　江

副主编：王　楠

成　员：彭　曦　王奕红　尹恩子　于京东

助　理：谢　任　王瀚浩　宋逸炜

开卷语

《人文亚太》是研究亚太——亚洲—太平洋地区历史与文化的学术出版物。

在亚太之前冠以人文二字,旨在表明亚太不是单纯的地理概念,而是由人和物的移动形构的人文空间。

"亚洲"(Asia),又曰"亚细亚洲",是明末来华耶稣会士带来的概念,其源头可远溯古希腊。在希腊语中,今天土耳其西部地区叫小亚细亚(Ἀνατολή/Anatolia)——太阳升起的地方。随着欧洲人足迹的东移,小亚细亚扩大为亚细亚,最终成为涵盖中国、日本、朝鲜、吕宋、苏门答腊以及大海大洋的广域概念。然而,当19世纪中叶中国人和日本人接受亚洲这一他称时,亚洲业已被赋予文明和人种上的次等位置、世界体系中的边缘含义。在对抗这种差异性上,日本和中国选择了不同的路径。日本一方面践行"脱亚入欧",另一方面倡导"亚洲主义",在挤入以欧美为中心的文明序列的同时意图博得亚洲盟主位置;而中国,自清末章太炎所构思的"亚洲和亲会"始,直到革命语境下的民族解放,寻求的是以弱小族群联合为手段的抗争。

"太平洋"(Pacific Ocean)也是明末耶稣会士带来的概念,与亚洲概念相比,似乎要简单得多,其实不然。太平洋的"发现"和命名是在大航海时代,传说麦哲伦(Ferdinand Magellan)在跨越美洲和亚洲之间的大洋时,鉴于眼前海域风平浪静,将其命名为Mare Pacificum——太平洋。不消说,太平洋从来就没有太平过,惨烈的第二次世界大战中的太平洋战争曾波及亚洲、美洲和澳洲。

第二次世界大战后,亚太地区经历了漫长的"冷战"对峙,直到20世纪末才迎来了全球化时代的新局面:国家关系的重组、超越国家的地域联系的强化,以及在对立和融合中急速变化的人群交往方式等。基于这些近前的现象,本书拟将亚太地区的过往经验与未来愿景相勾连,深入探讨其历史、族群、文化、信仰等,以期呼应全球史书写所带来的挑战。

目　录

开卷语

秩　序

形　象

秩　序

朝鲜近代初期对万国公法的接受

——从对日开国前夜到朝士视察团

金凤珍*

一、对日开国前夜：围绕朝鲜地位的清日对立

1876 年 1 月，日本政府派遣特命全权公使森有礼（1847—1889）出使北京总理各国事务衙门（1861 年设置，简称总署）。其目的乃质问清国方面朝鲜的国家地位问题，而这牵涉当时进行的朝日间条约交涉。在大约两个月的逗留时间内，森公使与清国方面多次会谈①，不断主张以近代西方的万国公法（简称公法）为标准的"朝鲜—独立自主"论。其中，隐藏了这样的意图，即防止清国介入当时由日本政府所推进的朝日条约交涉。此外，也包含着敢于无视朝清间的册封、

---

* 作者系日本北九州市立大学外国语学部教授。

① 关于会谈的经过，参照故宫博物院编：《清光绪朝中日交涉史料》卷一，台北：文海出版社，1963 年；"中央研究院"近代史研究所编：《清季中日韩关系史料》第二卷，台北：精华印书馆，1972 年相关记录。此外，尚可参照田保桥洁：《近代日鲜関係の研究》上卷，京城：朝鲜总督府朝鲜史编修会，1940 年，第 10 章。后文引用包括这些书籍在内的著作时，仅在引文之后写明页码。

朝贡关系,将朝鲜引入近代条约体系的意图。① 更进一步而言,还有阻止清国对朝鲜的传统庇护(朝贡体制的集团安全保障)之意。

对于日本方面的意图,清国标榜以"朝鲜虽我属国,而内政外交,听其自主"为趣旨的"朝鲜—属国自主"论。所谓属国自主这一种标语,是总署为了让欧美诸国理解朝清关系而在 1866 年左右所使用的。② 这是一种"传统的发明"③,同时,也是传统与近代杂交(hybridization)的产物。④ 其中混杂了东亚传统地域秩序(中华世界秩序、华夷秩序)与西方近代国际秩序——礼与公法两种原理。这两种原理调和与否,属国自主是否可以成立抑或自相矛盾? 当时都没

---

① 在此希望引起注意的是,虽说册封、朝贡关系是基于儒家理念的礼仪层面的上下级关系,但并非由实力所主导的支配—服从关系。此外,也不是近代西语的"宗属 suzerainty-vassal"关系(详见后述)。虽通常称朝清宗属关系,但其中的"翻译问题"值得注意。宗属一词是译自西语的近代产物,尽管将此用于册封、朝贡关系不甚适当,但近代以后,仍产生了朝清宗属关系这样的表述。虽然那在朝清间的册封、朝贡关系在甲午战争(1894—1895)后应该可以说是消失了,但实际情况却是倒退了。日清战争后也还残存着那种表述,之后从日本远播欧美、中国与朝鲜(韩国)。这一原委,可参照姜东局:《「属邦」の政治思想史——19 世紀後半における「朝鮮地位問題」をめぐる言説の系譜》,东京大学院法学政治学研究科博士论文,2004 年,第 139－154 页;金凤珍:《「朝鮮＝属国」論考》,北九州市立大学大学院社会システム研究科《社会システム研究》第 5 号,2007 年 3 月,第 12－14 页。

② 这一契机是 1866 年以后朝鲜与法国、美国等欧美各国间所发生的一系列武力冲突事件的结果(后述)。这些事件前后,欧美诸国向总署质问朝鲜的国家地位,于是总署标榜"朝鲜—属国自主"。这一原委,可参照冈本隆司:《属国と自主のあいだ　近代清韓関係と東アジアの命運》,名古屋大学出版会,2004 年,第 1 章;金凤珍:《「朝鮮＝属国」論考》,第 3－4 页。

③ 这一"发明"概念包含着"创作、制作、捏造"的含义。

④ 关于传统与近代的杂交,可参照金凤珍:《東アジア「開明」知識人の思惟空間　鄭観応・福沢諭吉・俞吉濬の比較研究》,九州大学出版会,2004 年版,第 12 页,注 5。

有定论。当然,历史的结果是,属国自主朝向了自相矛盾的一方。由此引发了清日间的对立(进而朝清间的对立)与冲突。

当时,清日之间围绕属国的解释产生了语言层面上的差异。这是因为清国以礼为标准,而日本以公法为标准。此外,清国的传统版图观念与日本近代的领土观念之间产生了间隔。清国的版图包括统治权所及之领土与作为势力范围的属国。但日本基于领土观念,以"属国—空名"进行反驳(后述)。① 当然,从朝清关系的传统而言,"属国—空名"说过于极端。

本来,属国是中国所册封的朝贡国的别称。朝鲜接受清国皇帝的册封,奉其正朔(正月朔日,历书),用其年号。对清国守事大之礼,定期派遣朝贡使节。这在形式上意味着服从皇帝(天子)的统治。清国称此朝鲜为"朝贡之国,外国",亦称"属国"(后述)。这里的"属"作何解释是一难题。当然,这表现为"清国的势力范围与中华圈之内——华内",还象征"亲密、友好"与"安全保障、同盟"。

"属"对于清国而言,必须遵守对朝鲜的事小之礼,即象征为庇护的权利与义务。例如,当朝鲜面临别国的威胁时,清国拥有进行庇护的权利与义务。清国的庇护必然伴随对朝鲜内政外交的干涉与束缚,以及由此对朝鲜自主权的侵害。但是,庇护要求不超过剥夺自主权(本土化、殖民地化)的分寸。而这正是朝贡体制安全保障功能的传统意义。这一分寸,被传统所遵守。然而进入近代以来,为了适应情况的变化,必须对朝贡体制及其功能进行近代化改造。这一课题,被交给了清国(与朝鲜)。

---

① 顺便一提,从江户时代起,日本的"属国"也有指代"属地与殖民地"的时候(姜东局:《「属邦」的政治思想史》,前提论文,第 15 - 24 页)。如此,日本以"属国—空名"进行反驳或许也可以说是当然的结果。

言归正传,此次朝日条约交涉,清国并未介入,但却暗示了将来介入的可能。为此,清国方面虽然对森公使标榜属国自主,但却希望赋予属国一词——与之前向欧美标榜的属国不同——以新的含义。为此,所引证的是日清修好条规(1871 年 9 月缔结)第一条。① 其中有"两国所属邦土,亦各以礼相待,不可稍有侵越"之言。以此为根据清国开始主张"属国—所属邦土"论。② 虽然清国反复争论,但依然得不到日本的理解。让我们试探其原委。

1876 年 1 月 14 日(光绪元年十二月十八),总署答复了森公使。其中有"终守此修好条规,两国所属邦土不相侵越之言",要求严守日清修好条规第一条。③ 其意在"清国所属邦土包含朝鲜。缔约国日本理应依约不侵越朝鲜"。表明这样一种庇护朝鲜的意志,是为了牵制日本。然而,森公使在翌日的回复中却反驳道,"朝鲜是一独立之国,贵国谓之属国,亦徒空名耳",直接拒绝了总署的要求。④ 清国方面见此情形,必然报有忧惧之感。"独立",难道不是日本为了将来使朝鲜脱离清国而进行的事先部署? 所谓的"属国—空名"难道不是对册封、朝贡关系熟视无睹,而希冀将朝鲜殖民地化吗?

这一担心的背景中有着日本的殖民主义意图。日本在江户时代后期便以《古事记》与《日本书纪》的记述为依据,主张"朝鲜进出论"。到明治时代,征韩之声日渐高涨。1873 年,日本政府内的"征韩论"

---

① 顺便一提,日清修好条规第三条中有"两国政事禁令,各有异同,其政事应听己国自主,彼此均不得代谋干预"等。由此日清两国承认互相的"自主、均(即平等)"。

② 后文将详述,清国从"所属邦土"创出了属邦一语,创造了"属国—属邦"论。

③ 《清光绪朝中日交涉史料》卷一,(二) 附件三"覆日本国节略"。

④ 《清光绪朝中日交涉史料》卷一,(二) 附件一"日本国照会"。

(1871—1873)被大体控制了下来。但在 1872 年,日本政府将琉球王国对于清国的"属"作为"虚文之名",设置了琉球藩。1874 年,琉球渔民遇风漂至台湾,被台湾的原住民杀害,借此事件,日本强行出兵台湾,使得琉球的本土殖民地化成为既定事实。① 因此,在清国内流传着日本侵略朝鲜之说,对日戒心到达顶峰。

总署在 1 月 18 日,再次答复了森公使。② 首先认为"朝鲜虽曰属国,地固不隶中国,以故中国曾无干预内政,其与外国交涉,亦听彼国自主"。其意在"虽不曾干涉朝鲜内政、外交,但此乃过去之方针,既已缔结清日修好条规,便不得不改其方针"。此外,主张"修好条规内载所属邦土,朝鲜实中国所属之邦之一"。朝鲜乃"所属之邦,即属邦"之意。由此,之前的"属国"论被更改,变为了新的"属国—属邦"论。这酝酿了危险的政策,即为了对抗日本的殖民主义,而承担起了内在的殖民主义。③ 但作为清国方面,也只是苦肉之计,展示出即使是冒着危险也要阻止日本的威胁,无论如何也要庇护朝鲜的强烈意志。

"属国—属邦"论,原本基于日清修好条规,只是向关系国,即日本主张。但这样一来,日本可以说日清修好条规与朝鲜无关。森公使将这种无关系论摆在了总署的面前。总署对此反驳,"合照修好条规所属邦土不相侵越之意,彼此同守,不敢断以己意,谓于条约上无所关系"。然而翌日,森公使又再次举出了无关系论之例。④ 之后,双方互无交集的争论始终围绕着"属国—属邦"论进行。结果到了 2

---

① 清国进行了强烈抗议却并未被接受,无法扭转日本占领琉球的行动。1879 年,日本废除了琉球藩设置了冲绳县,清国也在持续抗议。

② 《清光绪朝中日交涉史料》卷一,(二) 附件二"覆日本国照会"。

③ 但清国在历史上并未下决心要将朝鲜殖民地化。可以说是守住了庇护朝鲜的底线。在这一意义上,并不能将"属国—属邦"论与殖民主义等量齐观。

④ 《清光绪朝中日交涉史料》卷一,(二) 附件三"日本国照会"。

月12日，森公使向总署递交了最终的照会，终止了争论："原夫朝鲜实具独立之体，其内外政令，悉由自主，我国亦以自主对之。是以除该国（朝鲜）自主政令外，其与贵国间所有关系事理，我国决不顾及，贵国亦不得引条规中侵越等字，加诸我国。故曰所谓属国，徒空名耳。凡事起于朝鲜、日本间者，于条约上固无与也。"①要言之，因为日清修好条规与朝鲜无关，故而日本无视属国而仅取其自主，与朝鲜进行条约交涉。

在此之前的1月24日，森公使前往直隶保定，与日清修好条规的缔约者、北洋大臣兼直隶总督李鸿章（1823—1901）进行了会谈。②在会谈前半段，双方围绕和约（条约）与万国公法的效用如何产生了矛盾。李鸿章主张有效论、有用论。森公使主张无效论、无用论，认为决定国家间事宜的乃实力的强弱，肯定了强权政治与殖民主义。与之相对，李反驳道，违反条约违背公法的行为是哪个国家都无法容忍的。李的趣旨，在于遵从日清修好条规，让日本理解"属国—属邦"论。之后，两人进行了如下对话：

> 森："高丽（朝鲜）与印度同在亚细亚，不算中国属国。"
>
> 李："高丽奉正朔，如何不是属国？"
>
> 森："各国（欧美诸国）都说高丽不过朝贡受册封，中国不收其钱粮，不管他政事，所以不算属国。"
>
> 李："高丽属中国几千年，何人不知？和约（日清修好条规）上所说'所属邦土'，'土'字指中国各直省，此是内地，为

① 《清光绪朝中日交涉史料》卷一，（二）附件七"日本国照会"。

② 《清光绪朝中日交涉史料》卷一，（二）附件八"李鸿章与森有礼问答节略"。《李文忠公全集》译属函稿卷四，"光绪元年十二月二十八日附日本使臣森有礼署使郑永宁来署晤谈节略"。

内属,征钱粮管政事。'邦'字指高丽诸国,此是外藩,为外属,钱粮、政事向归本国经理。(中略)如何说不算属国?"

在这里需要注意的是李鸿章对于所属邦土的解释。换言之,在"属土＝直省、内属"与"属邦＝外藩、外属"的分类中,将朝鲜解释为后一类。可以将李的这种解释称为"属邦—外藩"论。这比"属国—属邦"论更深了一步,愈加孕育了危险的政策。然而,与"属国—属邦"论一样,这姑且也算是一种苦肉计。

那么,李鸿章的"属邦—外藩"论是否能被称为一种妥当的解释呢?答案是否定的。这包含了"就这样解释"般顽固、独断的意志,乃一种扩大解释,因此,也是一种无理的或者说是错误的解释。其理由,就在于违背了外藩一词的传统用法。其传统用法的一部分,可以《钦定大清会典事例》(总565卷,以下简称《事例》)为例,加以讨论。

《事例》卷55中,有"四夷朝贡之国,东曰朝鲜"之言。从卷56到卷58,有着与朝贡国、朝贡之"礼、礼仪"相关的事列。对应的管辖机关是六部(吏、户、礼、兵、刑、工)之一的礼部。朝贡国也称为外国,与外藩有所区别。比如,"外藩外国宾馆"(卷73)这一条中,就各自一并记载。卷74中有"外藩王公外国贡使官舍由礼部理藩院"记载。也就是说,外藩的王公与外国的朝贡使节有所区别,各自的管辖机构理藩院与礼部被一并记录。① 进一步而言,属国一语甚至也在《事例》中出现。值得关注的是,这里出现了很多"外藩属国"与"四夷属

① 理藩院,其前身是清国第二代皇帝太宗(在位1626—1643)以统治内蒙古为目的所设置的蒙古衙门,在1638年改称。其后,随着清国的版图扩大至外蒙古、青海、西藏、新疆,这些地区也被称为外藩,受理藩院管辖。

国"之类的复合词。① 也就是说，属国分为两种。其含义，有两国性。所谓四夷，指的是朝贡国或四周的势力范围。所谓外藩，指的是理藩院或是清朝宗室的管辖地。与此外藩有关的在《事例》中有许多，如"外藩蒙古"、"外藩王公"以及清朝宗氏赐爵一至三等的"外藩亲王、外藩郡王、外藩贝勒"。如此可知，朝鲜作为四夷中的一朝贡国，与外藩有异。

　　或许是这一区别发生了影响，《万国公法》以别的形式进行了区分。② 翻开同著第一卷，"藩属 vassal State"在其第二章第十三节中作为"半主之国 semi-sovereign or dependent States"的例子登场了。藩属相当于外藩。其第二章第十四节中有"进贡之国并藩邦 Tributary States，and having a feudal relations"③，这是"自立自主之权 the sovereignty and independence"的保有国。④ 也就是说，朝

---

　　① 比如，"外藩属国"出现在卷8、卷25、卷84，"四夷属国"出现在卷20、卷55，卷23中出现了"四谓属国"，卷24中出现了"四夷属"。

　　② 美国传教士马丁（William Martin，中文名丁韪良；1827—1916）在1862年开始将惠顿（Henry Wheaton；1785—1848）的 *Elements of International Law* 翻译成汉语。之后得到总署的支持，于1864年刊行《万国公法》（含序、凡例，全四卷）。其原委，参照佐藤慎一：《近代中国の知識人と文明》，东京大学出版会，1996年，第一章。丁韪良在1865年被任命为总署的下属机构、从事外语教学的同文馆的英语教习。其后，在数十年间，他从事英语与公法等教育，还参与《星轺指掌》（1876）、《公法便览》（1877）、《公法会通》（1880）等国际法书籍的汉语翻译工作。其详细情况，参照傅德元：《丁韪良与近代中西文化交流》，台大出版中心，2013年。

　　③ 其第十四节题名为"进贡藩属所存之权"，其中的藩属应是藩邦的误字。

　　④ 翻阅《万国公法》的文本便可知，"自主"是"sovereignty"的汉译词，"自立"是"independence"的汉译词。在日本，使用"独立"这一和制语作为"independence"的译词。应该注意的是自立与独立的语感差别。自主带有可能与属国并立的语感，但独立在语感上不能与属国并立。

贡国(藩邦)——与半主权国家的藩属相异,是主权自主(独立)国家。这样一来,《万国公法》明确辨别了朝贡国—藩邦与藩属—外藩各自的内涵。顺带一言,《万国公法》没有使用属国这一词汇。可能是因为若用带有两义性的"属国",恐怕会产生概念与翻译上的混乱。

　　实际上,李鸿章发明并创造了"属邦—外藩"论。由此,将朝鲜由朝贡国、外国引入了属邦、外藩部分——用英语表述,便是从tributary引入vassal。① 目的在于强化庇护朝鲜的意志,换言之,便是对日强硬政策。但这一论点,根本无法取得森公使的理解,甚至被全盘无视。如此一来,李与森的话题便转向了前年发生的江华岛事件。② 关于这次武力冲突,李根据公法中"近岸十里之内"的领海规定,追究了日本方面的责任。而森则用"高丽未立约,不能引用公法"回避了责任。双方争论的最后,森说,"以后恐不免打仗"。这是日后日本可能会与朝鲜发生战争的一种威胁。

　　对此,李鸿章警告道,"高丽与日本同在亚洲,若开起仗来,高丽系中国属国,你既显违条约,中国怎样处置(你应该知道)","我们一洲自生疑衅,岂不被欧罗巴笑话"。李之意在于,为与欧洲对抗,亚洲三国应避免对立,团结一致。但森公使对此表示拒绝,"条约虽有所属邦土(中略)未曾载明朝鲜是属邦","不谓朝鲜亦在所属之内",对李的"属邦—外藩"论进行了反驳。或许是因为不堪这一反驳,李用

----

　　① 由此,派生出了"属邦自主"论,清国在进入1880年代之后——在强化对朝鲜干涉的过程中,向朝鲜与欧美标榜这一论调。因此朝鲜产生了tributary或是vassal的翻译问题,此外,也引发了各国之间的对立。

　　② 江华岛事件,是1875年9月在朝鲜江华岛朝鲜军与日本军之间发生的武力冲突事件。同年,日本政府为了向朝鲜武力示威,派出了军舰"出云号","出云号"与江华岛炮台发生了冲突(因此也叫作出云号事件)。这一事件成为朝日修好条规缔结的契机。

"将来修约时,所属邦土句下可添写十八省及高丽、琉球字样"对此进行回复。这表明了清国将来与日本修约时,必将明确表示朝鲜与琉球是所属邦土的一部分。关于朝日间交涉,李用"我劝日本,此事可缓议。俟一二年彼此气平后,再通好也不迟"劝其延期交涉。然而,这次劝告仅是徒劳。

森公使中断与清国方面的争论是在2月12日,在之前的11日,其于江华府开始了朝日条约交涉的会商。在2月26日缔结了朝日修好条规。其第1款中有"朝鲜国自主之邦,保有与日本国平等之权",写有"自由、平等"这一公法秩序的原理。《万国公法》将"sovereignty"翻译为"自主"、"自主之权"与"主权"。但是,"平等equality"是日本所使用的和制汉语。后面将会详述,《万国公法》将"equal,equality"翻译为"平行"、"均"。应该注意的是,朝鲜对文件第一款的反应是,承认其"别无可论",即没有修正必要。这表示朝鲜方面理解"自主、平等"。换言之,这表示朝鲜存在掌握公法知识的官僚(与知识分子)。

那么,朝鲜国内到底是何时,又是谁接受了公法,掌握了这一知识呢? 下面,将考察这一情况。① 首先,在下一节探讨朴珪寿(1807—1877)的对外观与开国论,检视其公法掌握情况。之后,探讨对日开国之前,《万国公法》与公法相关书籍传入的可能性。接着,明

---

① 参考文献为金凤珍:《「礼」と万国公法の間―朝鲜の初期開化派の公法観》,《北九州市立大学外国语学部纪要》第102号,2001年9月;金容九《世界観衝突의国際政治学 東洋礼와西洋公法》,首尔:罗南出版,1997;金凤珍:《朝鮮の万国公法の受容―開港前夜から甲申政変に至るまで―》上、下,《北九州大学外国语学部纪要》78号,1993年10月、80号,1994年3月;李光麟:《韓国における「万国公法」の受容とその影響(韓国における「万国公法」の受容とその影響)》,《韓国開化史의諸問題》,首尔:一潮阁,1986年。

确理解"自主、平等"的基础(第三节)。在第四节,探讨截至对日开国以后的 1870 年代末,一部分官僚所表现出的公法观与激进开化派们学习公法的尝试。在第五节通过 1880 年出使日本的第二次修信使金弘集(1842—96)的外交活动、在第六节通过 1881 年访日朝士视察团(绅士游览团),考察朝鲜学习公法的情况。此后的考察将作为今后的课题。

二、朴珪寿的对外观与开国论

朴珪寿培育出早期开化派,包括稳健派金允植(1835—1922)、金弘集、鱼允中(1848—1896),激进派朴泳孝(1861—1939)、徐光范(1859—1897)以及俞吉濬(1856—1914)等人,[①]因此,被称为"开化思想之源"、"连接北学派与开化派的中心人物"。[②] 朴继承了北学派的思想,很早就对世界大势寄予关注。从他的《辟卫新编评语》(1848年左右作)来看,可知他曾读过魏源(1794—1857)的《海国图志》(初

---

① 参照孙炯富:《朴珪寿의開化思想研究》,首尔:一潮阁,1997 年;李完宰:《朴珪寿研究》,首尔:集文堂,1999 年等。朴珪寿,"北学派"创始人朴趾源(1737—1805)之孙。北学一语出自《孟子·滕文公上》之"吾闻用夏(中华)变夷者,未闻变于夷者也。陈良,楚产也,悦周公、仲尼(孔子)之道,北学于中国"。北学派,继承并发展了朝鲜的实学思想,主张学习清国——进而西方各国的器物、制度的北学。比如,朴齐家(1750—1805)主张与清国及西方各国进行贸易(《北学议》)。此外,给予北学派重大影响的洪大容(1731—83),也展开了"华夷一也"论与"域外春秋"论(《毉山问答》)。北学派持有"开放的华夷观",对世界情势寄予关注。但在北学派之间,在丁卯、丙子胡乱(1627—36)之后,也同时抱有反清意识。敢于此反清意识,参照金文植:《朝鲜後期知識人의对外認識》,首尔:新文社,2009 年第 1 部。

② 姜在彦:《朝鮮の開化思想》,东京:岩波书店,1980 年,第 178 页。姜在彦:《近代朝鲜の变革思想》,东京:日本评论社,1973 年,第 7 页。

刊50卷,1843年;增补版60卷,1848年;重刊100卷,1852年)。①
道光二十二(1842)年,第一次鸦片战争结束,同年缔结了《南京条约》。对清朝向英国投降一事感到愤慨并产生危机意识的魏源,写下了《海国图志》这本实用的地理书,以讨论世界各国大势,诉说清国近代化——洋务的必要性。

1861年,朴珪寿作为热河问安使节的副使访问了北京。对于此次出使,他的弟子金允植写下了《奉送瓛斋朴先生珪寿赴热河序》(《云养续集》卷二),其中谈及了使节派遣的五大意义。其要旨如下:① 稳固事大关系,与清国患难与共。② 知晓唇齿相依之清国实况。③ 获取洋夷之信息。④ 对陷于困境之清朝展现其义,日后,可以依赖清国之力(庇护)。⑤ 以清国今日之情况为前车之鉴。由此看来,当时的朝鲜,对外危机意识已然扩散。之后金允植成为稳健开化派,走上了亲清路线,其赞同清国的"属邦自主"论,将其作为"两得"而接纳(《阴晴史》高宗十八年十二月十二日,即1882年2月15日)。②所谓两得,就是即不违背事大之义,同时也能自主。

朴珪寿访问清国之时,第二次鸦片战争(1856—1860)已经结束,不过太平天国之乱(1851—1864)与各地反叛仍在继续。虽然咸丰帝(在位1850—1861)依然在热河行宫避难,但其却以健康理由免除了朝鲜使节的热河问安。因此使节团延长了在北京的停留,朴因而能够与清朝的官僚及知识分子交游,探听清国内外情况。可以推测,在此期间他得到了清国与欧美各国所缔结条约的抄本,因此能够学习到公法知识。

---

① 参照金明昊:《瓛斋朴珪寿研究》,首尔:创批,2008年,第279-294页。
② 对此进行对抗的激进开化派走上了亲日路线,揭起应排除"属邦"的"独立"。

朴珪寿出使后的几个月，咸丰帝驾崩。同治帝（在位 1861—1874）即位。借此机会，同治帝之母西太后（1835—1908）与其叔父恭亲王奕䜣（1833—1898）联合起来掌握了实权。后在"中体西用"的旗帜之下着手政治改革，推进现代化，开始洋务运动。随着洋务运动的推进，朝鲜政府也开始对此寄予关注。正当此时，1863 年的朝鲜，新国王高宗（1852—1919，在位 1863—1907）于 12 岁即位，其父兴宣大院君（1820—1898，摄政 1863—1873）掌握了实权。大院君进行了各式改革，但其外交方针却转向斥和（攘夷）。

1866 年 2 月，大院君政权处决了包括南钟三在内的许多天主教徒以及秘密进入朝鲜进行传教活动的 9 名法国神父（丙寅教难）。①在这种对外危机意识高涨的情况下，同年 4 月，朴珪寿作为平安监司赴平壤就任。5 月，他收到一则报告，美国籍商船"萨普莱斯"（Surprise）号的船员漂流到了平安道的铁山。其时，朴救助了船员，并送返清国。但同年夏天，美国籍商船"舍门将军"（General Sherman）号入侵大同江之时，朴指挥了对其的火攻（"舍门将军"号事件）。

同年秋天，法国舰队以丙寅教难为由入侵江华岛，在数次武装冲突之后被击退（丙寅洋扰）。以此为契机，朝鲜的儒生间高涨起卫正斥邪论（攘夷论），频频上书斥和。例如，芦沙奇正镇（1798—1879）献

---

① 关于此事原委，参照李瑄根：《韩国史最近世编》，首尔：乙酉文化社，1961 年，第 101‐117、223‐246 页。当时，朝鲜国内高涨对俄罗斯入侵北境的危机意识。经验丰富的承旨（国王秘书官）、基督教徒南钟三向探寻对策的大院君献上了朝、法、英三国同盟的提议（李书，第 232‐233 页）。但这却成为丙寅教案的发端。

策"国论统一,坚决采取对外交涉,兵士训练,言路疏通、内修外攘".① 华西李恒老(1792—1868)则言"攻洋贼是国边人之说,和洋贼是贼边人之说",献出了基于孟子"战守之说"(《孟子·梁惠王下》)的主战斥和之计。② 当时的朴珪寿也支持此种攘夷论。③ 但是另一方面,朴感受到了朝鲜开国的必然性,而且想要揭示此种必要性(后述)。

　　翌年1月,美国政府向朝鲜派遣了属于亚洲舰队的"俄柱斯"号。舰长薛菲尔(Robert W. Shufeldt)将船停泊于黄海道沿岸,向长渊县监递交了给国王的照会,要求了解"舍门将军"号事件的真相,以及求得"和好"。④ 但朝鲜政府并未回复,而是让薛菲尔离开。当时,朴珪寿准备了一份以黄海道观察使为名义的照会。⑤ 其中,朴赔礼道,"让远宾(薛菲尔)返回于礼不合,过于违情(远宾径归违礼乖情未有甚焉)",并言"在此写下回复文字以等待贵船,希望再来了解情况(兹修回覆文字以俟贵船,或者再来尚祈管照事情)",以此表达了"和好"之意。

---

① 《承政院日记》高宗三年八月十五日条,《日省录》高宗三年八月十六日条。

② 《承政院日记》高宗3年丙寅9月11日条。关于华西的思想与活动,参照吴瑛燮:《華西学派의思想과民族運動》,首尔:国学资料院,1999年。华西培育了众多门人(华西学派)。丙寅教案之时,击退法国军队的朝鲜军总帅梁宪洙(1816—88)也是华西的弟子之一。此外,华西学派的重庵金平默(1819—91)、勉庵崔益铉(1833—1906)、毅庵柳麟锡(1842—1915)等人,从开埠前夜一直到1910年的韩国强制合并为止,始终主导卫正斥邪运动与义兵运动。

③ 参照金明昊:《初期韓美関係의再照明》,首尔:历史批评社,2005年,第99-101页。

④ 在1882年5月缔结朝美修好通商条约之时,薛菲尔担任美国的全权大臣。

⑤ "拟黄海道观察使答美国人照会",《瓛斋集》卷7。全文分析参照金明昊前书,第121-133页。

此事（舍门将军号事件）始末尽于是矣。贵国俗尚礼让为合省名邦，中国之所知也。贵照会内"照前和好（萨普莱斯漂流时）无残害"等语，原不足秋毫置诸疑虑间。兹庸奉复，并须谅悉。为此照覆须至照覆者。①

在此，可以理解为朴珪寿期待美国的"礼让"，暗示了"和好—开国"的可能性。当然，也并不能说朴当时公开宣扬对美开国论。顺便一言，"合省"一词出现在《海国图志·米利坚总记》之中。

"俄柱斯"号来朝大约一年后的 1868 年春，费米日（John C. Febiger）舰长率领美国军舰"谢南多厄"（Shensndoah）号出没于平安道沿岸。其停泊于平安道龙岗沿岸之时，龙岗县监给费米日舰长送去一封"大院君的密信"，而所谓的密信，实则是朴珪寿于前年 1 月所做的"照会"。② 之后，两边也交换了数十次的照会，朝方代表都是朴珪寿。金明昊曾言，"即使到当时也没变，朴珪寿对西洋坚持采取排他的姿态"。③ 按此，朴当时或许是不能违背斥和的方针，但也并非一心赞同之。换言之，朴的立场可能摇摆于公开的斥和与私下的和好之间。

到 1872 年，美国政府定下了与朝鲜缔结通商条约的方针，任命驻北京公使镂斐迪（Frederick F. Low）进行此次交涉。镂斐迪公使通过总署向朝鲜递交了信函（"美国致朝鲜国信函"），告知为了进行

---

① "拟黄海道观察使答美国人照会"，《瓛斋集》卷 7。全文分析参照金明昊前书，第 121－133 页。

② 金明昊：《初期韓美関系의再照明》，第 148 页。朴珪寿这封"照会"也送到了清国的礼部（"朝鲜国黄海道观察使给美国照覆"，《筹办夷务始末》卷 59，同治七年闰四月二十八日条）。

③ 同上书，第 196 页。

交涉将派遣舰队。① 同时,向总署递交照会质询朝鲜的地位。总署以"朝鲜虽系属国,一切政教禁令皆由该国主持,中国向不过问"作为回复。② 这是"属国自主"论的重复,突出了清国的不干涉＝朝鲜的自主。当时的清国,可以说帮助了朝美条约的缔结。然而,朝鲜政府的回信却以"其为藩邦之定规成宪由来久矣"、"凡在人臣义无外交"为理由拒绝交涉。③ 回信的作者正是朴珪寿。朴当时仍然赞成斥和的方针。在此,需要注意的是在回信中有藩邦一词。这与《万国公法》中出现的藩邦一致。

　　镂斐迪公使于 1871 年 5 月,率领提督罗爵斯(John Rodgers)的舰队开赴朝鲜。6 月 1 日,美国军舰与江华岛炮台间发生了武力冲突。翌日 2 日,朝鲜政府向镂斐迪公使递交了照会,④其作者仍然是朴珪寿。⑤ 其中既有对美国的褒扬,"贵国俗尚礼仪,素称名邦",也对美国军舰的入侵进行控诉,"本国之不与外国交通,乃是五百年祖宗成宪,而天下之所共闻也。而亦大清天子之所俯烛,其不可破坏旧典",拒绝了美国的通商要求。其结果,便是武力冲突再起(辛未洋扰)。

　　在上述朴珪寿的照会中,朝鲜自我否认了"外国交通"权,将此交委给了清国。这只是当时朝鲜政府无论如何也要拒绝美国的通商要求,而提出的以大义为名的苦肉计。当然,双方语言层面的差异产生

---

① 《筹办夷务始末》卷 80,同治十年正月二十二日(1871 年 3 月 12 日)条。

② 《清季中日韩关系史料》第二卷,第 167 页。同治十年二月八日(1871 年 3 月 28 日)条。

③ "美国封函转递咨",《瓛斋集》卷 7。

④ "江华留守兼镇抚使郑岐源送美国公使照会",见《同文汇考》,韩国国史编纂委员会,1978 年中"洋舶情形"。

⑤ 原田环:《朝鲜の開国と近代化》,东京:溪水社,1997 年,第 127 - 128 页。

了影响。镂斐迪公使向美国政府报告了朝鲜方面标榜"对清国完全从属 the entire dependence of that country upon China"。① 而对总署,镂斐迪则如此抗议②:总署难道不是说"朝鲜国之政教各端,与别国往来,具是十分自主"、"虽系属国,但有名无实"吗? 然而朝鲜政府却回复"朝鲜为贵国属国,有事望相助者",拒绝通商要求。镂斐迪公使想让总署承担这一责任。

数月之后,总署如此概括:"美国历次照会及朝鲜咨复礼部文件,大意皆以中国属国为词。美国思欲借属国二字,令中国势压朝鲜、以遂其谋。朝鲜亦思借属国二字,请中国力制美国、以资庇护。"③也就是说,朝鲜想要借"属国"之名,利用清国的庇护,美国则想要利用清国对朝鲜的压力。这样一来,虽然朝美两国间发生了冲突,但作为清国而言,因为"今与美国争执一案,如实系曲在朝鲜",必须"处理开导"朝鲜,使其"自图良策"。虽然朝鲜的拒绝通商"并非尽属无理",但清国没有压迫朝鲜的名分("中国岂能迫以名分")。而且,虽然朝鲜要求"中国保护",但并非"真忱"(本心),"不过欲借中国为卸肩地也"。因此,清国的对策只是"随时随事相机办理"。

辛未洋扰后,朝鲜政府向清国的礼部送去了咨文("美国兵船滋扰咨",《瓛斋集》卷7)。其作者依然是朴珪寿。在其中,朴写道:"① 以 礼相待尤其所求者也。彼以好来我以好应。彼以礼来我以礼接。即人情之固然而有国之通例。② 和好为名而曷为载兵,而来礼接是求。"(①与②乃原文)①的趣旨可以解释为"如果美国示好、示

① USDS, DD, China, 1843—1906, Vol. 30, Low to Fish, No. 79 1/2, August 3, 1871. 转引自冈本隆司前书,第 20 页。

② 《清季中日韩关系史料》第二卷,第 234 - 236 页。同治十年十月十日(1871 年 11 月 22 日)条。

③ 同上书,第 24 页。同治十年十一月十三日(1871 年 12 月 24 日)条。

礼以来,朝鲜也示好、示礼以应接(应接通商交涉)。②的趣旨是对美国炮舰外交的抗议与批评。此外,也是基于礼的和好(缔结通商条约)要求、请求。可以说其中显示了朴心中的对美开国论。实际上,有证据表明当时朴在私下里,已经提倡对美开国论了。证言所指,便是他的弟子金允植的"按"。

金允植在1911年编纂《瓛斋集》时,在"美国兵船滋扰咨"这一文件的末尾添加了这样的按语(《瓛斋集》卷7,①与②乃原文):

① 允植谨按。我国僻在一隅,不闻外交之事。自丙寅美船遭难以后,美使屡恳商办,务归和好。举国哗然,皆以斥和为高,庙议如此。先生虽主文柄,不能独立(独自提案)己见。(中略)其辞不失国家体面而已,至如闭门却好,非先生之意也。

② 其时余尝侍坐先生。先生喟然叹曰,"顾今宇内情形日变,东西诸强并峙。与曩日春秋列国之时相同,会盟、征伐将不胜其纷纭矣。我国虽小(中略)内治外交不失机宜,则犹可自保,不然则昧弱先亡天之道也。(中略)吾闻,美国在地球诸国中最号公平(中略)无启疆之欲。彼虽无言,我当先事结交,缔固盟约,免孤立之患。乃反推而却之,岂谋国之道乎"。以此观之,当日咨报(咨文)文字非先生之意也。

金允植的这份证言可信度极高。① 总而言之,朴虽然在公开的文书

---

① 金明昊怀疑其可信性,主张"这是金允植近80多岁时候回忆数十年前的所闻,其作为证言的价值较低",见《初期韩美관계의再照明》,第398页。但笔者并不同意,因为朴珪寿的立场可以说有公私两面。

中谈论斥和，但在私下却支持对美开国论。

这里需要注意的是上述引文②中的"春秋列国之时"、"会盟"、"征伐"等词。这虽是金允植所用，但实际上却是朴珪寿在"答上大院君"（1875 年所作）中所述的"春秋二百四十余年之间，交聘、会盟为列国大事"。① 这些词语在《万国公法·序》中也以同样的顺序出现。此外，"答上大院君"一文——与朝日间的文约问题有关（后述），中有"日本国朝鲜国本邦贵国等字一例，平等尊之。（中略）国号平等尊之皇王则平等极尊"（第 6 页）。在此应该重视对"平等"一词的使用。虽是老调重弹，但《万国公法》中并未使用"平等"。当然，朴很有可能将《万国公法》中的"平行"作为"平等"的同义词。无论如何，可以推测朴已经获得并阅读过《万国公法》了。那他又是如何获得的呢？从结论来看，可以推断是通过朝贡使节团的往来而得。

从《万国公法》的刊行年 1864 年，一直到朝日修好条规缔结的 1876 年 2 月，12 年间共派出了 23 次朝贡使节团。李光麟推定，其间"《万国公法》有充分的时间传来朝鲜"。② 这一推定应该是正确的。那么，又是朝贡使节团中的何人得到了《万国公法》呢？大多数人认为是吴庆锡（1831—1879）。吴在当时作为朝贡使节团的汉语翻译官频繁地出使清国。特别是他还担当将朝鲜政府的咨文交给礼部的咨官一职。试看其子吴世昌（1864—1953）的回忆③：

> 我父吴庆锡作为韩国译官，当时从韩国被派往中国，作
> 为冬至使与其他使节的翻译，屡次往来中国。停留于中国

① 《瓛斋集》卷 11，第 7 页。

② 李光麟：《韓国에 있어서의『万国公法』의受容과 그影響》，第 149 页。

③ 收录于古筠纪念会编纂：《金玉均传》上卷，东京：民应出版社，1944 年，第 48－50 页。古筠乃金玉均之号。

期间,见识了各国的角逐情况,有着很大的感触。后研究各
国的历史与其兴亡史,察觉本国政治之腐败与落后于世界
之大势,不久之将来必有发生悲剧之可能,大发感叹。由此
于归国之际带回各种新书。

关于"各种新书",吴世昌说有"《海国图志》、《瀛环志略》、《中西见闻
录》等"(51),恐怕其中还有《万国公法》。吴庆锡是朴珪寿的挚友,可
知他将自己的见闻与海外之新书告诉了朴与他的弟子们。

1872 年,朴珪寿作为朝贡使节团的正使再次出访北京。吴庆锡
也与使节团一同前往。停留北京期间朴探听了清国的对外关系,由
此痛感朝鲜必须开国,在归国后,朴开始等待将斥和方针一转为开国
方针之机会。这一机会,在翌年 1873 年到来了。同年 12 月大院君
下台,高宗开始亲政(癸酉政变)。从此成立了新的政权,由领议政李
裕元(1814—1888)、左议政李最应(1815—1882)与右议政朴珪寿三
人组成的议政府作为政府最高机关。① 三人将外交方针由斥和转为
了开国。其主导者就是朴珪寿。他以对日开国为目标,试图打破朝
日间文约问题的僵局。② 虽然如此,朝鲜政府仍然拒绝接受文约。
因为大院君的影响力仍大到足以分裂政府内的意见。

在这种状况之下,朴珪寿给大院君一连送去了许多书简,试图说
服他。其中一份就是《答上大院君,甲戌(1874 年)》。③ 朴说,文约

---

① 其中,李最应乃大院君兄,他赞成朴珪寿的开国论,朴死后,其成为开
化政策的推动者。

② 1868 年成立的明治政府,向朝鲜政府递交了全新形式的国书。然而其
中却有"皇、敕"等字,朝鲜政府拒绝接受。其后日本又递交了多次国书,每次都被
拒绝接受,成为朝日间的外交问题。详细情况参照田保桥洁前书,第 3 - 7 章。

③ 《瓛斋集》卷 11,第 1 - 2 页。

中的"曰日本国曰朝鲜国,曰本邦曰贵邦,曰朝廷曰敕等字""均皆平行尊书"。大院君曾将"皇室皇上高一字之例"视为问题,但朴认为其实并无必要。他反驳大院君,"若有语及吾国至尊则必当与皇平尊(若言相当皇之字,我国也必与相当于朝鲜至尊——国王的皇平尊)","今若自我逆料其必低于彼之皇字云,而则是乃以无形之事,自取侮蔑也。何必如是乎。(当今,若我自认低于彼皇字,此乃无形之事,自取侮蔑也。有何必要?)"

在上述引文中,应注意"均皆平行尊书"。《万国公法》第1卷第2章第12节的"释自主之义"中也有"就公法而论自主之国,无论其国势大小皆平行也"(第22页)。其中第2卷第3章"论诸国平行之权"的开头,有"自主之国本皆平行均"。在此,平行与均都是"equal,equality"的汉译词。但尊书一词却并不见于《万国公法》。代其出现的,则是第2卷第3章第6节,题名为"尊国之尊号 Title of sovereign princes and States"中的"各国自主者,可随意自立尊号"(第56页)。此意为,尊号如何各国随意(自由),同样的意思,朴珪寿写为"均皆平行尊书"。总而言之,可以推定朴读过《万国公法》,并在很大程度上理解了其内容。

三、理解"自主、平等"的基础

1876年2月,朝鲜与日本缔结了朝日修好条规(以下,简称修好条规)。[①] 其间的条约交涉,在朝鲜方面的接见大臣申櫶(1811—

---

① 参照《高宗实录》、《日省录》、《倭使日记》等朝鲜方面的相关记录及《日韩外交史料集成》卷一"开国外交篇",东京:岩南堂书店,1966年。朝日修好条规的缔结经过可参照田保桥洁:《近代日鲜関系の研究》上卷,第9章。

1884)、接见副官尹滋承,与日本方面的全权大臣黑田清隆(1840—1900)、副全权大臣井上馨(1835—1915)间进行。朝鲜方面的译官是玄昔运与吴庆锡。① 姜玮等人也作为随员加入其间。② 这样一来,朝鲜政府便将对日开国作为方针,以修复"旧好、交邻"为目标,开始条约交涉。其时,"旧好、交邻"的修复,归根结底是为了缔结不曾有过的"近代"条约,这于朝鲜政府而言,想必也是早有觉悟与预料的。下面,将围绕与公法的关系,讨论交涉的过程。

2 月 11 日第 1 次会商之时,黑田质疑申櫶"是否被赋予全权,拥有专行之权"。其内涵,在于希望以公法为基准,进行交涉。申回复,"朝鲜本无全权,并不知全权为何"。会商初日,朝鲜政府并未授予申全权。之后黑田一再要求。终于在几天后的 19 日(第 4 次会商前日),朝鲜政府授予了申全权。这意味着接受了公法的标准。数日间,朝鲜方面参考研究了与全权相关的文献。其中应该也包含《万国公法》。《万国公法》第 3 卷第 1 章的题名为"论通使之权",其中第 8 节"全权之凭 Full Power"中有"商议立约,全权之据"。

翌日的第 2 次会商,黑田提出,"朝鲜国乃自主之邦,与日本国拥有平等之权。本条约草案乃基于国际间通义(rights、权利)所起草",将自主、平等这一公法原则写入条约草案。并未预料到这一点的尹滋承,反问条约为何。③ 黑田说明道,"所谓条约就是开放港口,

---

① 玄昔运(1837—卒年不明)1858 年通过倭学译科科举,成为日语翻译官。1873 年,高宗开始亲政,任命其为釜山训导。参与包含文约问题在内的对日交涉,乃日本通。

② 姜玮(1820—1884)与朴珪寿结交,于 1873、74 年两次作为朝贡使节团随员出访北京。其后,作为 1880 年第 2 次修信使金弘集的随员出访日本。1882 年随金玉均出行,再次出访日本。详细情况参照李光麟:《姜瑋의人物과思想》,《韩国开化思想研究》,首尔:一潮阁,1979 年。

③ "条约"是"treaty"的和制汉语,在《万国公法》中"treaty"被翻译为"约"。

进行两国间的贸易"。申再次反问,"继续 300 年间的通商,不曾有条约的必要"。黑田回答"今日世界各国通商,缔结条约。日本国也与各国缔结了许多条约,进行通商"。对此,申力言无法按照日本与各国之例。黑田无视于此,胁迫"没有全权,无法审议条约"。如此一来双方的谈判便中断了,但申要求向日本方面递交条约草案,且关于条约缔结,要求给予延期时间,以便进京与政府协商,黑田接受了这一点。

到 13 日,玄昔运与吴庆锡完成了条约草案的汉文翻译工作。在同日进行的第 3 次会商期间,围绕这一条约草案进行了协商。黑田要求申櫶速速将条约草案递交政府,决定修好通商的方针以便回复。同时,日本更是威胁有增派军队的打算,此外还追查过起往的文约问题。申对此进行抗议,"实是太缺诚信礼教,续修旧好无需称兵"。第 3 次会商就如此结束了。

14 日,高宗与包括议政府在内的重臣讨论了对日方针,但并未得出结论,而是决定根据申櫶的详细汇报再定方针。朴珪寿虽然批评"日本称以修好,而带来兵船,其情叵测矣",但仍暗示应与其修好合作。[1] 同日,申櫶回京向国王呈交了报告书。应该注意的是其中记录的"日本全权曰,两国之间阻隔,即条例不明故也。不可不讲定约条,以为永久不渝之章程,则两国必无更阻之端。而此皆万国公法之不可废者也"。[2] 这正是黑田在第 2 次会商时的发言。然而在日本方面却并没有"国际间的通义"(黑田)、"万国交际普通之例"(井上)等涉及万国公法的记录。那么下面的推定就成立了。当时,申櫶知道万国公法,而以高宗为首的政府官僚之间,也了解万国公法的用语。

---

① 《日省录》丙子年正月二十日(1876 年 2 月 14 日)条。
② 《高宗实录》高宗十三年正月二十日(1876 年 2 月 14 日)条。

15日,朝鲜政府开始了条约草案汉文译本的审议与修改删定,完成了反提案。① 到18日,朝鲜政府指示接见副官尹修好条规正在审议中,但原则上同意了修好通商。② 19日,朝鲜政府告"以委任便宜随事裁断之意,请知委于接见大官",也就是说给予了接见大官申以"随事裁断"之全权。③ 20日朝鲜方送交了反提案,朝日两方对此进行了逐条审议。如此经过同日的第4次会商,双方于27日签订了修好条规。

朝鲜政府的反提案,"别无可论"地承认了日本方面条约草案的第1款,"朝鲜国自主之邦,保有与日本国平等之权"。这里反复言及,表明朝鲜方面了解这一含义。那么,朝鲜方是以什么为基础了解的呢? 可从反提案得知,其一是清国与各国间的条约文件。还有一个只是推测,就是《万国公法》。其中出现了"自主、平行"语词。如前所述,没有用平等一语。如此说来,可以推断很有可能是用平等的意思来了解平行。因此,可以推测朝鲜政府承认没有必要修正草案中的"平等之权"。

朝鲜政府还获取了清国与各国间的条约文件。④ 在反提案完成时,参考了这些条约。实际上,日本方面条约草案的前言(头辞)中,用了"大日本国皇帝陛下"、"朝鲜国王殿下"这类不平等的尊号。朝鲜政府对此反驳"修好条规册子头辞,只举国号,而不必称以两国君上位号之意"。要求删去"皇帝陛下、国王殿下"。为此朝鲜政府参考了"中国现行英国条款头辞"。此头辞中提议"只大清国特简大学士

---

① 《倭使日记》丙子年正月二十一日(1876年2月15日)条。参照田保桥洁前书,第472-479页。

② 《日省录》丙子年正月二十四日(1876年2月18日)条。

③ 《日省录》丙子年正月二十五日(1876年2月19日)条。

④ 可以推断获得条约依靠的是朝贡使节团。朴珪寿与吴庆锡是主导者。

某,大英国特简伯爵某云云。今者只称国号,有何不可乎",要求省去两国元首的尊号而只用国号。

例中的"中国现行英国条款"指的是 1858 年 6 月缔结的清英天津条约。此条约的前文以"大清皇帝、大英君主"开始,实际上使用了两国元首的尊号。[①] 但是其后有"大清国特简东阁大学士"、"大英国特简(中略)伯爵",记录了两国缔约人的名称。朝鲜政府以此例为参照,要求日本方面仅用国号,这在某种意义上多少有些强制的含义。当然,日本方面接受了这一要求。其理由一定是因为,既然标榜"自主、平等",就不得不承认其要求的稳妥与正当。此外,还有别的例子,就是在日清修好条规的前文中有"大清国,大日本国素敦友谊"等,只用国号。这或许也影响了日本方面的理解。

清英天津条约中值得关注的是,其第 3 款中"英国自主之邦与中国平等"的文字。其与"朝鲜国自主之邦,保有与日本国平等之权"相似。这也一定对朝鲜方面关于"自主、平等"的理解有一臂之力。当然,天津条约之外,清国与别国缔结的一系列条约中也使用了"自主、平等"与"平行、均"等字样。可以推断在完成反提案时,朝鲜政府为求准确参考了清国条约文件。

当时朝鲜方面在反提案中使用了"平等"等词。日本方面的条约草案第 2 款中,有"日本国朝廷,自修好之日以十五月后,派出使臣,到朝鲜国京城(汉城),须得亲接秉权大臣,商议交际事务","朝鲜国朝廷,随时派出使臣,到日本国东京,须得亲接外务省贵官,商议交际事务。此使臣或留滞东京,或随事务整理"。此条规定了两国使臣——公使的驻京事务。对此朝鲜方面反问"何必使臣之留滞于京城乎",

---

① 与此相关,试看 1860 年 10 月缔结的清英北京条约,其前文中有"大清大皇帝与大英大君主合意修好"等,使用了两国元首的尊号。

拒绝日本公使驻京。但遭到了日本方面的反驳,这一否决被暂且撤回了。① 朝鲜方面还反对"秉权大臣"与"外务省贵官"之间职位的差别,认为"恐非平等之礼也",提出"彼使见我大臣,则我使亦见彼大臣"的修正意见。其结果,便是朝日修好条规的第2款中,这被修改为"得亲接礼曹判书"、"得亲接外务卿"这样的对等职位。

朝鲜政府如此重视与日本间的平等关系。"旧好、交邻"的关系,也就是通信使关系这一传统可以视为其背景。通信使关系,围绕着形式上的地位高低,有着相互竞争,但实际上是平等或是与之相近的关系。这可以说是朝鲜方面理解"平等"的传统基础。

当然,修好条规中也包含了不平等的款项。比如第4款中"朝鲜国釜山草梁项,立有日本公馆,(中略)凭准新立条款,措办贸易事务"。承认日本可在釜山开设领事馆并进行通商。"新立条款"也就是缔结通商条约之时,两国间的不平等增大了。特别是第10款中,关于两国间"犯罪交涉",规定"皆归日本官审断","均归朝鲜官查办"。根据这一条款,确认了日本方面在朝鲜的开埠地与居留地拥有领事裁判权,由此可知其不平等性。

四、公法观的表现与公法习得的尝试

修好条规的缔结,意味着朝鲜在公法秩序内踏出了第一步。因此,之后于朝鲜官僚与知识分子之间,对公法的关注度大大增加,学习公法的势头高涨。② 与此同时,围绕如何看待公法,形成了各式各

---

① 之后日本公使的驻京问题再次爆发,详见后述。

② 其先导为朴珪寿。但他却在条规缔结大约1年之后,于1877年1月去世了。

样的公法观。公法观因人而异，夹杂着对公法的信赖与不信任。换言之，混杂着肯定公法与否定公法这两种截然相反的观点。试以金绮秀（1832—卒年不明）的公法观为例。

金绮秀在修好条规缔结三个月后，作为第一次修信使出访了日本（1876 年 5 月—6 月）。回国后，他将见闻记录写成了《日东记游》（总 4 卷）。① 其卷 3"政法"中有"① 其所谓万国公法者，诸国缔盟，如六国连横之法。② 而一国有艰，万国救之，一国有失，万国有失，万国攻之，无偏爱憎，无偏攻击。③ 此西人之法，而方规规奉行，不敢有失"（第 70 页，①、②、③ 为原文）。引文中的②与③表达了肯定公法或信赖公法的观点。特别是②高度评价了公法维持和平的功能与其公平性。问题是如何解释①中的公法"如六国连横之法"的观点。

引文中的六国，指的是中国战国时代的七雄（韩、赵、魏、楚、燕、齐、秦）中，除秦以外的六国。② 这六国在战国后期，通过合纵（连横）对抗日渐强大的秦国。也就是说金绮秀将公法喻为六国连横之法。他对公法的不信任投射到了这一比喻之中。六国连横之法是礼乐（王道）崩坏、强权（霸道）横行——某种意义上无秩序的战国时代的产物。③ 西洋近代的公法，对于金绮秀而言也无非是违背了礼的无秩序时代下的产物。这意味着公法乃否定的或是不可信的。

---

① 国史编纂委员会编：《修信使记录日东记游、修信使日记、使和记略》，首尔：同委员会刊，1958 年。

② 顺带一提，《万国公法》序文（张斯桂作）的开头有"观天下大局中华为首善之区，(中略)此外诸国以春秋时大列国也"。张斯桂（1816—88）将当时的世界大势比喻为春秋时代。

③ 如佐藤慎一所言，战国时代是"与其说是秩序，不如说是无序的时代"，见《近代中国の知識人と文明》，第 76 页。

　　如此一来，金绮秀的公法观中交错着信任与怀疑。他的公法观可以说在一定程度上代表了当时朝鲜人的观点。无论如何，在修好条规缔结以后，朝鲜开始加速进入公法体系。在修好条规的第11款中有"两国既经通好，须另设立通商章程，（中略）自今不出六个月，两国另派委员，会朝鲜国京城或江华府，商议定立"。根据这一条款，日本政府派出理事官宫本小一，但其任务不仅仅是交涉通商章程。宫本向讲修官赵寅熙提出了朝日修好条规附录案（总13款），其中第1款规定使臣驻京，第2款规定家属同行，第5款规定内地游历。围绕这些条款，双方从1876年8月5日到11日间共进行了5次会谈。因意见对立，交涉陷入了僵局。

　　宫本小一要求与判中枢府事申櫶会面。在8月13日双方进行了会谈，但双方意见的对立仍未解除。最终，对于第1款中的公使驻京与第2款中的家属同行很快就中止了讨论。但之后交涉并未中断，从8月16日起宫本小一与赵寅熙之间的会商再度开启。结果到8月24日，日本方面接受了朝鲜方面的反提案，签署了朝日修好条规附录（总11款）以及通商规则（总11则）。在朝日修好条规附录中，附录案的第1款被删去了。其第2款中承认了日本公使馆员可在距居住地10里内的内地游历。

　　翌年1877年秋，日本政府向朝鲜派遣了代理公使花房义质（1842—1917）。其任务是关于"港口两处"（修好条规第5款）的开埠与公使驻京进行谈判。花房与礼曹参判兼讲修官洪祐昌进行了数次会谈，最终达成开放咸镜道元山为港口这一成果。① 但公使驻京一条被拒绝了。花房在回国前的12月17日，将公文交给里曹判书赵

―――――――――――――

　　①　元山开埠是在1879年8月。还有仁川开埠在1882年9月。

宁夏(1845—84),并赠送了《星轺指掌》与《万国公法》。① 在公文中花房引证了《星轺指掌》,说明了公使驻京的必要与其职务待遇。如此敦促公使驻京的早日实现。

朝鲜政府对公法的接受已经是必要之事了。因此,学习公法知识的官员也应该增加了。然而其中,却也高涨着不信任公法的势头。其典型例证就是李裕元的公法观。他在1875年年末作为朝贡使节团的正使出访北京,向李鸿章送交了书信。此后一直到1881年的5年间,两人间一直保持着书信往来。② 李裕元的书信不只是简单的私人信件,而是含有代表高宗与朝廷的意思。往来书信的内容,包含朝鲜悬案问题以及外交政策全部领域,从对日开国问题到修好条规缔结后的开埠地点与釜山港的关税征收、公使驻京等问题,直到对俄政策与对欧美开国政策等。

李鸿章向李裕元提出的策略意见,以琉球处分为分水岭一分为二。琉球处分前1879年2月16日递送的书信,为了应对俄国的威胁,李鸿章劝告其友好解决与日本的悬案问题。尽管忧虑日本的脱亚入欧,但依然认为"西洋所定万国公法,不能无故而夺人土地",因而接受公法很有必要。其基调是反俄连日论。然而琉球处分后于1879年8月26日递送的书信中,李鸿章却劝告其应牵制俄国与日本,对欧美开国并强化军备。李鸿章认为对美欧开国乃"以毒制毒,以敌制敌之策",并向公法寻求其依据,"泰西通例,向不得无故夺灭人国。盖各国互相通商,而公法行乎其间"。

---

① 《星轺指掌》(1876年刊)乃丁韪良 C. Martens, *Le Guide Diplomatique*(1832)一书的汉译本,为当时外交官实用指南书。

② 书信往来的详细内容,参照原田环《朝鲜の開国と近代化》,第7章;宋炳基:《近代韓中関係史研究》,首尔:檀大出版部,1985年,第Ⅱ章;权锡奉:《清末对朝鲜政策史研究》,首尔:一潮阁,1986年,第3章。

李裕元对此递送了回信(1879 年 12 月 24 日递送的回信),暗示将接受强化军备的劝告,但拒绝接受公法与对欧美开国。对于李鸿章所说的"以毒制毒,以敌制敌之策",李裕元反对道"今要制敌而我先受敌,要攻毒而我先中毒,(中略)奚暇以制敌乎"。并对"泰西公法,既不许无故夺灭人国"这一论据进行了如下反驳:这一论据或许在西洋各国间通用,但"琉王以累百年旧国不得相维者,以其所处孤,另与各国隔绝,而公法有不及行而然欤"。举出了公法无法阻止琉球灭亡一事,表明了对公法的不信任。此种对公法的不信任,在当时可以说代表了朝鲜政府的公法观念。

当然,不信任公法源于对公法的学习。与不信任公法互为表里,展现出朝鲜政府内一部分以扩大公法学习为目标的新一代官僚群体的态度。其代表,便是以朴珪寿、吴庆锡等为代表的接受公法知识,以金玉均、朴泳孝等为代表的激进开化派。他们感到,虽然朝鲜已经向公法体系踏出了一步,但仍然处于不详知日本与海外情况的闭塞状态之中。为了打破这一状态,以收集海外信息,并学习公法为目标,1879 年 9 月,他们向日本秘密派遣了僧侣李东仁。[1]

李东仁的潜赴得到了奥村圆心的帮助。[2] 在偷渡时李开诚布公

① 关于李东仁,参照李光麟:《開化僧 李東仁》,《開化党研究》;韩晢曦:《開化派と李東仁と東本願寺》,《朝鲜民族运动史研究》第 4 号,青丘文库,1987 年;琴秉洞:《金玉均と日本—その滞日の軌跡》,东京:绿荫书房,1991 年,第 32 - 39 页;金容九前书,第 188 - 192 页;金凤珍:《E. S. モースの日本滞在と朝鲜人との出会い》,《社会システム研究》第 2 号,2004 年 3 月,北九州市立大学大学院社会システム研究科,第 32 - 35 页。
② 奥村圆心(1843—1913),京都本愿寺僧侣(真宗大谷派)。李东仁被派遣到京都本愿寺釜山别院(1877 年 9 月开设)后,到 1897 年 1 月为止大约 20 年间,在朝鲜进行布教活动。

地指出其目的在于"视察日本情势,文物研究与朝鲜文化改革"。①
奥村如此回忆②:

> 东仁原是僧侣,但素乃爱国护法之痴人,挽近来朝鲜国
> 国运日渐衰颓,宗教已然扫地。此时革命党朴泳孝、金玉均
> 等愤慨国家之衰运,大加革新。又因东仁亦从其意,由朴泳
> 孝、金玉均两氏引见东仁并得重用。故为知列国公法而归
> 入我宗门(真宗大谷派),赴日以咨事。(原文为片假名)

李渡日的目的是学习"列国公法"的知识。渡日后,李在京都学习日
语,过了大约 8 个月之后,从 1880 年 4 月起到东京寄宿于浅草东本
愿寺别院。其间,见到了寓居于福泽谕吉(1835—1901)府邸的本愿
寺僧侣寺田福寿,李通过他认识了福泽。之后,李东仁一方面跟随福
泽学习,另一方面开始结交日本的官僚及知识分子。③ 此外,他还接
触到了英国驻东京公使馆的书记官萨道义(Ernest Satow,1843—
1929),传达了朝鲜的政情,并讨论了对欧美开国的问题,由此建立了
友谊。④ 更以萨道义为介绍人,接触了英国驻神户领事亚斯登(W.

---

① 大谷派本愿寺朝鲜开教监督部编:《朝鲜開教五十年誌》,1928 年刊,京
都龙谷大学图书馆藏,第 137 - 138 页。

② 奥村圆心:《朝鲜国布教日誌》,《真宗史料集成 11 卷》,京都:同朋舍,
1975 年,明治十二(1879)年六月条,第 270 页。

③ 古筠纪念会编纂:《金玉均传》,第 134 - 135 页。

④ 关于萨道义与李东仁的关系,参照荻原延寿:《遠い崖－サトウ日記
抄》,《朝日新闻》(夕刊),1990 年 5 月 21 日—7 月 24 日的连载报道(副标题"朝
鲜開化派");Ian C. Ruxton ed. , *The Diaries and Letters of Sir Ernest Mason
Satow* (1843—1929), *a Scholar-Diplomat in East Asia* , London:Edwin
Mellen Press,1998.

G. Aston, 1841—1911)。① 李当时希望以与英国同盟为朝鲜日后的安保方针。

虽是后话,但李东仁还与第二次修信使金弘集在东京见了面,与修信使一行一起行动。之后在 1880 年 9 月,李东仁与修信使告别,先行回国。其时,李带回了许多书籍。之后激进开化派的一员徐载弼(1866—1951)回忆此事②:

> 日本外交使节来朝鲜之前,数年间,数名朝鲜知识分子(激进开化派),通过往返日本、精于日语的聪明佛教僧侣(李东仁)与日本进行秘密通信。这名僧侣从日本带来许多有关欧美文明的书籍。彼辈痴迷于他带回的书籍(中略)渐渐了解了海外之事。此年轻知识分子团体的领导者就是金玉均。

此段文字的开头"日本外交使节来朝鲜之前",意指"常驻公使花房义质赴汉城就任,于 1880 年 12 月起开始驻京之前"。这样,"数年间"就是指 1879 年 9 月到 1880 年 9 月为止大约 2 年的时间。从这段引文中可以知道,金玉均等激进开化派醉心于李东仁带来的"与欧美文明有关的许多书籍"。可以推断,这些书中包含有各种与公法有关的图书。徐载弼还回忆,"读了书(李东仁带回的书籍)后,仿佛可以大

---

① 在 1884 年 4 月,亚斯登作为首任驻朝鲜总领事赴汉城就职。
② 徐载弼:《回顾　甲申政变》,见李庭植:《旧韩末의改革·独立斗士徐载弼》附录 2,第 396 页。徐曾将《回顾　甲申政变》向《东亚日报》(1935 年 1 月 1 日—2 日)投稿,被连载。

概思虑世界大势,而我国也必须与别国一样确立人民的权利"。① 徐所关注的是"人民的权利",同时,他还学习了公法。

五、第二次修信使金弘集的公法习得与朝日关系的进展

1880 年 4 月,日本政府任命花房义质为常驻公使,驻汉城。但因为预计朝鲜第二次修信使将来日,故而花房的赴任推迟到了同年的 12 月。同时,日本政府还受到了美国政府的委托,围绕朝鲜开国进行斡旋。也就是说,美国政府要求与朝鲜通商,而将这一斡旋的任务委托日本政府。同年 5 月,美国薛菲尔全权委员前往釜山,以近藤真锄领事为中介,向朝鲜政府递交了国书。但是,东莱府使沈东臣拒绝受理。接到这一报告的美国驻日全权公使平安(John A. Bingham)要求外务卿井上馨进行斡旋。井上在与花房协商后,将文书送交礼曹判书,劝其接受对美条约交涉,但遭朝鲜政府婉拒。

在这种情况之下,朝鲜政府于 1880 年 8 月,向日本派出了第二次修信使金弘集。修信使一行从 8 月到 9 月为止,大约在东京停留了 1 个月。归国后,金提交了名为《修信使日记》的复命书。② 在东京停留的金,与日本方面围绕"定税、仁川开埠、公使驻京"等事进行了谈判。此外还与清国公使馆(1878 年设)的首任公使何如璋(1838—1891)、参赞官黄遵宪(1848—1905)等频繁会面,要求为其出

---

① 金道泰:《徐载弼博士自叙传》,首尔:乙酉文化社,1972 年,第 85 页。这是金道泰在 1948 年韩国解放后(时徐载弼 84 周岁)与同时回国的徐进行数次面谈后所写的。

② 国史编纂委员会编:《修信使记录》,以下引用时,仅在引文后标明页码。

谋划策。此外,还协商了对美开国与对俄政策。①

到东京后,金弘集要求访问外务省,与井上、花房关于定税进行谈判。但日本方面却问"税则拟定以来与否",还说"虽使臣非委任专权则不可",表现了消极的态度(150)。朝鲜政府应该给予了金专权——全权。金说"依中东和约,(中略)用值百抽五例,抄成税稿,私示(花房)公使,而未及面议"(150)。引文中的中东和约,指的是日清间的"通商章程·海关税则"(1872 年 7 月 29 日缔结)。其中的第 12 款中有"两国货物如有税则未经赅载者,由海关按照市价估计,每值价百两收税银五两",规定征收商品价格 5%的关税。金以此为参考起草了"值百抽五"的关税,希望向花房提出并讨论,却不得会面。

没有办法的金弘集向何公使寻求建议,得到回复"闻日人方议改约增税,百抽三十,而各国姑未见许之由"(150)。也就是说他得到了一个情报,即日本向欧美诸国提议增税 30%的修订草案,各国尚未同意。② 金还从何公使处得到了"规例册子"。这本规例册子指的应该是日本方面的修订草案。以此为参考,金完成了修订草案,提交给了花房。花房对此表示"改约事我亦当此例",但增税一事日后再做讨论也不为迟。日本方面这种消极的态度日后也将继续,最后,定税谈判受到了挫折。何公使劝告金,"惟有声明条约,不失自主之权,为第一务要"(150)。

---

① 关于首任公使何如璋、参赞官黄遵宪等驻日公使团,参照张伟雄:《文人外交官の明治日本　中国初代駐日公使团の異文化体験》,东京:柏书房,1999 年。

② 日本政府在 1870 年代起开始以恢复关税自主权为目标,着手与欧美各国进行修订条约谈判。在 1878 年,当时的外务卿寺岛宗则(1832—1893)与美国顺利修约,缔结了"日美关税改定约书"。但这一成果因受到了英国与德国的反对,最终无效。于 1911 年才完全恢复。

关于仁川开埠,金弘集受到花房的诘问,"朝议如前与否",即朝鲜政府是否依然反对仁川开埠(151)。此外井上还言,常驻公使花房将预计于10余天后赴任。其赴汉城就职意味着公使驻京。对此金要求延期赴任。日本方面接受了这一要求,花房公使的赴任延期到了同年12月。

金弘集观察记录了日本的外交、内政、政府组织、教育以及风俗等情况。比如,"日本公使,派往各国常驻。亦有朝官,非公事而往游,以察其动静者。故言宇内形势如比邻事"(151),由此说明公使的驻京以及朝官(公使馆员)的任务。此外,关于日本于东京设立外语学校的目的,认为"不通言语,则无以应变以自保"。与此有关,井上外务卿要求其派遣朝鲜公使,并遣留学生前来学习外语,"见今宇内情形,日变一日。贵国速派公使来此,遣人学语言。此两事,必归禀政府,恳恳不已"。何公使还建议朝鲜"遣使久住"。值得注意的是"日人,近有私开一社,名兴亚会。清公使及中国人士多与焉。其意,欲与清、日本及我国三国同心同力,无为欧罗巴所侮云"这一纪录。

兴亚会是以渡边洪基(1848—1901)、尹达宗城(1818—1892)等人为中心,于1880年3月9日在东京建立的半官方团体。试看渡边的"在兴亚会创立大会上的讲话"。[①] 其中有"亚洲诸邦,即如日本、朝鲜、满洲、支那(清国)、安南(越南)、缅甸,人种相同",呼吁亚洲团结一致(20)。兴亚会的成立与以何公使为首的清国官员有很深的关系。但是,他们对日本也保有警戒心。特别是何公使在1879年琉球处分之时,要求本国对日采取强硬政策。在1881年,为了表示对日本政府强硬举措的抗议,何辞职回国。之后,对日本成为兴亚的中心(盟主),清人会员提出了异议,清日由此产生了摩擦。其结果,兴亚

---

① 收于伊藤昭雄编著:《アジアと近代日本》,东京:山川出版社,1990年。

会在 1882 年 1 月 21 日改名为亚细亚协会,清人会员对此的关注度大大降低。

停留东京的金弘集在 1880 年 9 月 5 日受邀参加兴亚会的聚会。金婉拒了这一邀请。代替其出席的,是随员姜玮、尹雄烈(1840—1911)、李祖渊(1843—1884)三人,以及李东仁。[1] 李东仁以前曾参加过兴亚会的聚会。[2] 停留东京之时,李东仁寄宿于东本愿寺的浅草别院。到达东京的金弘集一行同样也在此处借宿。如此,与李相会的金弘集钦佩于李精湛的日语能力以及对海外消息与公法知识的掌握程度,作为介绍人将其编入了修信使一行。

如前所提,金弘集与以何公使为首的清国公使馆员频繁会面寻求建议,反复协商。其具体情形可以通过《修信使日记·大清钦使笔谈》进行考察。8 月 20 日,黄遵宪拜访了金弘集并进行会谈(172)。其中,黄向金论说了"常驻东京"的必要性。金说"不可常驻",此次出使的任务并非常驻,而且,还吐露了"国小力弱"的朝鲜所依赖的正是"中朝庇护之力"的心情。黄虽然赞同,但忠告其"今日之急务,在力图自强而已"。金对此表示同意,"自强二字,至矣尽矣,敢不敬服"。

翌日,金弘集拜访了清国公使馆,与何公使、黄遵宪等人商议定税一事。何公使在提出了各种建议后,向他介绍了副公使张斯桂先生,称其"是我国最通时务之人"。金言"近读万国公法序文,先生蕴抱,早已仰悉",称赞了写下《万国公法》序文的张斯桂。在序文中张

---

[1] 参照《兴亚会报告》第 10 集"本会记事",1880 年 9 月 10 日发行。姜留下了一首题为"兴亚会上属题"的诗。参照"东游草",《姜玮全集》,首尔:亚细亚文化社,1978 年。

[2] 参照《兴亚会报告》第 4 集"兴亚会参",1880 年 5 月 14 日发行。其中有"东本愿寺游学生某",其中的某指的就是李东仁。

以"春秋时大列国"作比当时的"天下大局"①。大列国指的是中华之清与英、法、俄、美5大国。其中关于美国，张给出了很高的评价，认为"美利坚初为英之属地，嗣有华盛顿者，悯苛政，倡大义，鏖战八年，而国以立。而官天下，未尝家天下，俨然禅让之遗风。且官则选于众，兵则寓于农，（中略）不贪人尺寸土"。对华盛顿总统的禅让遗风，美国传统中的民主选举、兵农一体、反侵略主义，金一定也抱有好感。

8月23日金弘集拜访了何公使与张斯桂，再次协商了定税一事。何公使关于"议改条约"（条约修订）提出了建议，同时提供了"议改约稿"（增税修订草案）（175－176）。以此为参照，如前所述，金着手完成了增税的修订草案。之后议题转到了俄罗斯。何公使询问朝鲜的"北界图们江一带，经营不止"的"情形如何"（177）。金言"俄土近虽接壤，从未尝通，经营布置，无由闻之"，并寻求对俄策略的建议，"向后接应如何，方得其宜，更乞详教"。何公使认为，"近日西洋各国，有均势之法。若一国与强国邻，惧有后患，则联各国以图牵制。此亦目前不得已应接之一法"。闻此，金认为"均势二字，近始公法中见之。然本国凛守旧规，视外国如洪水猛兽。自来斥异教甚峻故也。大教如此，第当归告朝廷"（177），批判了朝鲜的闭塞状态，并表明打破这一状态的决心。

上述引文中的均势，由《万国公法》卷1第1章"释义明源"可知，指的是"均势之法"（the balance of power）。这一词汇实际上在惠顿的原书中不曾出现。但丁韪良擅自插入此词，且添加注释加以说明："所谓均势之法者，乃使强国均平其势，不恃以柜凌，而弱国赖以获安

---

① 顺带一提，《万国公法》序文（张斯桂作）的开头有"观天下大局中华为首善之区，（中略）此外诸国以春秋时大列国也"。张斯圭（1816—88）将当时的世界大势比喻为春秋时代。

焉,实为太平之要术也。"何公使举出此均势之说,其意图在于劝诱朝鲜对欧美开国。乃为了达至均势,朝鲜必须对欧美诸国开国之意。

8 月 26 日,金弘集拜访了清国公使馆进行协商。议题从定税到朝鲜的对欧美开国。首先,关于定税之事,何公使建议"西例通商,惟欲己国有益,故两国往来,税则无论出入口,均由本国自定。(中略)以便本国商民,亦无不可。总之,权由自主。(中略)前日所译之稿,彼便是言明税则之轻重,由本国主持一语",再次强调了朝鲜自主(178)。何公使还提及了日本方面对定税一事的消极态度,认为"议开他港之时,与之定税则,且即以其向西人议改之法行之。彼自然不敢力驳,所谓第一好机会也"(178)。也就是说,朝鲜与日本就开设他港进行交涉之时,若是要求参照日本与欧美修订草案定立的税则,日本方面也无法反对。今后的开埠交涉,是朝鲜要求日本改定税则的一个绝好机会。金对此表示赞同,说"昨见花房,谈及此事"(179)。

之后,在转到对欧美开国一事之前,何公使说"现西人竞言功利,而俄又横暴,如战国虎狼之秦。闻其近年于图们江口一带,极意经营,且本年又增设水师于东海,此事大为可虑",论及了俄国的威胁(179)。金表示赞同,"俄事最为目下急切之忧"。何公使言及李鸿章给李裕元的书信,表示虽然不知"贵国公论如何",但"昨言均势之法,亦万不得已之事",并言及为了均势朝鲜有必要对欧美开国(179 – 180)。之后,关于俄国与美国的通商要求,何询问"现贵国如何应付,先生知之否"。金回答"俄人春间到北地,欲与通好,边臣直斥之。美船向抵釜山,欲纳书不达而去",拒绝了两国的通商要求。对此何公使再次谈到了俄国的威胁,劝告其与美国缔结通商条约(180)。

现海内各国,惟美系民主之国。又国势富实,其与列国通好,尚讲信义,不甚图占便宜。此时彼来善求通商,若能

> 仿此间议改之约稿,与之缔立条规,彼必欣愿。如此,则他
> 国欲来通商者,亦必照美国之约,不能独卖,则一切通商之
> 权利,均操在我。(中略)此万世一时之机会,不可失也。

据何公使所言,美国的通商要求是机不可失的好机会。因为美国是
"民主、信义"之国,与其通商有很高的几率会对朝鲜有利——基于其
间完成的修约草案,承认定税。此外,缔结朝美通商条约之后,也能
让其他国家承认相同的条件。

26日讨论的最后,金关于日本公使的"驻京"与日本人的"开港
处常驻"寻求建议。何公使说,"使臣驻京,无关紧要之事",比其更重
要的是"近得通商与交涉利害,全在约条税则之善否而已。善则内地
通商亦无害,否则开一港便是漏卮,为患不浅矣"(181)。其趣旨在于
只要能缔结有利的条约、税则,就没有必要担心使臣驻京与常驻开埠
处,因此,没有必要继续犹豫是否与欧美各国缔结通商条约。几天
后,何公使与黄遵宪将对朝鲜的建议集中为一本小册子,取名《朝鲜
策略》。在修信使一行离开东京的5天前,也就是9月6日,黄前来
将《朝鲜策略》赠送与金。

9月7日,金前往清国公使馆告辞。何公使首先询问"花房公使
同去否。税则各节,日间更有谈及否",打听《朝鲜策略》的读后感
(187)。金回复"花房仍未闻其出去。税事竟未定,俟再行议矣"
(188)。定税的交涉遇到挫折,延期再议。金还说"昨日黄公见惠册
子,忙未一披,容得暇细读,而揣度筹画矣"。这意味今后将详细审阅
《朝鲜策略》。之后,何公使强调了俄国的威胁,认为"今日情形危迫,
不如先与美国加结,籍以牵制之"。劝其首先与美国缔交,以此牵制
俄国(188)。对此,金回避不答。

何公使所言"与美国加结"是《朝鲜策略》的底线。但《朝鲜策略》

的重点,则是"朝鲜今日之急务,莫急于防俄,防俄之策如之何,曰亲中国,结日本,联美国,以图自强而已"。虽然提议以结日本、联美国作为防俄之策,实际上联美国暗含牵制日本之策。在这种意义上,是延续李鸿章对李裕元所提出的方针意见。回国后,金弘集向高宗进献了《朝鲜策略》与《易言》。《易言》(36 篇本,1880 年刊)是郑观应(1842—1922)的著作,其开篇文章是"论公法"。郑在其中控诉了清国无法在公法秩序中享有应有的权利这一现实,主张接受并利用公法修改条约。① 《易言》不久就被翻译为朝鲜语,由此在朝鲜产生了很大的影响。②

　　朝鲜政府接受了《朝鲜策略》的献计,以对欧美开国与自强为方针,在领议政李最应的主导之下推进制度改革与近代化——开化。首先,在 1881 年 1 月,仿照清国总署设置了统理机务衙门(简称统署)12 司。③ 兼任其首任总理大臣的是领议政李最应。统署中的交邻司、通商司、语学司是为将来对欧美开国所准备的外交、通商部门。其次,同年 5 月雇用了花房公使的随员(武官)、陆军少尉堀本礼造,组织新式教练军队别技军。④ 更为视察日清两国的近代化,以及海外情况,于同年春天派遣绅士游览团赴日,同年秋天派领选使金允植赴清考察。

---

　　① 　关于郑观应的公法观,参照金凤珍:《東アジア「開明」知識人の思惟空間》,第 2 章;佐藤慎一:《鄭観応について—「万国公法」と「商戦」一》(一、二、三),东北大学法学会《法学》47 卷 4 号,1983 年 10 月;48 卷 4 号,1984 年 10 月;49 卷 2 号,1985 年 6 月。

　　② 　参照李光麟:《「易言」과 韓国의 開化思想》,《韩国开化史研究》。

　　③ 　参照全海宗:《統理機務衙門 設置의 経緯와 機能》,《历史学报》17、18 号,1961 年;李光麟:《統理機務衙門의 組織과 機能》,《開化派의 開化思想研究》,首尔:一潮阁,1989 年。

　　④ 　参照崔炳钰:《開化期의 軍事政策研究》,首尔:景仁文化社,2000 年,第 152 - 176 页。

朝鲜政府还开始进行对美开国谈判。为此任用李东仁,派其赴日。李的任务是委托何公使为对美开国谈判进行斡旋。李于 1880 年 11 月从元山出发,再次住在东京,完成了这一任务。12 月回国的李,被任命为统署的典选司与语学司的参谋官,后参与对美通商条约的草案起草。在决定派遣绅士游览团后,李东仁被任命为随员,承担购买武器、军舰的任务。然而在出发前,其于入宫后便踪迹不明。一般认为,李招惹了政府里某些人的反感,被暗杀了。因为李的行踪不明,对美开国谈判一时间中断了。

朝鲜政府的开国、开化政策引起了卫正斥邪派的反感。通常而言,辛巳(1881)年间斥邪疏运动遍及全国各地。当时的斥邪是反开国、反开化的象征。其矛头首先指向包括《朝鲜策略》在内的各种海外书籍。比如,洪时中主张"《中西见闻》、《万国公法》(中略)等书,《黄遵宪策略》等许多文字,请一一搜出钟街(汉城中心街)上付火,(中略)用布斥邪之义"。[1] 洪在鹤非难各种海外书籍的泛滥,"《中西见闻》、《泰西闻见》、《万国公法》等,许多异类邪书,充满于国中,而所谓名士硕儒,好新尚奇之辈,论胥而入,乐而忘返,更相称美"。[2] 由此看来,各种海外书籍已经广播"名士硕儒、好新尚奇之辈"间。

如前所述,花房公使于 1880 年 12 月赴任。他的任务是解决公使驻京与仁川开埠问题。朝鲜政府决定受理花房所携国书。在国书中有"大日本国大皇帝、大朝鲜国大王"等尊号,这未被视为问题。此外,花房公使的"驻札贵国京城,以掌办交涉事宜"也在此被默认。在朝鲜政府的默认之下,花房公使在住所清水馆升起了日本国旗,在此常驻。与此相关,公使、领事及馆员的内地游历问题也浮出水面。其

---

① 《承政院日记》高宗十八年三月二十三日(1881 年 4 月 21 日)条。
② 《高宗实录》高宗十八年闰七月六日(1881 年 8 月 31 日)条。

解决被推迟了。这一问题的解决是在 1882 年 7 月发生的壬午军乱之后。同年 8 月 30 日,花房公使与全权大臣李裕元签署了朝日修好条规续约,其第 2 条有"任听日本国公使、领事及其随员、眷从,游历朝鲜内地各处事,指定游历地方,由礼曹给照,地方官勘照护送"。

关于仁川开埠,从 1881 年 1 月起到 2 月为止,在花房公使与讲修官金弘集之间进行了数次谈判。到 2 月 28 日,金告知仁川将于 20 个月后开埠。花房注意到了 20 个月的含义,这意味着接受了于同年 2 月后的 20 个月,也就是 1882 年 9 月起仁川开埠。如此一来,在朝日修好条规缔结 7 年之后,开埠问题——同条款第 5 款的"港口二处"终告解决。其后,1882 年 5 月,花房希望对仁川开埠的细则进行协商,但因壬午军乱而中断了。同年 11 月,日本政府派竹添进一郎(1842—1917)担任常驻公使。竹添公使于 1883 年 1 月就任,着手朝日通商章程与仁川开埠细则的协定。其结果是,于 1883 年 7 月 25 日缔结了朝日通商章程,于 9 月 30 日签订了仁川口租借约条。

六、朝士视察团的公法学习

1881 年 5 月,朝鲜政府派遣 12 名朝士,合其随员共计 64 人组成视察团出使日本。[①] 朝士的任务是视察日本政府各省、部门机关,进行分头调查。[②] 视察团集结于釜山,经对马岛、长崎、神户、大阪、

---

①　关于朝士观察团的详细情况,参照许东贤:《近代韓日関係史研究》,首尔:国学资料院,2000 年。

②　12 名朝士及其负责部门,为内务省朴定阳(1841—1904)、外务省闵种默(1835—1916)、大藏省鱼允中、文部省赵准永(1833—1886)、司法省严世永(1831—1900)、工部省姜永馨(1831—1895)、陆军省洪英植(1855—1884)、陆军训练李元会(1827—卒年不明)、海关李宪永(1837—1910)等。

横滨前往东京,并经同路回国。在大约 3 个月时间内,他们视察了长崎、神户、横滨等各开埠港口的海关,调查了税务。停留在东京其间,视察了日本政府各省与电信、邮政、造币、印刷等部门。此外,还参观了大学、师范学校、语言学校等各级学校,以及士官学校、武器工厂等各类机构,更与日本官僚与知识分子结交,此外还拜访了清国公使馆进行会谈。

朝士每人都留下了负责部门的视察记录(复命书)。① 其中,闵种默的《日本外务省视察记录》就由序文与正文"日本外务省事务目录"(总 8 卷)构成。② 在序文中,闵写到,"外务省者专管各国交邻事务。(中略)所谓条约有本仮之说,而两国官吏暂定者谓之仮条约,两国君主批准者谓之本条约。拟以金石之重。而犹有改定之论",这触及到了作为条约成立关键的批准,以及条约修正论。此外,还记录有"彼省曰,交际之经法必从万国公法,使聘之节次莫过星轺指掌"。《日本外务省视察记》的正文内容可以概括为日本各开埠港口的通商,交易章程,税则,缔约国(19 国)的公使往来情况,与派遣、接受公使相关的礼节,公使馆的选定方法等。最后,闵特别记下了明治日本废止了礼币之物,以及条约文的"翻译之法"有"字译"(文字翻译)与"义译"(含义翻译)一事。

另一份李𬭚永的《日本国税关视察记》由卷一"各港税关职制"与卷二"税关事例"构成。但这却是将大藏卿大隈重信(1838—1922)于明治七年(1874)1 月制定的日本海关职务规定以汉文誊抄而成。此

---

① 《朝士视察团关系资料集》全 14 卷,首尔:国学资料院,2001 年,1 卷。

② 此文的卷 1 是"外务省之职制",卷 2 是"内外国人之旅行规则"、"航海规则"、"各国公使捧呈国书及拜谒顺序",从卷 3 到卷 6 为止收录了日本缔结的各国条约,卷 7 收录了日清两国间的条约等,卷 8 收录了日本国内外国人居留地等。

外,李还留下了名为《日槎集略》的详细访日记录。① 这份记录由"天"、"地"、"人"3部分构成。"天"由"封书"、"别单"、"闻见录"、"海关总论"、"复命记"构成,"地"由从辛巳(1881)年2月起到8月为止的"日记"构成,"人"由"问答录"、"书札录"、"诗句录"构成。下面,将对与本文题目有关的一部分记录进行考察。

首先,"见闻录"详细论述了日本新政、军事、教育制度,汽车、造币、电信等近代设施,以及税收与预算情况。李𬭸永将其评价为"近数十年以来,专富国强兵为急务"的成果(五)。但在别的地方,也有"今日国势则许多营始模仿外,虽富强不得自主裁制内,致艰拙"这样民间的恶评(五—六)。李认为,"此国人心之艰拙自昔然矣。而习尚之变异挽近甚矣",批评"外似宽柔而内实偏隘,言以谦恭而意亦骄傲"(六)。之后说明了与日本缔约的17国与各国公使、领事,其职务以及日本的海关事务(六—七)。最后,记录了停留日本时所结交的日本官僚与清国公使、领事馆员的名字,并表示了谢意(七)。

接着,"海关总论"在分析比较了日本6处开埠港的海关与其业务后,详细解说了关税的种类(定额税与从价税)、课税法(税率、税则)、贸易收支论及关税自主权(八—九)。试看其结论,"大抵结约则通商,通商则收税,收税则设关,是乃各国之通例也。设关规制则固当傍照通例,亦可自我便宜而至于结约定税,则此不可不熟计深思于利害之际也。立约定税俱得公平则有益而无损,苟不公平则有损而无益。不可以今日为利乃反他日为害,且不可以姑许因循,竟致后悔莫追也。(中略)然不失自由自定之权,是为通商之良图而亦在斟酌

---

① 本文利用民族文化推进会编:《海行総载 日槎集略·使和記略·東槎漫録》古典国译丛书88,首尔:古典国译丛书刊行会,1985年中Ⅺ所收的《日槎集略》。在引用汉文原文时,仅标明页码。

之如何耳"(九)。李的海关视察到底取得了多大的成果？他学习海关事务又到了何等水平？仅看"海关总论"的结论，便可推断。

李铳永学习海关事务、公法知识的过程及其方式详细地记录在"问答录"中。试看"往神户海关与书记官奥升清风问答海关事务"的问答。① 李问"闻大阪税关既本港兼察，则一年收税几何"，奥升答"一年凡四万圆，每月三千圆乃至四千圆"(三八—三九)。之后，如此交相问答(三九)：

> 李："各项税，假量以值百言之，则所抽五百几何，抽三者几何。"
>
> 奥升："税所抽必不止五也。（中略）我国曾定科税之法，当时彼各国之诈欺，凡定百分之五。（中略）贵国定税法必广取各国之法，勿履我国之辙。我国以此轻税损国之，殷当不胜叹也。"
>
> 李："贵国定税时，被彼各国此诈欺，今至几年而尚此未即改定耶。"
>
> 奥升："定税当时，未知税关之法。（中略）今政府并人民皆知其不利，以本年秋有改正之约。然各国依旧托言左右欲不改正。然政府断乎勇进，必信当举行改正也。"

如此，两人围绕定税与增税的改定以及修约问题进行了问答。其时，奥升诚实地回答了李的问题，且毫不吝啬地提出了珍贵的忠告。奥

---

① 其日期为"四月二十八日"，实际上为四月二十六日。因为李"日记"辛四四月二十六日(1881年5月23日)条记有"饭后，与闵令（闵种默）往税关，关长病不见，与书记官奥升清风问答税务"。同"日记"的四月二十八日条记有此日上午李到达横滨港(二二)。

升的态度,与大约一年前日本政府对待修信使金弘集所提议的定税、增税等改约要求时的态度,可以说有天壤之别。

停留东京期间,李𨥦永多次拜访了关税局长蜂须贺茂韶(1846—1918),请教关税事务。第1次拜访是在五月七日(1881年6月3日),其问答记录是"访关税局长蜂须贺茂韶问答海关事务"。李询问了吨(ton)、码(yard)等西洋单位,吨税的含义,关税局的职员数量(四一)。第2次拜访时,李委托其将《通商条约类纂》译成汉语,并进行誊写。蜂须贺回应,"类纂是外务省所主也。公顷托于外务省则必有翻誊之道。而我亦以此言及于外务省矣"(四三—四四)。第3次拜访之时李询问了日本的"各国通商年条"、关税的种类(定额税与从价税)、课税法(税率、税则)、关税局职员的工资等情况,蜂须贺诚实地进行了回答(四七—四八)。其后李继续拜访关税局,其考察内容在此不再赘述。

李𨥦永还多次拜访了外务大书记官宫本小一(1836—1916),讨教关税事务。第1次拜访是在5月5日,其问答记录是"访外务省宫本小一问答海关事务"。李询问了关税事务,宫本对此回答"通商之法盖为人民之有无相资也。通商之初早定税则,则商民辈未暗日后商利之得失,拘于初定之征税,而贸易从难兴旺。故釜港之尚未定税亦由是也"(四〇)。其趣旨在于说明釜山港的税则未定有利于搞活两国商民间的贸易。但这可以说只是为了回避朝鲜政府提出的釜山港定税(增税)问题的诡辩。特别是,李询问了釜山港的贸易额,还讨教了朝鲜政府收取关税的关税收入。宫本虽然回答"六十一万圆,二万余圆",但还说收取关税后可能产生走私(四〇—四一)。

第2次拜访时李𨥦永从宫本那里借来了外务省所藏的《条约类纂》(四四)。第3次拜访时询问了"米谷之无税泰西各国同一例耶,或有收税之国耶",在听到"安南之米(中略)或有收税云矣"及其说明之后,李告诉宫本"日间拟作横滨之行也",即其预计访问横滨(四六)。数日以后,访问横滨归来的李再次拜访了宫本,说"昨日自横滨来,而税关事务以余昧劣,终难一一鲜悟也",进行了如下问答(五八):

> 李:"条约类纂虽以汉文译之,而尚税多难鲜处,终当仰质于公矣。"
>
> 宫本:"见一中东和约(日清修好条规)则推可知之矣。"
>
> 李:"开港各国公使及领事馆之派送似是外务省是所管也。某国几员,愿一一详示。"
>
> 宫本:"终当录呈矣。"
>
> 李:"布哇(Hawaii)国及露国潮浦(Vladivostok)港,初无领事馆而至有贸易事务官数员是何也。且于各国以洋人为日本代理者,胡为然也。"
>
> 宫本:"(前略)洋人之代理即是佣任而每月有月给者。(中略)盖各国置公使及领事馆者,非但为本国商民之管护也。本国之人若到其国以是为主人每事周旋,自无生疏之叹也。"
>
> 李:"诚然矣。虽国内他乡,苟无亲知必多龃龉,而况他国客踪乎。尽乎,以公使及领事馆为主人也。"

如此李知道了本国公使、领事与外国名誉代理领事的存在与其意义。此外,还了解了必须在缔约各国设置本国公使馆与领事馆的理由。并对设置的必要性表示赞同。

在出访横滨的过程中,李𬭚永与税关长本野盛亨(1836—1909)、副税关长苇原清风进行了数次问答,详细学习了海关事务的各项条目(四八—四九、五〇—五三)。包括有关税的种类(定额税与从价税)、课税法(税率、税则)、《条约类纂》中"则、条、类、款、种"的分类及通商各国等。李还拜访了横滨港的清国理事(首位领事)范锡朋。讨教的范围从海关事务到外国通商、日本的情况。在访问的最后一天,李询问了"日本国通商税则将欲改定,而米国则虽已许之,英国则尚未许之,延抱于今云。果然欤","米英两国许之则诸国次第从之云,然否",说"日国既欲改税则必有改约之先所议定者,而先生如有所闻之者,勿斩教示是望"(五五)。李对日本政府所推进的关税改定(修约)抱有极大的兴趣。但当其询问修订草案的内容时,范只做了简单回答。之后李再次拜访了副税关长苇原,打听修订草案的内容。但苇原委婉拒绝了他,"本件者外交机密之事,而当局者之所关也。(中略)以此不能告知之,非敢吝告也"(五七)。

停留东京期间,李铨永两次拜访了清国公使馆的何公使。第1次时李说"今外国之交始以通商也",询问"通商之际得无利害之可言欤"(四五)。何回答"我亚洲各国(中略)又奉行周孔之教以仁义礼乐为俗,未尝屑屑与人竞争也。利其国俗原非西洋所及","今地球万国竞言功利,又远来亚洲以通商为名而兵力副其谋"(四五—四六)。可以说何将对亚洲传统文化的赞美与对西洋近代文明的批判进行了对比,之后,又说"为今之计,已不能闭关固守则莫如以毒攻毒之法"。何对李的提问进行了如下的回答(四六):

> 总而言之,今日情形不能不通商,而通商之利害则在结约。立约公平则通商有益而无损。中国与日本前此与西人所结之约皆不公平均为有损。而日人(中略)近日深受西人之损而欲改前日所立之约,然此事殊不容易也。去岁愚(何公使)劝贵国与美国立约,目美国稍为公平。趁此无事之时,与之结公平之约,则贵国受益无穷。

总之,在论述了通商的不可避免与不平等条约的危害,言及日本政府的修约过程之后,何劝说朝鲜对美开国,再次论述了前述《朝鲜策略》的建议。

回国前几天,李𫓹永再次拜访了何公使。两人以金弘集与李东仁的再次赴日这一传闻为讨论话题(五九)。之后,李将话题转移到了"通商利害事",对何公使提出了很多问题:公平缔结条约的方法为何?为何与美国间缔结条约可以说是公平的?清国已经打算遵循日本的修约了吗?如何修约呢?以及"大抵如何然后可得公平耶"(五九)?何公使在回答中,强调"所谓公平者,如海关税则由本国自定,其来居我国之商民,遵守我之法度。此两端其最大且要者"(六〇)。李再次提起了日本修约一事,提出了自己的看法,"日本之将欲改之者必在于重其税",并言"其多少之如何必有俯烛,故兹仰叩耳",想要打探何公使所了解的情况。何公使详细说明了"入口税"(进口税)与"出口税"(出口税)的税则区别以对此进行回答(六〇)。

停留东京期间,李𫓹永在自己的住处招待了以井上馨为首的日本多数政府官员,并与其进行交流。可以试看其中的"访外务省卿井上馨问答"。井上说"外国交通之际,不无众论之纷纭矣。我曾有开化党、锁港党为称而初也。(中略)必众心相合然后可免受侮也。未知贵国亦有党论不同欤",询问朝鲜是否也有党派分裂(四二)。李回答"此党彼党一般为国而议论之不同,亦或然矣。然我国无所党论之可言也",以没有党派分裂作答。之后两人围绕富国强兵与朝日关系等展开了争论(四二—四三)。首先,井上主张"兵强先于国富也",李则反驳"国不富则莫可养兵。盖国富兵强亦可并行者也"。接着,围绕朝日关系,井上言"切有披心之言矣。两国交际无相疑龃,然后可以修好",吐露出对朝鲜的对日戒心的不满。李说明了对日心存戒备的原因,"与贵国近年更修邻宜非不厚矣。而若推数百年前事

(1592—1598 年的壬辰、丁酉倭乱，文禄、庆长之役)则亦岂可无疑乎。所以人民尚未服信，卒难开化也。既是结约通商则自当渐次去竟归和好。而自贵国每示急速之心，或恐动之言则不欲疑而还疑者也。然而从此两国相符一心则不欲信而自可信也"，并寻求对其的应对策略。井上抱怨"数百年前事既往，勿说焉"，还反问"我国人之出于贵国也，视之如鬼。是以友为鬼者也，亦可曰邻宜乎"。就这样，两人间的争论如此继续(四三)：

> 李："我国既不通外国故，虽如贵国交时之间而亦不无或者之疑而然也。盖各安其国不求于人为好，而见今宇内形势非昔时也。我国既不可孤立，贵国亦不可自国。后今两国当相扶相爱以保永好，无至受侮于他国为好也。"
>
> 井上："虽然，亦不可徒恃邻国之助也。"
>
> 李："毋论贵我国固当自主自权，而岂可徒恃邻国之助耶。然交邻之间，亦不无相资之道也。"
>
> 井上："公言诚然矣。俄言'兵强先于国富'云者，是对外国人而宣言也。国富然后可以兵强，如欲兵强先于国富次第事也。"

他们两人互相怀疑，此外意见也存在对立。最后井上退了一步，承认"兵强先于国富"乃对西洋人之主张。李也同意，言"诚然矣"。然而，并不能说双方的疑心与意见对立就消解了。

此外，李铳永还与很多日本知识分子交游。① 比如，重野安绎

---

① 李铳永收到了兴亚会举办的欢迎会的邀请函(六月二十日)。翌日，李递送了一封礼貌的回信，表示无法应邀前往。参照《日槎集略·书札录》六七。

(1827—1910)、中村正直(1832—91)等著名学者。重野是参与编纂《大日本编年史》的史学家,此外还是《万国公法》的重译者。中村在幕末曾作为遣英留学生的监督赴英,明治维新后,翻译出了《西国立志传》、《自由之理》等西方书籍。此二人有着丰富的儒教素养。根据李德"问答录"(四四—四五、六一—六三),他们有很多共鸣之处。《日槎集略·散录》记录着日本数十位有名大家的名帖。李将重野列在在朝知名汉学大家之下,将中村列于在野著名汉英诗文大家之下。

以上,考察了《日槎集略》的一部分内容。由此可以一窥李𨱇永作为朝士进行了怎样的视察活动。此外,也可以以此类推其他朝士的活动。作为其中一人,鱼允中留下了《日本大藏省职制事务章程》、《见闻录》、《海关总论》、《随文录》、《财政闻见》、《横滨税关惯行方法》等许多记录。[①] 鱼负责视察大藏省,对通商、海关业务、税则给予了很大的关注,记录了相关事项。值得大书特书的是,鱼让同行的 4 名随员,即让俞吉濬、柳定秀留学福泽谕吉的庆应义塾,让尹致昊(1865—1945)留学中村正直的同人社,让金良汉留学横须贺造船所。他还在视察任务结束后的 1881 年 11 月,从横滨前往上海,与当地官僚及包括《易言》的作者郑观应在内的知识分子交游。其后赶赴天津,拜访了招商局总办唐廷枢、海管道周馥及北洋大臣李鸿章。在12 月底再次返回长崎,与第 3 次修信使赵秉镐(从事官李祖渊、随员池锡永)一行一起回国。[②]

鱼允中于 1882 年 2 月 2 日复命,与高宗进行了问答。[③] 高宗询

---

① 收于《鱼允中全集》,首尔:亚细亚文化社,1978 年。

② 修信使赵秉镐于 1881 年 10 月访京,在海关税则与米谷禁运的悬案谈判失败后回国。

③ 《从政年表》高宗十八年十二月十四日条。收于《鱼允中全集》,第813-816 页。

问"其国情形，盖何如乎?"鱼回答"顾今局势非富强，无以保国，故上下之一意经营者，即此一事而已"(813)。围绕清国与日本的情况进行问答之后，高宗又询问"日本之于我国，姑无他意乎?"，鱼呈报"其无他意与否，在我不在彼。我虽得富强之道而行，彼不敢有他意。不然而彼强我弱，难保无他事矣。邻国之强，非我国之福也"(814)。高宗接着说，"近日各国相争，专任富强，宛与战国时事同也"。鱼表达了自己的时局观，"诚然。春秋战国即小战国也。今日即大战国也。皆只以智力争雄矣"(同上)。其后，关于日本与清国的视察，鱼进行了详细的汇报。鱼在 1882 年 3 月 22 日与李祖渊共同被任命为问议官，再次前往天津。①

　　回国后，朝士再次被安置于统署的要职。朝鲜政府也开始推进对欧美开国政策，在 1882 年 5 月缔结了朝美修好通商条约（全 14 款）。② 与清日两国既存条约相比，此条约中包含了对朝鲜更为有利的条款。比如，在第 1 款中有"若他国有何不公轻藐之事，一经照知，必须相助，从中善为调处，以示友谊关切"。其中的"善为调处"显露出美国对朝鲜之事的调停义务。其投射出牵制日本等各国侵略朝鲜的意图。第 4 款规定了领事裁判权（治外法权），将来在改定律例及审案办法之后，可将审判权移交朝鲜方面。第 5 款规定了关税，"其收税之权应由朝鲜自主"，写明了关税自主权，将进口税提高了 10％～30％，出口税降低了 5％。第 7 款禁止了鸦片进口，第 8 款禁止了粮食出口。第 12 款中有"五年后（中略）再行议定。至通商详细章程须酌照万国公法通例公平商订"，确定了 5 年后的修约交涉。

---

　　①　鱼允中的任务是通商驻使事，也就是说与清国进行有关缔结通商条约及朝鲜使臣驻扎天津的协商。

　　②　翌年，即 1883 年 11 月，朝鲜政府与英国、德国缔结了修好通商条约。其后，1884 年 6 月与意大利、俄罗斯，1886 年 6 月与法国缔结了修好通商条约。

当时的朝鲜，虽说较迟开始近代化，但以日本与清国近代化的实际情况为鉴，能够获得后发之利，确保了有利的条件。假如将这一条件运用得当，或许朝鲜的开国与开化将会顺利进行下去。但实际并非如此。其后，使朝鲜的有利条件渐次减退的不利局面渐渐出现，朝鲜的政局陷入了混乱之中。这不利局面出现于朝美修好通商条约缔结之时。此条约的谈判借助了清国的干预（斡旋），由此，成为招来清国干涉的契机。

清国在缔结朝美修好通商条约之时，要求朝鲜国王提交寄送美国总统的照会。此照会标榜属邦自主，"朝鲜素为中国属邦，而内治外交向来（中略）自主"。关于属邦，虽是反复提及，但表明了清国庇护朝鲜的意志。而庇护也伴随着干涉。实际上，清国借壬午军乱之机——发生于朝美修好通商条约缔结仅 2 个月后，以庇护属邦之名干涉起了朝鲜的内政外交。朝鲜对此强调自主，不断抵抗这一干涉。由此两国间产生了摩擦与对立。此外，清日对立也持续升级，直到清日战争。其间，朝鲜在公法秩序与"进行近代化改组"的朝贡体制这一二重构造之下，度过了主动限制近代化的"失去的 10 年"。之后朝鲜继续面临着不利的局面，在清日战争发生 10 年之后成为日本的保护国，再过 5 年则成了殖民地。朝鲜经历了"短暂的近代"。

王瀚浩（南京大学历史学院硕士生） 译

关于清政府驻越南领事的对法交涉

——以清政府的领事裁判权要求和"属邦"论为中心

青山治世[*]

引 言

19 世纪后期,清政府和法国关于越南地位的争执最终导致武力冲突(中法战争 1884—1885),清政府虽有陆上作战的优势,但海上作战却处于劣势,在开始的海战中失去了福建舰队。结果,1885 年 6 月 9 日,清朝全权大臣李鸿章和法国的巴德诺(Jules Patenôtre)缔结了《天津条约》(译者按,又称《中法会订越南条约》或《中法新约》),最终双方停战。《天津条约》中清政府承认法国对越南的保护权,这被认为是清政府"败北"的表现。但是该条约也承认了清政府的对越权益,其中之一便是清政府驻越南领事的设置权,该条约第五条规定:"中国亦得与法国商酌,在北圻(越南北部,东京地区)各大城镇拣派领事官驻扎。"[①]1886 年 4 月,关于对法交涉问题,清政府全权大臣李

　＊　作者系日本亚细亚大学国际关系学部副教授。

　①　王铁崖编:《中外旧约章汇编》第 1 册,北京:生活·读书·新知三联书店,1957 年,第 468 页。法语原文参照 China. The Maritime Customs，Ⅲ，Miscellaneous Series，no. 30，Treaties, Conventions, etc., between China and Foreign States，Vol. 1，Shanghai，1917，pp. 901 - 907。

鸿章和法国的全权大使戈可当（Georges Cogordan）缔结了《越南边界通商章程》（通称《戈可当条约》），该条约第二条规定："中国可在河内、海防二处设立领事官。随后与法国商酌，在北圻他处各大城镇，派领事官驻扎。"①

1887 年 6 月 26 日，中法两国又缔结了《续议商务专条》和《续议界务专条》（通称《恭思当条约》）。② 这两个《专条》的正文中没有关于设置领事的条款。但是，在缔结《专条》之前的 6 月 23 日，负责条约交涉的总理衙门在给交涉方法国驻华公使恭思当（Ernest Constans）的照会中，和法国约定"前约（《天津条约》、《戈可当条约》）"规定的在越南北部"各大城镇"设置清政府领事一条，目前暂不实施。之后，在中法战争后缔结的诸条约和照会中，关于设置驻越南领事问题，双方各自坚持对己有利的主张，这种无休止的争论一直持续到 1930 年代。

对于以上问题，目前已有相关研究成果。③ 然而，在 1886 年缔结《戈可当条约》的交涉过程中，清政府在越南的领事设置问题是和越南的"属邦"问题交织在一起讨论的，目前学界却未给予这一具有

---

① 《中外旧约章汇编》第 1 册，第 478 页。法语原文参照 China. The Maritime Customs，op. cit.，Vol. 1，pp. 913 - 924。

② 《中外旧约章汇编》第 1 册，第 512 - 516 页。法语原文参照 China. The Maritime Customs，op. cit.，Vol. 1，pp. 925 - 929。

③ Henri Cordier，Histoire des relations de la Chine avec les puissances occidentales，tome 2，Paris，1902；中岛宗一：《仏領印度支那に於ける華僑》，《南洋华侨丛书》，（东京）南满洲铁道株式会社东亚经济调查局，1939 年；ルヴァスール（Georges Levasseur）：《仏印華僑の統治政策》，成日节男译，（东京）东洋书馆，1944 年（原书：La situation juridique des Chinois en Indochine depuis les accords de Nankin）；刘伯奎：《中法越南交涉史》，（台北）台湾学生书局，1980 年；龙章：《越南与中法战争》，（台北）台湾商务印书馆，1996 年；王志强《李鸿章与越南问题（1881—1886）》，暨南大学出版社，2013 年；等等。

重要历史意义的问题足够关注。当时,清政府向法国强烈要求在越南行使领事裁判权。法国认为这违反国际惯例,拒绝了清政府的要求。清政府要求对越南行使领事裁判权的根据是越南为清朝的"属邦"。1885 年的《天津条约》中,虽然清政府承认了法国对越南的保护权,但是越南仍然是清朝的"属邦",因此清政府坚持对"属邦"内居住的华人行使裁判权。结果,清政府的要求未被许可。1880 年代中期,清政府强烈要求行使海外的领事裁判权,和"属邦"论相关的问题开始受到关注。该主张对研究当时清政府的对外关系与其海外华人观具有十分重要的意义。

由于拥有包括裁判权在内的广泛权限,欧美驻华领事的存在折射出清政府的领事形象,因此,清政府的官员们在外交上也想尽可能地向外国或其属邦派遣拥有裁判权的领事。[1] 在 1871 年《中日修好条规》的交涉中,清政府要求实现双边领事裁判权是最典型的事例[2];1875 年,清政府要求西班牙赋予其派往西班牙所属殖民地古巴的领事以裁判权[3]。然而,到 1877 年清政府与英国交涉驻新加坡领事的设置问题时,便不再要求行使领事裁判权了。后来,清政府在欧美各国及"通常的殖民地"要求行使领事裁判权的呼声也销声匿迹了。可以说清政府的外政官员已经接受了欧美各国不互派拥有裁判权的领事这一"国际惯例"。

1880 年代出现了另外一种局面,即清政府在向"属国"、"属邦"地区派遣领事、商务委员,或讨论派遣之际,要求这些领事或商务委

---

[1]　箱田惠子:《外交官の誕生:近代中国の対外態勢の変容と在外公館》,名古屋:名古屋大学出版会,2012 年,第 47 - 48 页。

[2]　青山治世:《近代中国の在外領事とアジア》,名古屋:名古屋大学出版会,2014 年,第 6 章。

[3]　箱田惠子:《外交官の誕生》,第 55 - 56 页。

员对当地华人行使裁判权。1882 年清政府和朝鲜缔结的《商民水路贸易章程》对此做了明文规定，1883 年以降派往朝鲜的清朝商务委员，实际上在当地行使了对华人的裁判权①。随后，1885 年清政府通过《天津条约》获得了在越南北部设置领事的权利，1886 年和法国的条约交涉中，清政府便援引朝鲜的例子，主张在"属邦"越南行使领事裁判权。

以朝鲜、越南为中心的"属邦"与清政府的关系在 1880 年代发生了急剧变化，清政府的主张和行动影响了清政府驻外领事的设置及海外华人的保护、管理等相关问题。仔细研究相关理论与背景可知，清政府对"属邦"的领事裁判权要求看似过眼云烟，实则体现了"近代中国"的另一种面相。基于以上考虑，本文首先整理从法国侵略越南到中法战争、缔结《天津条约》的过程及其与领事问题的关联（第一节）；其次，通过详细追溯《戈可当条约》的交涉过程，探讨清政府提出领事裁判权要求的背景（第二节）；然后，研究《恭思当条约》和《来往照会》（换文）中对领事问题是如何处理的，以确认该问题是否在1930 年代最终"解决"（第三节）②；最后考察清政府对领事裁判权的要求是如何与宗属问题联系起来的。

---

① 青山治世：《近代中国の在外領事とアジア》，第 7、8 章。

② 关于越南的宗属问题，事实上 1885 年的《天津条约》已经解决，之后围绕越南宗属问题的争论也很少提及。[植田捷雄：《东洋外交史》，（东京）东京大学出版会，1969 年，上卷，第 85 页；坂野正高：《近代中国政治外交史：ヴァスコ・ダ・ガマから五四運動まで》，（东京）东京大学出版会，1973 年，第 366 页；陈鹏仁、刘崇稜译：《近代中国政治外交史》，（台北）台湾商务印书馆，2005 年，第 298 - 299 页。]然而，如前所述，如果不研究 1886 年的《戈可当条约》和 1887 年的《恭思当条约》的中法交涉的话，就无法确认越南宗属问题的"着陆点"，也就是说需要跨越中法战争连续性地研究 1880 年代初期至后期的整个历史过程。

一、驻越南领事设置权的设定——1885 年《天津条约》

1. 越南问题与中法战争[①]

19 世纪中期以降,拿破仑三世统治下的法国逐渐加强了对越南的外交和军事压迫,1867 年法国在越南南部建立了交趾支那殖民地。第三共和国建立以后继续对越南进行压迫,通过 1874 年的《第二次西贡条约》,法国获得了越南的外交监督权,为成为越南的保护国铺好了道路。之后,清政府和法国关于越南问题的外交交涉断断续续地进行,期间法国对越南的军事行动日趋激化。1883 年 2 月成立的费里(Jules F. C. Ferry)内阁以更加强硬的姿态对待越南问题,同年 8 月 25 日通过《第一次顺化条约》强行使越南保护国化。为此,清政府开始在军事上介入越南,但清军(正规军和黑旗军)却节节败退。山西败退(1883 年 12 月)后,1884 年 3 月清军又在北宁会战中败北。4 月 8 日,北京围绕失败责任问题发生政变,长期掌管清政府内政外交的恭亲王奕䜣垮台,醇亲王奕譞、庆亲王奕劻、孙毓汶等掌握了政权("甲申易枢")。5 月 4 日,清政府给负责对法交涉的李鸿章下达了关于交涉方针的圣旨,圣旨明文规定"越南世修职贡,为我藩属,断不能因与法人立约,致更成宪".[②] 此圣旨规定了后来李鸿章对法交涉的态度。5 月 11 日,李鸿章和法国海军中佐福禄诺(François Ernest Fournier)缔结了《天津简明条约》(李协定),该条

---

① 植田捷雄:《东洋外交史》上卷,第 1 编第 3 章第 1 节;坂野正高:《近代中国政治外交史》,第 10 章。

② 《军机处密寄署直隶总督李鸿章上谕》光绪十年四月初十日,中国史学会主编:《中法战争》(中国近代史资料丛刊)第 5 册,上海人民出版社,1957 年,第 334 - 335 页。

约旨在避免中法两国间的全面冲突。《天津简明条约》既包括清政府尊重法国与越南签订的各项条约，也包括与法国约定"现与越南议改条约之内，决不添入伤碍中国威望体面字样"的条款。此处的"威望体面"成为后来清政府不断主张越南为其"属邦"的根据。[①] 6 月 6 日，法国和越南政府签订了《第二次顺化条约》(1886 年 2 月 23 日交换批准)，由此实现了法国的越南保护国化。该条约主要包括以下内容：

① 越南政府承认法国的保护权，法国代表越南的全部对外关系。

② 法国在顺化派驻统监(Residents-General)，统监代表法国统管越南的对外关系。

③ 越南委托法国新设海关。

④ 在越南的所有外国人都归法国裁判管辖。

尤其第④项，在中法关于越南领事裁判权的交涉中，成为法国拒绝清政府所提要求的依据。

后来中法两国军事冲突和外交交涉不断，清政府虽有陆上作战的优势，但在台湾和福建的海上作战中连连败退。1884 年 10 月起，赫德(Robert Hart)进行了中法调停工作，中国海关伦敦局长金登干(James Duncan Campbell)被派往巴黎，同法国总理兼外长费里进行了直接交涉。1885 年 3 月 29 日，清军击败法军收复谅山(谅山大

---

① 《李福协定》的签订过程及出现"威望体面"这一表述的经过及法语、中文原文的龃龉，参照冈本隆司：《清仏戦争への道：李·福禄诺协定の成立と和平の挫折》，《京都府立大学学术报告·人文·社会》第 60 号，2008 年 12 月。

捷),费里内阁被迫总辞职。4 月 4 日,金登干和毕乐(Albert Billot,法国外交部政治局长)签订了《停战协定书》,7 日清政府颁布圣旨,实现停战。《停战协定书》承认中法两国缔结的《李协定》,规定法国在天津、北京派遣使节,双方协议商定详细条款。

2. 1885 年《天津条约》

根据《停战协定书》的规定,中法在天津或北京交涉缔结正式停战条约。当时,法国外交部政治局副局长戈可当①按照新外长弗雷西内(Charles Louis de Freycinet,当时的汉文史料写作"佛来西尼")的指示起草了十条协议草案。1885 年 4 月 19 日,戈可当向金登干提交了协议草案,两人对于第一条(承认法国对越南的保护权)、第五条(设置通商地和领事)、第六条(在通商地征税)、第十条(现存条约的处置)等方面,未达成一致意见。② 当时,戈可当告诉金登干说:

　　媾和条约无论以何种形式都必须表明建立通商关系的基础。因此我起草了条约第五条和第六条,这些条款受到了最近的中俄条约的启示。俄国是曾和中国调整边境问题的唯一欧洲列强,(我们)受到这条约的影响是自然的③。

_____

① 戈可当(1849—1904),文学学士,法学博士,1874 年任诉讼局职员,1877 年任供给局职员,1880 年 2 月负责起草内阁文案,同年 10 月任诉讼次长(负责国际法),1882 年 2 月进入外交部政治局,1885 年 3 月任苏伊士运河国际委员会秘书,同年 8 月担任同清政府缔结通商条约的特使,同年 10 月 15 日任法国驻华公使,1886 年 4 月 25 日任二等全权公使,同年 5—6 月成为同朝鲜缔结友好通商条约的全权代表(Cordier, *Histoire des relations de la Chine avec les puissances occidentales*, p. 552)。

② 龙章:《越南与中法战争》,第 369 页。

③ Telegraph no. 1210, Campbell to Hart, no. 422, Apr 26, 1885, *Archives of China's Imperial Maritime Customs*, Vol. 3, 1992, pp. 1181 - 1182.

戈可当起草通商条款(第五条、第六条)时参考了中俄条约,即1860 年的《中俄北京条约》,该条约包括中俄双方设置领事和"会审"的规定条款(第八条)①。《天津条约》第五条关于设置双边领事的条款——包括清政府在越南北部的领事设置权,并不是根据清政府的要求加上的,而是法国的提案。这并不意味着法国要给清政府提供方便。在金登干和戈可当交涉时,赫德就向金登干表明了他的见解,即"任何国家都会把本国无法安置的领事官派到东京地区,说明清政府领事权的转移"。② 清政府和法国缔结规定法国驻越南领事设置权的条约,可以理解为至少在近代国际法上,清政府承认了法国对越南的领事权。然而,李鸿章却不这样认为,他认为赫德的言论是为了说服法国(西方人之间的对话),赫德强调领事设置规定和越南宗属问题的关系在达成交涉协议方面具有重要的意义。

5 月 25 日、26 日,金登干把法国的条约草案由法语译成英文,通过电报发给了北京的赫德,赫德又转交给总理衙门③。根据 5 月 11 日弗雷西内给法国驻华公使巴德诺的电报,"保留(Réservé)"了第五

① 《中外旧约章汇编》第 1 册,第 151 页。

② Telegraph no. 1258,Hart to Campbell,no. 248,May 14,1885,*Archives of China's Imperial Maritime Customs*,*op. cit.*,Vol. 3,p. 1190. 参照冈本隆司:《清仏戦争の終結:天津条約の締結過程》,《京都府立大学学术报告·人文》第 61 号,2009 年 12 月,第 26 页。

③ Telegraph no. 1195,Hart to Campbell,no. 234,Apr 22,1885,Telegraph no. 1201—1209,Campbell to Hart,no. 413—421,Apr 25—26,1885,*Archives of China's Imperial Maritime Customs*,*op. cit.*,Vol. 3,pp. 1178‐1181. 1885 年《天津条约》的交涉是按照戈可当—金登干—赫德—总理衙门的路线进行的,实际上签约的李鸿章—巴德诺之间也进行了若干修订。赫德的"业余外交"以围绕中法战争停战的中法交涉和交涉缔结关于澳门归属问题的《里斯本协定书》最为有名,这是研究 1880 年代清朝外交的一个重要渠道。

条和第六条①。第五条和第六条是关于领事设置的双边条约,第五条和第六条承认与清政府中互惠在越南的通商权益。因此,该条约在法国国内引起了争议。22 日晚第五条和第六条的决定内容终于被巴德诺知晓②,经过若干修正(删除了第五条的"通商码头之数若干"的表述)③后,29 日中法达成了一致意见。

经过以上交涉,6 月 9 日中法签订了《天津条约》(李鸿章·巴德诺条约,会订越南条约)(11 月 28 日批准交换)。《天津条约》除了关于停战处理的条款(第一条),还规定清政府承认法国与越南签订的关于越南宗属问题的条约(间接承认法国的保护权④),以及清朝和越南交往过程中不伤害清政府的"威望体面"(第二条)⑤。关于通商、边境问题,允许中国—越南北部(北圻)的通商贸易,开放中国的两个地方(保胜以上和谅山以北的两个城市)作为通商口岸,清政府在通商口岸设置海关征税,法国设领事,经过和法国"商酌"(d'accord avec le Gouvernement français),规定清政府在越南北部"各大城镇"

---

① No. 252,de Freycinet,à Patenôtre,télégramme,11 mai 1885,*Affaires de Chine et du Tonkin*,*1884—1885*,*Documents diplomatiques*,Paris,1885. p. 261.

② 《寄译署》光绪十一年四月初十日午刻,顾廷龙、叶亚廉主编:《李鸿章全集》(一)电稿一,上海人民出版社,1985 年,第 502 页。

③ 《寄译署》光绪十一年四月十五日酉刻,《李鸿章全集》(一)电稿一,第506 页。

④ 坂野正高解释为"中国间接承认放弃对越南的宗主权"(坂野正高:《近代中国政治外交史》第 366 页;陈鹏仁、刘崇稜译:《近代中国政治外交史》第 299页),如后所述,1886 年交涉条约时,清政府只不过主张原则上承认法国的"保护权"。

⑤ 规定法国对越南保护权的第二条(主要围绕是否添入清政府要求的"威望体面")是天津条约交涉的最大争论点。详情参照冈本隆司《清佛战争の终结》。

派遣常驻领事(第五条),另外还决定缔结关于清朝云南、广西、广东地区和越南北部地区的《陆路通商章程》(第六条)。1886 年 4 月 4 日,根据法军司令官的命令,该条约在整个安南、东京地区公布。①

二、清政府对领事裁判权的要求与"属邦"论
——1886 年《戈可当条约》②

1. 预备交涉

根据《天津条约》第六条,为了缔结与清政府进行陆路通商的追加条约,1885 年 8 月法国政府任命曾起草《天津条约》法国草案的戈可当为全权使节(之后直接就任驻华公使)。③ 戈可当来中国前就起草了和清政府的通商条约草案,到北京后立即将 24 条协议草案送到

---

① 中岛宗一:《仏領印度支那に於ける華僑》,第 71 页。

② 关于交涉缔结《戈可当条约》的研究,据笔者所知,只有当时高亨利的专著(Cordier, *Histoire des relations de la Chine avec les puissances occidentales*)和引用高亨利专著的若干考证,虽然保存有记载详细交涉过程的清政府的史料,但是却未发现利用该史料的研究。法国外交部的公开史料 *Affaires de Chine et du Tonkin* 与 *Documents diplomatiques français* 没有关于《戈可当条约》、《恭思当条约》交涉过程的史料。法国外交部档案馆(Centre des Archives Diplomatiques, Ministère des Affaires étrangères)保存有戈可当驻华时期的外交档案(*Mémoires et Document*(*Asie*):*Chine*,23(1886—1888)),笔者未见有如清政府般详细的交涉记录。

③ 到中国赴任时,戈可当(当时 36 岁)是个"年龄太小的年轻外交官"(Cordier, *Histoire des relations de la Chine avec les puissances occidentales*, p. 553),1885 年 10 月 21 日弗雷西内给戈可当发了如下电报:"中国可能轻视阁下只是一枚黄毛小子,认为阁下经验不足、容易动摇。阁下会面对各种难题,其目的并不是妨碍(缔结)通商条约,而是获得最大利益。请坚强忍耐,冷静坚决对待,以期万全处理各种细小事务。"

总理衙门①。其中关于通商口岸和领事设置的条款如下：

第一款　北圻（越南北部）与中国之云南、广东、广西三省陆
　　　　路通商，日后应由两国择定处所，以便从兹贸易。
　　　　将来或因贸易较盛，或因开添道路，以致先定处所
　　　　未敷应用，则由中国与法国驻华大臣另行会商，择
　　　　定处所再行添入。

第二款　以上所载通商处所，以及嗣后或有续添者，于法国
　　　　领事等官前来驻扎时，其所驻公馆即由中国地方
　　　　官相帮照拂，备臻妥洽。……其法国人民及法国
　　　　保护之人，在彼购买地基，或因他故得有地基，均
　　　　准建造住宅、铺店、行栈、棚厂等类。即照咸丰八
　　　　年五月十七日和约第十、十一、十二、十三款（1858
　　　　年《中法天津条约》）②所载利益一体均沾。……

第三款　中国酌派领事官往驻河内、海防二处，并派副领事
　　　　官往驻保胜、谅山二处。而此项官员应俟北圻全
　　　　境平静后，方能派往驻扎。且按照光绪十一年四
　　　　月二十七日和约（1885 年《中法天津条约》）第五
　　　　款尾段所引，该领事官及副领事官应先领有法国
　　　　给发之文凭，方能视事。嗣后所办公事，只能与法
　　　　国官员商办。至其应得各种利益，即照驻扎法国

---

①　《总署致李鸿章论中法约款函》光绪十一年十一月初一日（1885 年 12月 6 日），王彦威、王亮编：《清季外交史料》，北京：外交史料编纂处，1933 年，卷62，第 1 页。

②　《中法天津条约》第 10～13 条，《中外旧约章汇编》第 1 册，第 106－107页。

之各国领事等官无异,亦不得干预地方内政。即
就礼节而言,该领事等官应照最优待之国官员一
律相待。

第四款　现今中法欲往来通商易于茂盛,并此次条款便于
施行。所以法国将派领事一员驻扎云南省城(昆
明),其应得利权,即照驻华品级相同之员无异。
并听法国体查情形于广西内地择定一处酌派领事
前往驻扎。[1]

以上条文表明,法国将整个越南置于其统治下后,企图侵略中国
华南地区。作为侵略华南的据点,法国要求开放中国的几个地方作
为通商地。为了管理、保护这些地区的通商贸易和从事通商贸易的
法国人、越南人等法国的保护民,法国要求在这些地区设置领事[2]。
另外,法国还让清政府享有在越南北部设置领事的互惠权利:在《天
津条约》规定的越南北部"各大城镇"的领事设置区域内,清政府可在
河内、海防设置领事,在谅山、保胜设置副领事。

北洋大臣李鸿章接受朝廷命令负责同戈可当交涉条约。1885
年12月6日,总理衙门给李鸿章寄来了一封信,传达了总理衙门对
法国各条草案的意见,命李鸿章按照总理衙门的意见与戈可当交
涉[3]。关于设置驻越南领事的条款(第三款),总理衙门指示:"中国

---

　　① 《总署致李鸿章论中法约款函·附中法条约》光绪十一年十一月初一
日,《清季外交史料》卷62,第6-13页。

　　② 另外,第18条包括法国人和其保护民拥有在通商地建设工厂的权利。
这和《马关条约》第6条第4项的工业企业权设定相关,是值得关注的一个要
求。

　　③ 《附拟改订中法约款草案》,《清季外交史料》卷62,第1-6页。

在北圻大城镇设领事,应与滇粤设关通商同时开始开办。光绪十一年四月约内并无先领法国给发文凭等语,此条应删去。"①

全权代表开始交涉前,法国驻华使团参赞(卜法德,François Edmond Bruwaert)②、领事(白藻泰,Georges Gaston Servan de Bezaure)③、翻译(微席叶,Arnold Jaques Antoine Vissière)④和天津海关道周馥(伍廷芳也在座)进行了四次预备交涉。第一次(1886年1月16日)⑤和第三次(同月21日)⑥的预备交涉主要是关于边境贸易的关税问题,在此不作为讨论对象。

1886年1月19日进行了第二次预备交涉。⑦ 交涉的顺序为:

---

① 《附拟改订中法约款草案》第三款,《清季外交史料》卷62,第2页。

② 1847年生,卒年不详,法国外交官,简历参见 Cordier, *Histoire des relations de la Chine avec les puissances occidentales*, p. 565.

③ 1852年生,卒年不详,法国外交官,1872年来华后,历任驻福州副领事(1882年),驻福州领事(1885年),驻广州领事(1886年4月—1888年),驻天津领事(1891—1892年),驻上海总领事(1896—1901年)。简历参见 Cordier, *Histoire des relations de la Chine avec les puissances occidentales*, p. 324.

④ 1858年生,卒于1930年,法国外交官,汉学家,1882年来华,1886年时任使馆一等翻译官。简历参见 Cordier, *Histoire des relations de la Chine avec les puissances occidentales*, p. 324.

⑤ 《北洋大臣李鸿章向总署抄送中法越边通商章程会谈节略》光绪十一年十二月二十二日添入的《照录津海关周道等与法参赞卜法德四次会议越南通商章程》[张振鹍主编:《中法战争》(中国近代史资料丛刊续编)第2册,中华书局,1995年,第781-786页;"中央研究院"近代史研究所编:《中法越南交涉档》(第5册),(台北)精华印书馆,1962年,第3332-3337页]。这四次谈判记录的原始史料收藏在"中央研究院"近代史研究所档案馆所藏《总理各国事务衙门档案》(《越南档》01-24-18-18-4)。

⑥ 张振鹍主编:《中法战争》(中国近代史资料丛刊续编)第2册,第790-794页;《中法越南交涉档》第5册,第3341-3345页。

⑦ 《中法越南交涉档》第5册,第3337-3341页;张振鹍主编:《中法战争》第2册,第786-790页。

① 双方领事设置问题，② 两国国民在通商地的待遇，③ 对越南华人的人头税问题，④ 国境通行（护照、保护、武器携带等），⑤ 关税，其中争执最激烈的是①双方领事设置问题。交涉中具体的交锋如下：

> 卜法德（以下简称"卜"）　（中方草案①）第一款保胜以上②、谅山以北法国设领事官等句可照行。至中国在各大城镇派领事驻扎，照新约（指 1885 年《天津条约》）法文之意，此事须与法国商酌方能派往。现在法设两处领事，中国已欲设四处领事，将来仍恐不止四处，似不甚公平。

> 周馥（以下简称"周"）　新约云各大城镇各字所包甚广，将来中国设领事几处，须界务定后，察看商务情形，方能定准，恐不止河内、海防、保胜、谅山四处，亦不可知也。

> 卜　设立领事保护本国商民，将来与法官商量亦无不可。惟中国曾允英国在大理府设领事，又允我国在喀什噶尔各处设领事，何不可允法国在广西、云南省城设立领事耶？且省城驻领事，便与督抚商量公事，岂非两便？

> 周　越南各大城镇中国派领事驻扎，系照新约办理。云南、广西省城法国设立领事，新约所无，不便议及。且领事之设为商务也。喀什噶尔等处，系为以后商务起见，云南、广西省城非通商码头，何必设领事？

> ……

> 卜　河内、海防中国设立正领事，法国无不允从，谅山、保胜

---

①　原文是"贵稿"，好像清政府也提出了草案进行交涉，未找到原文。
②　"保胜以上"指红河保胜上游的云南省内区域。

地方甚小，中国须派副领事去合宜。

周　某处用何等领事，须看商民生意，应归本国自主，无庸
　　预议。

……

卜　派领事时彼此行文知照，应各照向章办，即如领事到
　　任，须领文凭一节，中西情形不同，未能一律。法国领
　　事来华，只可照现在中国各口章程办理。中国派领事
　　到越南，即照现在法国公例办理。

周　越南本系中国属藩，派领事到（越）与派领事到法国情
　　形不同，如必须领法国文凭，则新约内威望体面四字何
　　在？况法国所派来华者不领文凭，而中国派往越南者
　　必领文凭，亦不公允。①

　　这是天津条约后清政府首次提及越南是清朝的"属藩"。通过
《天津条约》的"威望体面"，周馥的言论不仅关系法国有无保护权，而
且再次表明了越南一直是清朝的"属藩"这一立场和主张。在此前提
下，清政府主张其向"属藩"越南派遣领事，无须法国的"文凭"。结
果，这次交涉没有找到妥协点。

　　接下来讨论1月23日进行的第4次预备交涉。此次交涉按照
如下顺序进行：① 越南华人裁判权，② 交犯，③ 鸦片，④ 关税，⑤ 其
他，①的裁判权问题分歧最大。

卜　贵稿第十三款中法两国人在中国边关地方涉讼，可照

――――――――――

① 《中法越南交涉档》第5册，第3337-3338页；张振鹍主编：《中法战争》
第2册，第786-787页。

咸丰八年条约（1858 年《中法天津条约》）三十五、六、
七、八、九等款（即法国领事的审判规定）①办理，若在
北圻，则不能许（中国领事的审判权）。

周　中国通商地方法国领事有审案之权，中国领事在越南
地方亦应一律。

卜　越南地方华人与华人涉讼，中国领事官只可调停劝息，
如不能了结，必须审断之案，以及拿办罪人，应归法官
办理。中国领事不应有此权。

周　越南本系中国属藩，虽允法国保护，华人到越南，究竟
与到法国不同。华人自己词讼，应归中国官办。

伍廷芳（以下简称"伍"）　中越名分万不能灭。譬如我有家
人服役多年，用我银钱不少，今虽认他人为父，而于
我主仆名分固未改也，其来往礼节，亦非他人所能
干预。

卜　华人现在越南涉讼均归越南官审办。中法新约中国已
认法国保护越南，则越南地方即与法国无异。中国人
讼案归法国官办，岂不较归越官审办更体面耶？

周　华人在越南地方本系私自出去，照例应由越官送回。
倘在彼有犯法情事，越官亦不能办。已往之事，无从考
察，今定章程须要妥当可行。

卜　越南人归法国保护，在越南地方无论与何人涉讼，应归
法国官审办②。如在中国通商处所（法国人或越南人）

————————

①　其中第 38 条、第 39 条参照本节第 3 项。

②　前述 1884 年法国—越南《第二次顺化条约》（1886 年 2 月 23 日批准）
规定在越南的所有外国人都属于法国的裁判管辖范围。

　　　　与华人涉讼,即照上海会审公堂办法,由中法两国官员
　　　　会讯。

周　　若越南人到中国通商处所,须中法两国官会讯,而华人
　　　　在越南专归法官审办,新约所谓威望体面者何耶? 断
　　　　不能行。

卜　　英人现在越南地方如有案亦归法国审办,中国亦可照
　　　　此行,不失体面也。

周　　越南与西洋各国不同,华人到越南与英人到越南不同。

伍　　敢问越南人归法国保护,将来越南人能做法国官否?
　　　　能进议院议事否?

卜　　不能。

周　　如此则越南人不能与法国人一样,所有华人与越人交
　　　　涉讼案,应归中国官讯断,系一定之理。

卜　　此事本国有训条不能放松。若不商定,则通商章程亦
　　　　难议妥。

周　　新约内威望体面四字,即指此等事而言。中法失和,即
　　　　为此四字闹了三年。照阁下此说,再议三年亦不能妥。

微席叶　法国律例不准别国人在境内审案。

周　　法国从前律例必无越南及中国威望体面等字。

卜　　彼此意见相去太远,应候两国大臣商定。

周　　且再商。①

　　结果,预备交涉未能达成协议,关于清朝的领事裁判权问题留待

---

　　① 《中法越南交涉档》第 5 册,第 3345 - 3349 页;张振鹍主编:《中法战争》
第 2 册,第 794 - 798 页。

李鸿章和戈可当两位全权大使直接交涉。

2. 李鸿章—戈可当交涉

李鸿章和戈可当两位全权大臣进行了四次直接交涉。除了第二次交涉，其余三次交涉都协商了领事设置问题。最后一次预备交涉的一个月后，1886 年 2 月 22 日李鸿章与戈可当进行了第一次交涉。[①] 交涉顺序为：① 通商地，② 中国国内法国领事的设置，③ 商人领事，④ 越南北部清朝领事的设置，⑤ 通商地待遇（公馆、商民），⑥ 越南华人人头税。关于②④⑥双方进行了激烈讨论，尤其是对于⑥的争论最激烈。其中，关于领事设置问题双方协议如下：

戈可当（以下简称"戈"）　现在要看中国领事在越南如何办理？

李鸿章（以下简称"李"）　保胜、谅山，中国要设领事。

戈　保胜、谅山不是大城镇，新约上所云大城镇系指河内、海防。如法国允保胜、谅山设领事，中国亦宜允法国派员驻云南府（昆明）、桂林府（广西省城）。

李　情形不同。越南是属邦，中国可随便派人前往各处驻扎。云南、桂林是中国内地。况谅山、保胜系通商必由之路，云南、桂林并非通商处所，何得相提并论？谅山、保胜设领事，本系汝的原稿。

戈　谅山、保胜设领事，本为新约所无。

李　可写"中国在河内、海防、谅山、保胜等处设立领事"。

---

① 《中法越南交涉档》第 6 册，第 3381 - 3389 页。第一次和第二次的交涉过程记录在 1886 年 3 月 1 日（光绪十二年正月二十六日）李鸿章给总理衙门的书信中。

新约内"各大城镇"字样包括甚广。

戈　可照（关于通商处所规定的草案）第一款添"现今"二字。北圻中大城镇，唯河内、海防两处。

李　北圻中大城镇多得狠。如南定、北宁、海阳各处，均系大城镇。

戈　不如写"按照新约第五款，中国现今可在河内、海防二处设立领事官"云云。

李　应写"中国可在河内、海防二处设立领事官。随后与法国商酌在北圻他处各大城镇，派领事官驻扎。中国派领事到北圻，与法国派领事到边关一样办法，中国领事如领法国文凭，法国领事亦须领中国文凭，均不得以商人兼充，亦不得兼作贸易"。此节应两边都写。

戈　两边都不写较妥。但写"至法国待此项领事官，并该领事官应得权利，与相待最优之国领事官无异"。

李　这算我给汝便宜。

戈　嗣后"所办公事，只能与法官办理"，此句要添入。

李　越南系中国属邦，不能添入。

戈　法国定例，凡外国领事应与某某官办事，犹之中国派关道监督之意。

李　可写"遇有公事，与法国文武大员商酌，如中国领事探知某处有土匪，即可通知法国武官往剿"，或改作"遇有中法交涉公事，应与法国官员商办"，或写"遇有通商交涉事件，应与法国官员商办"。

戈　领事官只管通商事件，如写明"中国领事官只管商务"便好。

李　中国领事本系保护中国商民，领事兼理词讼，不但商务

> 而已。故另添"交涉"二字。
>
> 戈　领事不管词讼。
>
> 李　此条不能提明。
>
> 戈　或写"凡有公事,只与法国官员商办"。
>
> 李　只字用不得,还是写"应与法国所派保护之大员商办"
> 字样。
>
> 戈　可照此写。
>
> 李　这又是我给戈大人好处。……①

1886年2月25日紧接着进行了第二次交涉,此次交涉协商了
① 减免越南华人人头税,② 国境通行(护照、保护、携带武器),③ 关
税。第二次交涉没有协商领事问题。②

3月5日第三次交涉,按照① 国境划定,② 通商处所,③ 免税,
④ 工厂经营权,⑤ 开矿,⑥ 铁路,⑦ 对越南华人的裁判权,⑧ 税则
的顺序进行。①～⑥和⑧都由法国提出,只有⑦的裁判权问题是清
政府提出的。此次协商的最大分歧是对越南华人的裁判权问题,关
于该问题的每次协商都和"属邦"问题相关联,都进行了激烈交涉:

> 戈　华人在越南词讼,请照英、德各国一律办理。
>
> 李　越南是中国属邦,不是英、德属国,不能比较。
>
> 戈　华人在越,凡有词讼本归越南官审断。今归法官管辖,
> 不忧愈乎。
>
> 李　华人在越词讼从无归越南官审断之事。越王素来恭

---

① 《中法越南交涉档》第6册,第3384－3385页。

② 《中法越南交涉档》第6册,第3389－3394页。

　　　　　顺,设有粤人在越南被屈,可归诉(中国的)地方官,咨
　　　　　请越南王查办。中国现将于越南设立领事,自应有审
　　　　　断之权。

戈　　华民在朝鲜是否归华官管辖。

李　　自归华官管辖。越南、朝鲜同为中国属邦,自应照办。
　　　　在越南无论华人与华人,或华人与越南人词讼,均归中
　　　　国领事官审断。如华人与法人词讼,可由被告者之官
　　　　审断,原告者之官听讯。

戈　　中国驻越南领事官与驻扎新嘉坡、旧金山各处之领事
　　　　官无异,不能有审断词讼之权。

李　　新嘉坡、旧金山系入英、美版图,英、美系中国之友邦,
　　　　与属国大不相同,不能相提并论。华人在越词讼,应照
　　　　在朝鲜办理。

戈　　现在越南归法国保护,与朝鲜不同。中国驻扎越南领
　　　　事官应得权利,与相待最优之国无异,不能另出别样。

李　　词讼一事提出另办。

戈　　中国在越南设立领事,只有两处,越南全境词讼,亦难
　　　　兼顾。

李　　或叙明"在越南设有中国领事地方、其词讼归华官管
　　　　理。其未设领事之地,如有词讼案件,暂由法官代理"?

戈　　与西国公法通例违背,实难答应。至中国边关,遇有华
　　　　人与法人或越人词讼,归两国官员会审。

李　　华人与法人词讼尚可会审。然会审一事,终办不清楚,
　　　　是以烟台英约(指《中英烟台条约》1876 年签订,1886
　　　　年 5 月 6 日批准),订明一切案件归被告之官审断,原
　　　　告之国之官听审,以期事权归一,各口现多如此办法。

至越南人到中国,总要归中国官保护,在边关通商处
所,越南国人要想与法国人一样,是万不行的。或分作
两层,在越南华人与越南人词讼归法官审理尚可照办,
如在中国地方,应归中国官审断。至在越南华人与华
人词讼,自归华官审断。

戈 在越南地方无论华人与华人词讼,华人与越南人词讼,
均归法官审理。

李 中国各海口法人与法人词讼,向不归中国官审问。在
越之华人与华人涉讼,归法官审问,大不公道。

戈 议院必不答应。

李 我不管汝的议院。或载明"无领事之处,并未设领事官
之前,暂由法官代理"。

戈 纵使中国于越南地方永远不设领事,此层也不行的。
西国通例,向不准他国官在境内审案。将来英、德诸国
人到越如有词讼,亦归法官审断。

李 在法国境内可不准他国官审案,越南乃法保护之国,究
未入法国版图,不能援照办理。且中国与越南更有不
同,亦不能与英、德人比例。

戈 此层早说过,万难行。

李 中国亦万难让。①

对于驻越南领事的裁判权问题,两位全权大臣进行了交涉却没

———————

① 《总理各国事务衙门转到李鸿章函》光绪十二年二月十一日·附件一,
中国史学会主编:《中法战争》(第 7 册),第 51 - 58 页。第三次和第四次谈判过
程记录在 1886 年 3 月 12 日(光绪十二年二月初七日)李鸿章给总理衙门的书
简中(同上,第 51 - 65 页)。

有取得结果。需要特别注意的是,争论中李鸿章提到的"在越南无论华人与华人,或华人与越南人词讼,均归中国领事官审断。如华人与法人词讼,可由被告者之官审断,原告者之官听讯"。对李鸿章来说,这是用最直接的说法表达清政府在越南的领事裁判权要求,并且要求华人与越南人的诉讼全部由清朝领事裁判,也提及了当时在朝鲜进行的对华人的裁判;①另外,华人与法国人的诉讼,根据被告意愿,若华人为被告,可要求清朝官员(领事)进行裁判。这是基于当时中国租界内发生的混合事件的裁判方式所提出的。

李鸿章这样主张的目的,是为了让清朝与确立对越南之"保护"权的法国对等,并形成比"属邦"越南更上位的结构。对他来说,虽然1885 年《天津条约》承认越南为法国的保护国,但是绝不认可越南对清朝的"失礼"(即对等)。《天津条约》缔结以后,清政府没有把越南不进贡当作"失礼",而把越南要求对等地和清朝缔结条约和派遣常驻使节当作"失礼"。② 清政府认为虽然越南成为法国的保护国,但是只要越南处于清朝下位就可以保持清朝的"体面"。因此,在具体协商裁判管辖时,清政府不允许添入与越南对等的条款。

对于李鸿章提出的领事裁判权的要求,戈可当的回答是:"现在越南归法国保护,与朝鲜不同。中国驻扎越南领事官应得权利,与相待最优之国无异,不能另出别样",不给予清朝领事超出最惠国领事的权限即领事裁判权。清政府既然坚持主张越南是清朝的"属邦",在以裁判管辖权为代表的"人身支配"方面追求在越南的优势地位确

---

① 参见青山治世:《近代中国の在外領事とアジア》第 7 章第 1 节。

② Telegraph no. 1289, Hart to Campbell, no. 260, May 23, 1885, *Archives of China's Imperial Maritime Customs*, *op. cit.* p. 1194. 法国把越南作为保护国,它是不会同意越南的这一要求的,因此当时这个问题并未引起足够的重视。

是当然的。同时,把越南作为保护国的法国不同意清政府的要求也是很自然的。

这种矛盾的直接起因是,在 1885 年《天津条约》中,法国认可了清政府在越南的"威望体面",中法战争结束后围绕越南的"属邦"问题也在持续着。1884 年 5 月朝廷给李鸿章的圣旨要求绝不能改变越南乃"藩属"这一"成宪",李鸿章在此问题上很难让步;如果让步的话,有可能危及李鸿章在清政府中的地位。关于裁判权问题,李鸿章提出了分开处理的方案,即① 在越南华人和越南人的诉讼由法国官吏审理,在中国华人和越南人的诉讼由中国官吏审理,② 在越南华人与华人的诉讼由中国官吏审理。对此戈可当反驳说"在越南地方无论华人与华人词讼,华人与越南人词讼,均归法官审理"。把越南保护国化的法国绝不会认可在其支配地域内由他国官员行使裁判权。对此,李鸿章指出"中国各海口法人与法人词讼,向不归中国官审问。在越之华人与华人涉讼,归法官审问,大不公道",明确表明对片面领事裁判权和形成片面领事裁判权的不平等条约体制的异议。然而,李鸿章的异议不是要求废除西方在中国的领事裁判权,而是为了保持(体现)清朝与法国对等、对越南优位的体系,要求同意清政府在越南行使领事裁判权,这是认识 1880 年代中国领事裁判权要求应注意之处。1870 年代末以降,清政府内部开始形成西方对中国的领事裁判权不合理的认识①。中国和西方刑事法典的差异很难弥补,尽快撤废领事裁判权的趋势还不是很高涨。因此,如果要维持西方在中国国内领事裁判权的现状,在越南问题上取得和法国对等、对越南优位的地位,清政府须获得在越南的领事裁判权。

---

① 佐々木揚:《清末の"不平等条约"観》,《東アジア近代史》第 13 号,2010 年,第 25 - 29 页。

因为没有找到妥协点，3月11日李鸿章与戈可当又进行了最后一次交涉。第四次交涉的顺序为：① 诉讼、裁判，② 交犯，③ 关税，④ 鸦片，⑤ 盐、武器贸易。其中，③关税问题成为中心议题，交涉开始首先商谈了上回激烈争论的裁判权问题。

> 李　汝保护越南，中国已失上国之权，在中国境内审案，为
> 　　中国自主，万不能让的。（法方草案内的）"法国保护之
> 　　人"一句，应行删改。越人在中国境内案件，总要归中
> 　　国官审断。
> 戈　法国与越南约明，越南人无论在越南或外国，均由法国
> 　　保护管辖，是与法人无异，即在中国通商处所，亦应归
> 　　法官管辖，不能让与中国。我若一时答应，议院万不准
> 　　行，我回国时亦必因违背训条革职。①

从李鸿章的言论可以看出当时清政府已经放弃在越南取得领事裁判权。虽然不清楚清政府让步的具体经过，但是清政府一直主张越南人在中国获得和法国人同等权利的问题关系清朝的"自主"，绝不能让步。对此，戈可当也再次表明按照法国、越南的协定和法国的训令，不能接受清政府的要求。笔者没有发现之后关于裁判权的交涉记录，不清楚此后中法进行了怎样的交涉，结果，关于裁判权问题，最终形成了接下来要讨论的《戈可当条约》第16条。

3.《戈可当条约》对领事与裁判权的规定

1886年4月26日，李鸿章和戈可当两位全权大臣进行第四次

---

① 《总理各国事务衙门转到李鸿章函》光绪十二年二月十一日（1886年3月16日）·附件二，中国史学会主编：《中法战争》第7册，第58－65页。

交涉,一个半月之后,两国全权大臣缔结了《越南边界通商章程》(通称《戈可当条约》)。其中,关于法国在云南和广西设置领事(第1条)、清朝在越南设置领事(第2条)、越南华人裁判(第16条),协议如下:

第一款　两国议定按照新约(1885年《天津条约》)第五款,现今指定两处,一在保胜以上某处,一在谅山以北某处,中国在此设关通商,允许法国即在此两处设立领事官。该法国领事官应得权利,即照中国最优之国领事官无异。【现在条款画押时,两国勘界大臣(划定国境交涉的全权大臣)尚未定议。其谅山以北应开通商处,本年内应由中国与法国驻华大臣互商择定。至保胜以上应开通商处,亦俟两国勘界定后,再行商订。】①

第二款　中国可在河内、海防二处设立领事官,随后与法国商酌在北圻他处各大城镇派领事官驻扎。至法国待此等领事官,并该领事官应得权利,即照法国待最优之国领事官无异。其所办公事,应与法国所派保护之大员商办。

第十六款　中国商民侨居越南,所有命案、赋税、词讼等件,均与法国相待最优之国之商民无异。其在边关通商处所,华人与法人、越南人词讼案件,归中法官员会审。至法国人及法国保护之人在通商处所,如有犯大小等罪,应查照咸丰八年条约

---

①　【】内为第1条的附则。

　　　　　　(1858年《中法天津条约》)第三十八、三十九款
　　　　　　一律办理。

　　第二款采纳了李鸿章提议的"其所办公事,应与法国所派保护之
大员商办"的建议。第十六款,法国按照最惠国国民对待在越南境内
的华人裁判权,没有认可清朝的领事裁判权。然而,条约规定在国境
通商地华人和法国人、越南人间的诉讼,由中法两国官员"会审"。另
外,法国人和法国保护民在清朝通商地的刑事裁判,援用1858年《中
法天津条约》第38、39条的规定。1858年《中法天津条约》第38条
规定中法两国国民发生争斗事件时,按照被告意愿进行裁判;第39
条规定"大法国人在通商各口地方,如有不协争执事件,均归大法国
官办理。遇有大法国人与外国人有争执情事,中国官不必过问。至
大法国船在通商各口地方,中国官亦不为经理,均大法国官及该船主
自行料理"①。条约没有涉及在华法国人的裁判,却规定包括越南人
在内的"法国保护民"在中国接受和法国人同样的裁判,从之前的交
涉内容来看,清政府最终做了让步。
　　负责签约的清政府全权大臣李鸿章在签约的前一天(4月25
日)给朝廷的奏文中报告了条约交涉的经过:

　　　　该使(戈可当)谓:中国在北圻各大城镇设立领事,照新
　　约须与法国商酌,如中国许彼派领事驻云南、广西省城,则
　　中国在北圻城镇设领事亦易商办。
　　　　臣(李鸿章)以:通商口岸设领事原为照料本国商民而
　　设,滇、桂省城系属内地,实不便设立领事。

---

① 《中外旧约章汇编》第1册,第111－112页。

　　该使又请：将边界领事准其每年分驻省城数月，察看商务。臣亦坚不允行。

　　该使词屈理穷，只以中国在北圻城镇派领事一节，执定新约内"商酌"二字，晓晓置辩。

　　臣思中国此时本不必多派领事，徒增耗费，因即于第二款订明"先在河内、海防二处设立领事，其余各大城镇随后商派"，尚可操纵由我。①

　　李鸿章在最后部分对驻外领事设置问题的认识值得深思。李鸿章等出于财政考虑反对无限制增设领事，通过和法国协议先在河内、海防增设领事，首先确保领事设置权，是否派遣领事由清政府决定。直到 1880 年代前期，关于菲律宾和东印度殖民地领事设置问题，清政府和西班牙、荷兰进行了交涉，当时两国拒绝清政府设置领事要求的根据是，和清政府缔结的条约中没有规定设置领事的条款②。李鸿章等人非常清楚当时的情况——财政困难，不可能大规模增设领事，而明文规定在越南北部设置领事是此次条约交涉的重要成果。③

　　法国的外交档案中没有发现直接涉及《戈可当条约》结果的史料，因此不清楚法国的反应，然而，高亨利（Henri Cordier）的论述代

　　① 《钦差大臣直隶总督李鸿章奏折》光绪十二年三月二十二日（1886 年 4 月 25 日），中国史学会主编：《中法战争》（第 7 册），第 69 - 73 页；《中法越南交涉档》（第 6 册），第 3691 - 3696 页。该奏折是负责预备交涉的周馥代写的。见《代李文忠公拟滇粤边界通商议约折》光绪十二年三月二十二日·附约款，《周愨慎公全集·奏稿》，秋浦周氏，1922 年，卷 5，第 26 - 38 页。
　　② 青山治世：《近代中国の在外领事とアジア》，第 42 页。
　　③ 当时总理衙门对于越南华人问题主要关心的是如何废除越南华人的人头税（《许使致译署》光绪十二年四月十七日（1886 年 5 月 20 日）·已刻到，吴汝纶编《李文忠公全集·电稿》，金陵，光绪三十四年，卷 7，第 21 页）。

表了当时法国的立场,值得关注:

> 如果中国根据《戈可当条约》第二条,在东京地区任命
> 常驻领事的话,会在我国新领土上引起重大纠纷。中国(领
> 事)自然会常驻在本国国民集中的地区,那有可能在领事周
> 围发生不利于我国势力的煽动活动。因此,今后中国欲利
> 用该条款时我国应极力反对。①

《天津条约》草案中提出互惠领事设置规定的是法国,清朝领事
并没有期望在法国的"新领土"越南实际执行业务。据高亨利记载,
1886 年 4 月就任法国东京安南理事厅长官的贝尔(Paul Bert)认为
《戈可当条约》"无论在鸦片、盐、关税等经济方面,还是东京地区驻在
领事和其国民(华人)的最惠国待遇等政治方面,都有害于东京地
区"②。法国国内对《戈可当条约》的评价不高,而清政府却认为这一
条约对其非常有利。不久,戈可当被解任驻华公使,恭思当取而代
之。之后,1888 年 11 月 30 日,法国批准《戈可当条约》,1896 年 10
月终于通过总统指令公布。《戈可当条约》不同于 1885 年的《天津条
约》,最终该条约也未在印度支那殖民地颁布。③

---

① Cordier, *Histoire des relations de la Chine avec les puissances occidentales*, pp. 565 - 566.

② Cordier, *Histoire des relations de la Chine avec les puissances occidentales*, p. 567.

③ 中岛宗一:《仏領印度支那に於ける華僑》,第 71 - 72 页。《天津条约》于 1886 年 4 月 4 日在安南、东京地区颁布(同上,第 71 页)。

三、扩大驻外领事，抑或阻止内地开放
——1887 年《来往照会》之后的半个世纪

1.《恭思当条约》和《来往照会》

恭思当吸取戈可当的"失败"教训，再次和清政府交涉条约。恭思当曾担任国会议员和内务部长官（1880 年 5 月—1881 年 11 月），1887 年和清政府缔结新条约（《恭思当条约》）后，被任命为首任印度支那总督。到越南赴任时，恭思当不是戈可当那样的"黄毛小子"。恭思当的交涉原则是在边境问题上满足清政府，在贸易方面迫使清政府让步。① 当时，清政府负责条约交涉的不再是李鸿章，而是总理衙门（全权大臣是庆郡王奕劻和孙毓汶）。

恭思当和总理衙门交涉的结果是，1887 年 6 月 26 日缔结了《中法续议界务商务专条》（通称《恭思当条约》）。《恭思当条约》对于《戈可当条约》没有规定的边境、通商等诸问题达成了一致意见，规定开放广西省的龙州和云南省的蒙自、蛮耗作为边境通商处所（第二条），给法国、越南商船在松吉河、高平河的航行权（第六条）。但是，《恭思当条约》对于《戈可当条约》第五条关于协议领事设置地点的具体问题，却只字未提。条约签订的三天前（1887 年 6 月 23 日），恭思当和总理衙门（庆郡王奕劻、孙毓汶）互换了如下《来往照会》（换文）。

① 目前中国暂不执行《天津条约》、《戈可当条约》规定的在越南北部设置领事的规定。

---

① 龙章：《越南与中法战争》，第 376–378 页。

② 直到中国在河内、海防设置领事,法国方可在云南、广西
　　两省省会设置领事。

③ 中国同意法国在龙州、蒙自设置领事,在蛮耗设置领事
　　属员,同时这些城市也是陆路通商场所。以上条款不适
　　用于上海等通商港口设立租界。①

　　规定如清政府不行使《天津条约》、《戈可当条约》获得的驻越南
领事设置权,法国就不能在云南、广西省会设置领事,另外,也保证了
法国无法在《恭思当条约》开放的龙州、蒙自、蛮耗设置租界。围绕
《恭思当条约》的中法交涉,没有像《戈可当条约》时那样的谈判记
录,不清楚详细交涉过程。然而,通过总理衙门与李鸿章之间的来
往书信和电报等,可以确认中法两国的交涉过程和清政府的决策
过程。②

　　据悉,首先提出双方不行使《天津条约》、《戈可当条约》中两国获
得的领事设置权的是法国③。1886 年 9 月下旬,恭思当到达天津,并
与李鸿章多次会谈。他告诉李鸿章说:《戈可当条约》没有通过法国

---

① 《总理衙门致法国公使照会》、《法国公使覆总理衙门照会》等,《中外旧约
章汇编》(第 1 册),第 511 页。法文原文参照 China. The Maritime Customs , op.
cit. , Vol. 1, pp. 930 - 932。《来往照会》首先由总理衙门提出,恭思当做了回应。

② 《总署奏中法界务商务续经议定折》光绪十三年五月初三日(1887 年 6
月 23 日),《清季外交史料》卷 71,第 16 - 19 页;《论法议减税》光绪十三年四月
初一日(1887 年 4 月 23 日)所收《拟分别准驳节略》,《李文忠公全集·译署函
稿》卷 19,第 2 - 4 页;《寄周署运司馥》光绪十二年十一月十一日(1887 年 1 月 4
日)已刻,《李鸿章全集》(一) 电稿一,第 758 - 759 页;《寄译署》光绪十二年十二
月十七日(1887 年 1 月 10 日)酉刻,《李鸿章全集》(一) 电稿一,第 763 页。

③ 《论法议改约》光绪十二年十二月十一日(1887 年 1 月 4 日),《李文忠公
全集·译署函稿》卷 18,第 62 - 63 页。不仅恭思当在北京和总理衙门交涉,在法
国国内,弗雷西内(佛来西尼)也向驻法公使许景澄提出了同样方案(同上)。

议会批准,我来是为了进行再次交涉。李鸿章回答说,"我已画押,勿庸再议"①。恭思当离开天津后直接去了北京,开始和总理衙门进行交涉。云南—越南边界划定作业结束后,正式开始了条约的再交涉。② 首先,恭思当向总理衙门提出了条约改定要求,总理衙门在和李鸿章协商的同时开始了和恭思当的交涉。

中法双方不行使领事设置权的条款最初由法国提出,恭思当要求从条约正文删除暂缓设置领事的条款,李鸿章从总理衙门听说后主张"领事缓设不可删"③。李的目的是,虽然认识到"一时本难即派"的现状④,但条约正文明确规定清政府暂时停止设置领事,法国需承认对越南华人免除人头税及越南国王再次向清朝进贡。⑤ 之所以突然提及再次进贡,是因为前一年(1886 年)7 月中英缔结的《缅甸西藏协定》(《缅甸条款》)中,商定和英国合并的缅甸需向清朝"每届

① 《寄译署》光绪十二年八月十二日(1886 年 9 月 28 日)辰刻,《李鸿章全集》(一)电稿一,第 713 页。

② 《滇越边界勘界节略》光绪十二年九月二十二日(1886 年 10 月 19 日),《中外旧约章汇编》,第 1 册,第 498-503 页。和交涉划定边境相比,法国急于交涉通商,尤其是优先交涉在云南省设定通商城市(《寄译署》光绪十二年八月二十二日〔1886 年 10 月 8 日〕戌刻,《李鸿章全集》(一)电稿一,第 717 页)。

③ 《寄周署运司馥》光绪十二年十一月十一日(1887 年 1 月 4 日)巳刻,《李鸿章全集》(一)电稿一,第 758-759 页。

④ 《论法议改约》光绪十二年十二月十一日(1887 年 1 月 4 日),《李文忠公全集·译署函稿》卷 18,第 62-63 页。

⑤ 同上,另见《寄译署》光绪十二年十二月十七日(1887 年 1 月 10 日)酉刻,《李鸿章全集》(一)电稿一,第 763 页。李鸿章和法国驻天津领事林椿(Paul Ristelhueber)多次会面,探测法国的动向。

十年派员"①。

1887年4月,交涉开始涉及具体的条文内容。当时总理衙门要求李鸿章与恭思当的交涉,总理衙门指定的清朝计划设置领事的地方包括西贡。② 关于清朝计划设置领事的地方,1885年《天津条约》规定是越南北部的"大城镇",1886年《戈可当条约》规定是"河内、海防"和越南北部的其他"大城镇"。那么,为什么突然加上了越南南部的"西贡"呢?原因之一就是曾纪泽加入了当时的交涉。《恭思当条约》缔约前后,曾纪泽频繁和恭思当会谈,多次参加条约和《来往照会》草案的协议③。曾纪泽作为驻英公使在欧洲驻扎八年,1886年5月,曾纪泽把驻英公使的职务交给继任者刘瑞芬,11月回国,12月就任总理衙门大臣。曾纪泽到欧洲上任后不久就指出,西贡乃"欧亚冲道,中国流寓之民既逾三十万人",向总理衙门呈报指出应该在西贡设置领事。④ 然而,在实际换文时,却把"西贡"改成了"海防",这和

---

① 《论法议改约》光绪十二年十二月十一日(1887年1月4日),《李文忠公全集·译署函稿》卷18,第63页。关于1886年《缅甸西藏协定》,参见箱田惠子《外交官の诞生》第4章。该协定原文见《中外旧约章汇编》(第1册),第485—486页。

② 《论法约减税》光绪十三年四月初一日(1887年4月23日)所收《拟分别准驳节略》,《李文忠公全集·译署函稿》卷19,第3页。

③ 《曾纪泽日记》(下册),岳麓书社,1998年,光绪十三年四月初六日(1887年4月28日),初十日(5月2日),十四日(6日),十七日(9日),十八日(10日),二十一日(13日),二十三日(15日),闰四月初六日(28日),初七日(29日),十五日(6月6日),十八日(9日),二十日(11日),二十四—二十八日(15—19日),五月初六日(26日)条。

④ 《巴黎致总署总办》己卯五月十五日(1879年7月4日),《曾惠敏公遗集·文集》,江南制造总局,光绪十九年,卷3,第6页。

换文最后阶段无视曾纪泽的意向有关。[1]

后来，中法通过换文确认了两国互相推迟设置领事的决定。在最终缔结的《商务专条》中，关于中国内地的开矿权和制造工业权等悬案，清政府成功拒绝了法国的要求，总理衙门认为"因彼肯让界务，我亦允于商务少与通融"[2]，为了在边境划定交涉中居于有利地位，清政府在通商方面对法国做了让步。清政府关于领事设置的"让步"是在对内外权益整体平衡中达成的决断。[3]

对法国来说，承认清政府在越南的领事设置权就是否定清朝对越南的宗主权。一方面，在条约上明文规定清政府的领事设置权，就可以否定清朝的宗主权，另一方面，清政府往越南派遣领事，不利于法国的殖民统治，在印度支那殖民地成立（1887 年 11 月）之际，法国

---

① 《恭思当条约》签订的大约两年后，曾纪泽给马格里（Halliday Macartney）的书信中谈道：《来往照会》中清朝的"让步"绝不是清政府的本意，我因为身体不适一天没去总理衙门，总理衙门的同僚们就做出了决定。曾纪泽还表达了自己的坚强意志，"今后我会继续向总理衙门提出"领事设置问题。（青山治世《近代中国の在外領事とアジア》，第 130 页）。

只是这封书信的可靠性有许多疑点。如前所述，和李鸿章给总理衙门的书信一样，《来往照会》中法两国相互暂缓设置领事的"交易"在缔结条约的两个月前就决定了。另外，需要注意的是这封书信保存在积极扩大驻清朝领事权的马格里手中。除了领事问题，书信还论述了其他方面的许多外交问题，也包括清政府内情的详细记述，不可能全部是马格里捏造的。如果这封书信确实出自曾纪泽之手，而书信内容和其他史料的事实相异，是曾纪泽的记忆有误还是曾纪泽在信中故意写上使自己正当化的内容，仅根据这份史料很难断定。但可以确定的是，曾纪泽和其他总理大臣之间关于领事设置问题存在分歧。

② 《总署奏中法界务商务续经议定折》，《清季外交史料》卷 71，第 19 页。

③ 清政府把《戈可当条约》和《恭思当条约》的结果当作"胜利"，"李鸿章的奏文写到：让法国屈服，取得满意成果，多亏了皇威浩荡。法国人很生气，许多人把各国人的批评看作法国的失败。"（窪田文三：《支那外交通史》，东京：三省堂，1928 年，第 293 页）。

对后者的担心日益强烈。这就是 1887 年 6 月法国提出换文的缘由。

2. 之后的交涉（1895—1909 年）

从持续近半个世纪的中法交涉来看，曾纪泽对 1887 年换文的"担心"（曾纪泽于 1890 年 4 月在任职期间病逝）便可以理解。关于 19 世纪末 20 世纪初驻越南领事设置问题的经过，袁丁已有相关研究①，本文在此基础上进行若干补充并进行简单论述。

1895 年秋甲午战争结束后，法国控诉越南华人设置"行规"（同行间的规矩）限制法国商人的活动，为此，中法进行了交涉。总理衙门以此为契机，再次要求在越南设置领事，主张如果不设置领事，就无法管束海外华商；根据 1886 年的条约，清政府可以在河内和海防设置领事，若法国按此条约同意清政府在河内和海防设置领事的话，将有益于中法两国商务。② 然而，法国认为 1887 年的换文已经解决了领事设置问题，对总理衙门的要求未予理睬。

义和团事变之后，中法再次讨论设置驻越南领事问题。1903 年驻法公使孙宝琦在上奏的赴任报告中提及，应该在法国领地西贡、海防、河内、马达加斯加岛等地设置领事。③ 1905 年法国对清政府表示，清政府要求的对华人免除征税问题由印度支那总督决定，法国本国政府不予干涉。于是，孙宝琦派遣部下驻法三等参赞严琥（严复长子）和恩庆（当时为候选主事）到越南各地调查当地华商实际情况。④

---

① 袁丁：《晚清侨务与中外交涉》，西安：西北大学出版社，1994 年，第 48 - 52 页。

② 《中法越南交涉档》（第 7 册），第 4220 页。

③ 《使法孙宝琦奏陈抵任后交涉事宜并考察情形折》，《清季外交史料》卷 174，第 8 - 9 页。

④ 作为当时的调查报告，光绪三十一年发行了严琥、恩庆撰写的《越南游历记》。

当时严琚会见了印度支那总督，要求撤废对华人征税一项，没有收获。回国后，严琚向商部报告了越南当地的情况，并建议应遵照1885年和1886年中法条约，尽快在华人聚集的海防和西贡设置领事。商部赞同严琚的建议，要求由驻法参赞晋升为驻法公使的刘式训紧急处理领事设置和人头税问题。严琚和商部的积极态度打动了刘式训，可是外务部的态度却很暧昧，刘式训首先询问了外务部的意见。1906年8月，外务部终于表明了意见。要点包括如下三条：

① 中法条约已经承认清政府的领事设置权，清政府在河内和海防设置领事是法国在昆明和桂林设置领事的交换条件。

② 条约上没有在越南南部西贡设置领事的条款，外务部和法国驻华公使协商时，曾把从越南边境运输云南产鸦片作为交换条件反复交涉，都没有结果。

③ 西贡商务繁盛，各国均设置了领事，法国不可能只阻止清政府设置领事。

外务部建议首先在西贡设置领事，暂时搁置在河内和海防设置领事的要求。① 因此，刘式训向法国外相提出在西贡设置领事的要求。法国则以需要调查为由不断拖延。

1907年4月，前闽浙总督丁振铎在奏折中提到云南—越南铁路已延伸至云南，边境地区的中法关系非常重要，设置驻越南领事问题

---

① 《外务部档》侨务招工类，卷3043。

不能再搁置,要求紧急设置领事。① 5 月,朝廷命令外务部处理领事问题,外务部向法国外交部提出了新议案,在河内设置领事兼管海防,1886 年条约规定的设置驻海防领事改为设置驻西贡领事。② 然而,法国拒绝了该提案。12 月,两广总督张人骏致电外务部称,孙文等革命党在中越边境频繁发动武装起义,要求清政府迅速和法国交涉达成协议,在越南设置领事。③

1907—1908 年,农工商部侍郎杨士琦实地调查了"南洋"各地,回国后在 1908 年 4 月的奏折中要求在西贡和河内设置领事馆。6 月,广西巡抚张鸣岐上奏,革命党把河内、海防作为据点,法国当局没有取缔革命党。因此,他主张迅速在河内、海防设置领事。同时张鸣岐控诉了法国的无理要求,虽然法国没有在云南省会(昆明)设置领事,然而法国驻蒙自领事却常驻昆明,实际已等同设置。桂林不是通商处所,和法国没有商务往来(没有必要设置领事)。④

1909 年 7 月,驻新加坡总领事左秉隆向农工商部提交了报告书,汇报说在越南的革命党员破坏清政府设立的越南华侨商会,若不紧急设置领事进行维持、保护的话,华侨的商务将受重创。鉴于此,农工商部请求外务部促进设置领事交涉。⑤ 1909 年 4 月,清政府和法国交涉"滇路"(云南·越南铁路)问题之际,外务部命令驻法公使

---

① 《军机处档》录副奏折,卷 1130。丁振铎和云贵总督直接联系,联手处理领事设置问题,同时也向驻法公使汇报了提案。

② 《外务部档》侨务招工类,卷 3043。

③ 《外务部档》侨务招工类,卷 3045。张人骏建议先由广东派员驻越,"专查边匪接济械饷等事",若以后达成协议,再由外务部正式决定领事人选(袁丁《晚清侨务与中外交涉》第 50 页)。

④ 中国第一历史档案馆编:《光绪朝硃批奏折》(第 112 辑),北京:中华书局,1996 年,第 78 - 81 页。

⑤ 《外务部档》侨务招工类,卷 3043。

刘式训:作为"滇路"问题"让步"的交换条件,要求法国同意清政府设置领事。因此,刘式训把交涉目标集中在领事设置问题上,关于华人人头税的问题放到了最后处理。同年 12 月,刘式训向外务部报告了交涉结果。法国以① 还清"滇路"赔偿,② 以开放昆明作为通商处所为条件,同意清政府在越南开设领事馆。① 清政府支付 20 万两"滇路"赔偿后,法国驻华公使向外务部发表照会,"如欲迅速协商在河内设置领事之事,不可再延迟了。法国人对设置领事问题没有异议"②。然而,交涉还没开始,就发生了 1911 年辛亥革命。

综上所述,甲午战后至辛亥革命的中法交涉中,双方均以 1886 年的条约和 1887 年的《来往照会》为根据,不断应对无休止的争论,到了民国时期这种争论仍在持续。

3. 越南领事问题的解决——1930 年《规定越南及中国边省关系专约》

为了结束这种无休止的争论,1930 年 5 月 16 日中法缔结了关于越南问题的新条约《规定越南及中国边省关系专约》(11 条)(法国驻华公使和国民政府外交部长王正廷③在南京签订,1935 年 7 月 22 日生效)。条文如下:

---

① 《外务部档》侨务招工类,卷 3760。

② 《外部致李经羲河内设领一层法人并无异议电》宣统元年十二月十五日(1910 年 1 月 25 日)河口档,《清宣统朝外交史料》《清季外交史料》,收于近代中国史料丛刊三编)卷 12,第 38 页。

③ 这是在修订不平等条约和收回国权运动促使下,1920 年代后期以降"修约外交"、"革命外交"潮流中取得的外交成果之一。王正廷的"革命外交"路线实际上是"修约外交",对外解释为"革命外交"(川岛真:《中国近代外交的形成》,名古屋大学出版会,2004 年,第 328 页;田建国译,田建华校:《中国近代外交的形成》,北京大学出版社,2012 年,第 303 - 304 页)。

第一条　光绪十二年三月二十二日（西历一八八六年四月
　　　　二十五日）在天津订立之《中法陆路通商章程》
　　　　（《戈可当条约》）、光绪十三年五月六日（西历一八
　　　　八七年六月二十六日）在北京订立之《续议商务专
　　　　条》（《恭思当条约》）、光绪十三年五月三日（西历
　　　　一八八七年六月二十三日）在北京互换之关于《续
　　　　议商务专条》之换文，及光绪二十一年五月二十八
　　　　日（西历一八九五年六月二十日）在北京订立之
　　　　《商务专条附章》一律废止，终止其效力。光绪十
　　　　一年四月二十七日（西历一八八五年六月九日）在
　　　　天津订立之中法新约（《天津条约》）内第四条、第
　　　　五条及第六条内所载之各规定，亦一概废止。

第二条　广西省之龙州城、云南省之思茅城、河口城、蒙自
　　　　城，继续作为中国及越南陆路边境通商之地。

第三条　中国政府得在越南之河内或海防及西贡派驻领
　　　　事，法国政府得继续在前条所载各地点派驻领事。
　　　　领事馆、副领事馆之领袖及代理馆务人员，与其他
　　　　服务领事馆人员，应由委派国之本国人民充任之，
　　　　并不得经营工商业事务。①

　　原清政府与法国根据各自主张提出的条约、章程、换文一律废
止，法国同意中国在越南设置领事的主张。法国之所以承认中国的
主张，是因为法国"仔细研究在荷兰领地东印度、菲律宾、（英国领地）

----

① 黄月波、于能模、鲍釐人编：《中外条约汇编》，上海：商务印书馆，1936
年，第617－618页。

海峡殖民地、香港等地设置的中国领事馆的实际情况后，认为没有危害"①。1935 年随着条约生效，同年中国设置驻西贡领事，第二年设置了驻河内领事。

最后，援引 Levasseur 关于 1930 年代法国印度支那殖民地华侨统治政策的论述，由此可以看出法国对中国官民领事设置要求的冷淡态度，而且可以理解领事设置交涉从 1885 年中法战争结束历时半个世纪的原因。

> 中文报纸对领事寄予过高的期待。他们认为领事会终结他们所受的虐待（他们认为是虐待）。实际上，这是对领事职能的误解。领事不能干预法国民政。并且，帮长不能妨碍一切领事活动，也不能超出领事的权限。中国领事不会无视本国国民的利益，反而会维护国民利益，他们按照国际惯例，不引起有违中国与印度支那友好关系的愚蠢斗争。有的报纸期望领事会采取这种态度。②

结　语

1885 年的《天津条约》是确立法国作为越南保护国之地位的条约，同时也是最早规定清政府设置驻越南领事的条约。本来，清政府把越南看作"属邦"，而同"属邦"越南缔结条约，派驻领事是难以想象的事情。假如法国放缓侵略越南的速度，晚些使越南保护国化，清朝和越南也会签订类似清朝和朝鲜的"章程"，派遣拥有裁判权的"商务

---

① 中岛宗一：《仏領印度支那に於ける華僑》，第 82 页。

② ルヴァスール（Levasseur）：《仏印華僑の統治政策》，第 157 页。

委员"。当然,清政府尤其是李鸿章等对朝鲜的关心和对越南的关心不同,不能同等看待对两个属国的统治方式。然而,从《戈可当条约》的交涉过程可以看出,清政府援引《商民水陆贸易章程》对朝鲜进行"属国支配",也想把这种支配方式适用于越南,确实存在这种选择。之所以没有实现这种历史过程,最主要的原因还是法国加速对越南的侵略。1880 年代前期,清政府运用"章程"开始对属国进行统治时,法国势力已经扩大至整个越南。之所以会产生这种结果,是因为在越南没有像在朝鲜半岛那样,产生清朝、日本、俄国、英国、美国等各种势力的"缓冲"状态①的契机,清政府直接开始了和法国的正面交锋。

清政府和朝鲜缔结了只有两国的限定适用范围"章程",该"章程"的规定没能被西方各国和日本等外国均沾,②因此,西方各国均不承认该"章程"。虽然该"章程"规定了连清政府自身也认为不合理的片面领事裁判权,但对清政府来说这并不矛盾。在和法国的条约交涉中,清政府主张在越南拥有和在朝鲜同等的权利,对于这一要求不能简单地同等对待。中法战争后,清政府既然承认法国对越南的保护权,就不可能和越南政府直接签订(像朝鲜那样的)"章程"。清政府和越南的关系,即作为"上国"对越南的优越性,只能通过和法国的"条约"体现。保持这种优越性的最佳手段就是裁判权问题。条约交涉过程中清政府主张,不允许住在"属邦"的"上国"之民服从他国的裁判管辖,"属邦"之民在"上国"必须服从"上国"的裁判管辖。然而,这并不意味着清政府囿于"册封—朝贡"的框架体系,其通过以是

---

① 冈本隆司:《属国と自主のあいだ:近代清韓関係と東アジアの命運》,名古屋大学出版会,2004 年。

② 《商民水陆贸易章程》前文,参见《中外旧约章汇编》(第 1 册),第 404 - 405 页。

否拥有裁判管辖权衡量本国和他国的地位这一行为本身，可以看作是对西方近代主权观念的接受（尽管是部分地接受）。

为给传统的宗属关系寻求根据，清政府从西方近代思想中取材，要求对其"属邦"享有裁判权。然而，产生这些近代思想的西方主权国家不会承认本国主权所及的区域内会有他国行使裁判权。清政府想要和西方的主权国家通过"条约"的形式在法国的保护国内行使领事裁判权，这是不可能的。

清政府之所以冻结1887年换文中获得的领事设置权，除为了逃避开放云南、广西等内地外，还有一个原因就是法国没有同意清政府在《戈可当条约》中要求的以"威望体面"的形式派遣领事的要求。中法战争后，李鸿章的设想是分离"保护"和"属邦"，一方面承认法国对越南的保护权，另一方面坚持越南依然是清朝的"属邦"。这一理论在现实中是如何体现的？如前所述，1886年《戈可当条约》交涉时，清政府按此逻辑要求获得在越南的领事裁判权，并企图维持清政府的"威望体面"。然而，经过四次预备交涉和四次正式交涉共计八次的条约交涉，清政府发现很难实现领事裁判权，最后，再未提及以"属邦"为依据获得领事裁判权。除了1887年和恭思当交涉条约时曾一时企图要求越南国王再次进贡，之后再未见到清政府主张"属邦"论的记录。1886年和戈可当的条约交涉或许是中法围绕越南宗主权抗争的最终结局，清政府放弃在越南享有领事裁判权的要求，可以说是清政府"放弃"越南的最终表现。

1870年代以降，清政府对海外华人的政策由"天朝弃民"逐渐转向"自国民保护"，并不断设置、扩大驻外领事。1880年代，之前名分上是主从关系的清朝和周边国家的宗属关系，受到西方和日本的压力和刺激，开始转向"属国"的实质化（即强化宗主权）。由于受到近代西方的主权概念和国际法的影响，清政府的属人支配和属国支配形式逐渐发生变化。1880 年代,朝鲜和越南在历史舞台上重合,带来行使或要求"属国"领事裁判权的行动和主张。

对李鸿章来说,设置、扩大驻外领事本来是洋务政策的一环,具有重要的功利目的。然而,中法战争结束后,清政府命令李鸿章维持越南乃"属邦"这一"成宪",对此李鸿章也不可能公开反对。因此,清政府暂缓名分上不是"属邦"论形式的领事派遣,作为交换条件,阻止了法国在云南、广西设置领事或租界。设置驻外领事和内地开放问题紧密相关。越南邻接中国边境,历来有大量海外华人聚集。和其他南洋地区相比,越南较晚设置中国领事,原因之一就是国内外利害关系的调整。

杨秀云(南京大学历史学院博士生,常熟理工学院讲师)　译

"春秋大义"与"万国公法"

——略说晚清科举体制下所引导的阅读

章　清*

　　以分科为特质的学科知识的建立,涉及全方位文化迁移的现象,在"援西入中"大潮下,中国社会有关现实世界及社会理念合法性论证的思想资源,渐次脱离传统中国的知识样式,转而采纳西方现代型的知识样式,同样构成近代中国学术变迁的重要一环。以今之眼光来看,"万国公法"知识构成晚清中国被卷入"现代世界"浪潮的先声,亦是"现代性"论述的肇端。换言之,不论称之为"公法",抑或"国际法",乃至"法律",都可视作晚清中国接纳以"分科"知识为标识的现代型"知识样式"的具体体现。当然,在晚清翻译出版的西学书籍中,《万国公法》以及与"公法"知识有关的其他文本,未必是影响最大的,甚至在晚清所出版的"公法"类书籍中,《万国公法》的影响也未必超过其他文本;更不用说20世纪初年经由日本管道传播的以"国际法"命名的相关知识,很快导致《万国公法》等书籍影响力日渐式微。然而,因《万国公法》具有的象征意义,成为研究者最为重视的文本分析

---

* 作者系复旦大学历史学系教授。

对象。① 这些研究对相关文本的成书及出版情况已有清晰梳理，可以作为解析晚清投身科举考试的士人阅读状况的基本资源。

审视晚清所呈现的"阅读世界"，有必要从"全面的历史"予以推进，尤其需要把握其中所展现的"节奏"及"载体"。所谓"节奏"，乃是因为"西学"知识的传播呈现出不同的"步调"：先是为直接相关的官员或士人所接触，然后再逐步被纳入到"制度化"的建制中。而所谓"载体"，则映射出晚清"阅读世界"的呈现有其独特的"媒介"。在"发表"还未成为读书人惯用的形式之前，亦即报章媒介还不那么普遍的情形下，读书人的所谓"阅读"，主要是在日记中完成的，故有必要基于读书人的"日记"，检讨晚清所出版的西书被阅读的情况。这样的阅读，或许只是零星的片段的个案资料，但舍此却难以重建关于书籍的阅读史。

大致说来，"万国公法"知识在晚清的被"阅读"，除了直接介入外交事务的官员进行的阅读之外，还包括另外两种形态的阅读，一是通过"日记"的方式对西学书籍进行的评论，这是古代世界特有的阅读方式，其所具有的"私人性"是最为明显的特质。一是参与科举考试时被"引导"的阅读，亦可归于"公开"的阅读。晚清科举改制引人瞩目的一幕是"废除八股，改试策论"，围绕各国政治艺学所出的"问

---

① 有关《万国公法》及"公法"知识在中国的传播，已出版了诸多极有价值的研究成果，难以在此列举。单就专书来说，颇具影响的就包括佐藤慎一：《近代中国的知识分子与文明》，刘岳兵译，南京：江苏人民出版社，2006 年；田涛：《国际法输入与晚清中国》，济南：济南出版社，2001 年；Rune Svarverud, *International Law as World Order in Late Imperial China：Translation, Reception and Discourse，1847—1911*（Leiden：Brill, 2007）。最新或许也是最好的一项研究是林学忠：《从万国公法到公法外交——晚清国际法的传入、诠释与应用》，北京：中华书局，2010 年。该书对相关研究信息的梳理堪称完备，可兹参考。

策",不少是围绕西学知识进行,考生则需根据所掌握的西学知识完成"应策"。这样的阅读与在日记中进行的"私人"阅读,也适成对照。透过多种形态的"阅读",或许能更好介入晚清的"阅读世界"。[①] 在前文的基础上,本文拟重点检讨科举体制下所引导的阅读。科举考试从设置伊始,其所具有的"引导"性质,即是题中应有之义。作为帝制时代"晋升之阶梯",科举考试乃官方意识形态的体现,应试士子在答卷中对相关知识的解读也往往恪守于此。晚清科举改制下围绕《万国公法》及相关"公法"知识所出问策,同样具有引导性质,但如何"引导",在乡试中却颇有差异,既反映在考官所出问策中,也反映在应试士子针对问题的答案中。对这样的差异性略加分析,于把握晚清对《万国公法》及公法知识的接纳,或不无裨益。

一、"公法"知识受到的广泛重视

就"万国公法"知识的接纳来说,肇其端者乃直接参与或了解对外事务的官员及士人,其见解自然也构成梳理"阅读史"不可或缺的内容。甚至可以说,它展示了一种常态,其他分科知识引入中国,差不多都经由类似的方式进行解读。而"万国公法"知识的特殊性,自然不可回避,它牵引出历史与现实的考量,这是它有别于其他分科知识的地方。正是这样的特殊性,导致"万国公法"知识得到广泛的重视,并因此被纳入各种教育架构中。这里之所以要关注晚清科举体制下引导的"阅读",原因在于,除了少数"先时的人物"之外,就晚清

---

① 章清:《晚清中国西学书籍的流通——略论〈万国公法〉及"公法"的"知识复制"》,《中华文史论丛》2013 年第 3 期,上海:上海古籍出版社,2013 年 9 月,第 213 - 263 页。对于"新文化史"所推动的"阅读史"与"书籍史",上文已略加说明,这里不再赘述。

知识传播的渠道来说,进一步值得梳理的即是在制度化建构中相关知识被接纳的情形。

晚清科举考试"废除八股,改试策论"的举措,展现出公法知识所受到的高度重视。科举考试最后几年的历史是匆忙写就的,不仅变革方案多有反复,原先运行有序的机制也乱了套。原定1901年举行的乡试和1902年举行的会试,都推迟一年举行,并改为"恩正并科"。这样,光绪壬寅(1902)、癸卯(1903)与甲辰(1904)连续三年举行的两科乡试与两科会试,也成为特别的考试。尽管"废除八股,改试策论"的具体实践时间有限,但仍留下值得重视的"阅读"资料。这大致可归于被"引导"阅读的情形,其载体即是"策问"。

"策问"是特殊的体裁,具有明显的导向作用,即由"问策"的具体题目引导众多士子关心这些问题。以晚清来说,从"格致书院课艺"开始,这一类的考试就大致形成了由各级官员担当"命题人",而由考生作答的方式。透过这些"策问",一方面可以了解晚清上层官员所忧心的种种问题,另一方面清末参加科考的数十万士子在"问策"导向下所作应策,也呈现出知识阶层一般的思想状况。重要的是,科举作为官方的考试,无论是问策者还是应策者,都不免恪守官方意识形态。如论者强调的,考生的应策是要迎合考试的需要,也就是在力争中试的前提下的急就章,所以必定要揣摩问策的意向,使应策得到考官的认同。[1]

科举考试"改试策论"之举措,展现了应试士子如何在引导下回答有关"公法"的问题。改章后的科举考试进行得并不顺利,1901年的辛丑乡试,只有广东、广西、甘肃、云南、贵州五省举办。因此,1902

---

[1]　周振鹤:《清末科考策问中所反映的士人意识》,收入氏著《知者不言》,北京:生活·读书·新知三联书店,2008年,第100－104页。

年又举办了庚子辛丑恩正两科并行补试,包括江南、江西、浙江、福建、湖北、湖南、四川、陕西、山西、山东、顺天、河南等 12 省。值得关注的是乡试第二场各国政治艺学策中涉及公法之内容。如表 1 所示,涉及"公法"的问策占有相当的比重,超过一半省份的乡试在各国政治艺学策中安排有一道及以上的问策。①

表 1 1902 年各省乡试第二场各国政治艺学策中涉及公法之试题

乡试省份	问 策
江南	1. 中外刑律互有异同,自各口通商,日繁交涉,应如何参酌损益,妥定章程,令收回治外法权策。 2. 证明公法他国能否干预内政之例以慎邦交而维国柄策。
江西	2.《万国公法》一书,西人交涉,视为准绳,然所以用公法之柄,则仍以国势为断。强者每取盈于公法之外,弱者每受损于公法之中,必如何始剂其平策。
浙江	3. 西国法律,原于罗马,沿革若何?今法律之学,为科凡几?自治外法权行于通商口岸,受病甚深,规复主权,宜有良策。
福建	2. 以《周礼》、《春秋》证公法策。
河南	泰西各国有公法以治国家交涉之事,有便法以治两国人民交涉之事,中国宜如何博采事例,辑订章程,以理人民交涉策。
山东	3. 公法内有人民侨居异邦保护之例,宜切实讲明,以安客民策。
陕西	4. 各国律例异同,择其可行不可行策。

① 研究者根据《壬寅科变法直省闱艺(壬寅直省新政闱墨)》(上海:上海书局,1903 年),《评选直省闱艺大全》(上海:上海书局,1905 年)等资料,整理出壬寅、癸卯科乡试中与"法律"有关的题目。见宋方青:《科举革废与清末法政教育》,《厦门大学学报》(哲学社会科学版)2009 年第 5 期,第 38 - 44 页。这里所制作的表 1、表 2,是在此基础上根据其他各种"闱墨"资料以及《申报》等资料的完善。包括《壬寅直省闱艺》第 1～4 卷,署"光绪二十八年仲冬月上海书局西法印行",《精选直省闱艺》(光绪癸卯恩科),第 1～4 册,上海:时中书局,1904 年;冯一梅:《增批直省闱墨》,上海:上海书局,1904 年。

1903 年的各省乡试,第二场各国政治艺学策中涉及公法之试题更多。总计约有 11 个省的乡试在各国政治艺学策中,有一道以上的问策涉及公法内容。详见表 2。

表 2　1903 年各省乡试第二场各国政治艺学策中涉及公法之试题

乡试省份	问　策
江南	5. 高加索为朔方何部?译音有无他名?俄取其地,设有新例,其例若何?并设于何年策。
江西	4. 欧洲近世交涉最重要者,前有维也纳之会,后有柏林之约,政策若何?主持者何人?始惟均势于欧陆,今乃并力于远东,而美利坚外交亦不尽循孟禄之旨,其于亚洲关系尤巨,审时制变,何以应之策。
浙江	2. 泰西立国,其制度、法律于《周礼》、《春秋》为近,其权谋、综核、攻守、制造,于管、商、申、韩、孙、吴、输、墨为近,其政治家论立法宗旨,不外公意公益,又与圣人絜矩,与民同好恶并无异理,是其治术人才不出中国模范。今取资西国,仍宜以还证中国,庶推勘真切而得宰世纲领策。
福建	3. 泰西各国,多有属地,其驭治之道孰优策。
湖北	3. 日本自改修刑律后,收回治外法权。近朝廷与交涉日繁,酌定通律,如矿律、路律、教律,实为今日之急务。亟应参考中外章程,分撮旨要,以备采择策。
湖南	2. 汉之傅介子、陈汤、甘延寿、班超诸人,出使外国,皆得以便宜行事,方今欧西之使,类多头等,或加全权,有事可以专决,吾国使多二三等,彼有事,或不关白使者,径达枢府,应如何选使才而重使权策。
河南	4. 西人经营殖民地,如澳洲,如非洲,如南洋群岛,一经开辟,便成属土。中国商民,旅海外者甚伙,将欲维持固结之,为我殖民计,其道何由策。 5. 欧洲列国,颇近纵横,近百年来,如维也纳会议、东欧同盟、西欧同盟、柏林会议,皆关系全局,试参稽情事,以觇世变策。
山东	3. 东西刑律,轻重不同,日本改律订例,遂收回治外法权。今一更定人民交涉各条,专理通商口岸,则内治未免两歧,若概从变革,于国俗民情,能否推行无疑策。

乡试省份	问　策
广东	4. 自各国治外法权得行于通商口岸,华洋涉讼,莫得其平,宜参用中西法律,商订通行律例,以理交涉而免庇纵策。
广西	1. 泰西法律,有公法、便法之别,其体例若何? 或谓法国律最为精审,日本律尤与我相近,能条举其大纲否? 今方改订刑律,试采取东西律之有关交涉者,以期无损主权策。
贵州	5. 泰西立法,判以公私,号称精密。中国欲收治外法权,既议纂新律,以便交涉矣,有谓宜参酌中西,即厘订全律者,试求西律义例,述其概略,是否可行策。

二、引导下的"阅读":"春秋大义"成为主调

通过具体的答卷,也能了解考生如何被引导回答与"公法"相关的问题。要完整展现乡试中士子的应策情形,显然是不可能的。通过江南、江西、河南、福建等地乡试的试卷,即可注意到考生对公法知识的了解究竟如何,又如何被引导着去思考相关问题。

1902 年江南乡试有这样一题:"证明公法他国能否干预内政之例以慎邦交而维国柄策"。名列第一的曹清泉,在应策中显示出对于公法知识有相当的把握,还具体引证了《万国公法》一书中的见解。但其对公法的评估却是负面的,强调了这样的意思:"公法者,强法而已。势力平等之国,有公法;势力不平等之国,无公法。"为此他指出:"亚东目前之和平,特强者以公法操纵之而已,得利益于公法之外。弱者以公法抵御之而已,失利益于公法之中。是殆非文字之力、口舌之争所能为役矣。"同样名列前茅的程起鹏,在应策中开篇即将公法与《春秋》结合在一起进行考量:"自《春秋》以外,能明乎大义者,其莫如公法乎。"还直接阐明"泰西之公法家言,慨争竞之不已,执名理以

相维,亦犹《春秋》之志也"。不过对于公法能够发挥的作用,显然是有所保留的,其阐述的见解也基于此展开,一方面,作者指出"为使臣者,不可不明公法,公法既明,则不必以兵革胜,而可以口舌争";另一方面又强调:"有国者,必选将才以辅使才之不足,而后能得公法之益。不然,公法虽善,其可以禁显背公法之强邻耶。"另一位中试者王景琦同样阐明公法之不足恃:"历观西史纪载,若不自强,虽入公法,亦无可恃之理。公法者,战后和平之策,群雄竞争,藉以均势,苟其有效,则波兰、印度之灭,其时岂遂无公法哉。"①

江西乡试 1902 年的问策直接以《万国公法》提出问题:"《万国公法》一书,西人交涉视为准绳,然所以用公法之柄则仍以国势为断。强者每取于公法之外,弱者每受损于公法之中,必如何始剂其平策。"很显然,问题的导向性是很明确的,认为"公法之柄"全操于"国势",强者、弱者有着天渊之别。龙元勋、傅尔贻系排名前二位的中试者。② 傅尔贻在应策中,明确指出今之世界,乃优胜劣败、弱肉强食的世界,并以此为出发点来评价《万国公法》一书:

> 悲夫,今日之世代,优胜劣败、弱肉强食之世代也……
> 《万国公法》一书,垂之数百年,所以弭并吞之祸,揆诸理以剂其平者也。故凡交涉,莫不视为准绳。然此特施诸平等交际之国耳,盖所以用公法之柄,仍以国势之强弱为断。使其国果强,则不待命将出师,而势力平均,已有所惮而不敢轻。③

---

① 《中外时务策问类编大成》,求是斋,1903 年,卷十一"公法",第 1—2页。

② 《江西乡试题名全录》,《申报》1902 年 10 月 19 日,第 1 版。

③ 《中外时务策问类编大成》卷十一,"公法",第 3—4 页。

　　龙元勋的应策同样强调："所谓《万国公法》者,不过为大侵小,强凌弱,籍手之资而已,岂真有公是公非之议论哉。"为此也褒扬"信义"之道,以此说明"公法不足凭"。剂平之道何在?"则非取法《春秋》不可。""《春秋》经世,先王之制,实《万国公法》也,如会盟、朝聘、侵伐、平乱、行成、存亡、继绝诸事,无词不严,无义不正。加以《春秋》三传,各有义例,合之乃成完备。"这里明确是以《春秋》之义高于《万国公法》,"《春秋》之义行,而天下乱臣贼子惧焉",多少有这样的意味。另一位中试者熊坤在应策中也明确阐明:"夫《公法》一书,为国与国交涉设也,为强侵弱,智欺愚设也。"作者列举了诸多例证,所强调的正是这一层意思:"强者于弱,虽明有公法,仍可逞于法之外,弱者遇强,虽谨守公法,即受损于法之中。此其弊盖现今各国无国没有矣。"①

　　再来看1902年福建乡试的问策:"以《周礼》《春秋》证公法策。"这更是直截了当引导考生以"春秋大义"与公法进行对比,而考官之意图也昭然若揭。所收唐瀚波之应策就哀叹中国今日之处境,似乎外于"公理"、"公义"之外,"夫公理人人所同具,而四百兆黄种之人,独见欺于彼族。公义世世所得伸,而十九周文明之世,独被诋谓野蛮,此吾辈痛哭流涕之秋也"。考生举证说明此二书高于公法,然后强调:"苟得明法者抉择其精,善译者推阐其妙,以持质彼中之通人哲学,则彼且色骇而心折,必不敢复歧视吾华于公法之外,其又何公理不能共,公义不能争之有哉?"林传甲在应策中说得更明确:"孔子作《春秋》,万世之公法也,列国之事,孔子借以起例也。《春秋》外夷狄于中国,公法屏野蛮于文明之邦,其例一也。《春秋》恶灭国者,公法家亦无灭国之例,其例一也。"还具体指出,"观惠顿所编,可以契元圣

---

①　《中外时务策问类编大成》卷十一,"公法",第3-4页。

宣圣之意矣"。① 此外,马兆桢、黄瓓之应策,传递的也是相近的意思。②

由上述应策中不难看出,普通士子是如何被引导思考攸关帝国自处之道的大问题的。尽管他们已经接受了《万国公法》之类的书籍,但在应策中对此的评价差不多都是负面的。与之适成对照的是努力发掘《春秋》大义,与之对抗。由此亦可看出,《春秋》之道,乃晚清抗拒《万国公法》最基本的"思想资源"。在饱受种种欺凌的局面下,当局缺乏对"公法"之基本信心,自不难理解,而在此情形下激起士人对《春秋》大义的兴趣,更有可以理解之缘由。

再来看1903年各省乡试的相关策问,则对于科举考试所具有的引导性质可有更进一步的把握。而且,尤值得重视的是,当问策的引导性稍做调整,士子的应策也往往能将对相关问题的思考转向知识范畴。1903年浙江乡试题属于明显具有引导性质的题目:"泰西立国,其制度、法律于《周礼》、《春秋》为近,其权谋、综核、攻守、制造,于管、商、申、韩、孙、吴、输、墨为近,其政治家论立法宗旨,不外公意公益,又与圣人絜矩,与民同好恶并无异理,是其治术人才不出中国模范。今取资西国,仍宜以还证中国,庶推勘真切而得宰世纲领策。"该题不仅仍立足《周礼》、《春秋》出题,而且还规范了士子答题的方向。名列第1名的吴敦义在应策中,也受此引导,完全立足于"西学中源说"阐述看法,指出十九世纪泰西之富强,今中国诚不能比权量力,"然亦思二千年以来,我周孔之成法,九流诸子之学说,乃适与今日之泰西,殊途而同归乎"。具体说来,"夫西人盛称《万国公法》,今以《周礼》证之,其云自治之权,一天官之职掌也。其云自主之权,一地官之

---

① 《中外时务策问类编大成》卷十一,"公法",第3-4页。
② 《中外时务策问类编大成》卷十一,"公法",第5-6页。

司理也。其云交通之权,战守之权,律法之权,制造之权,一春夏秋冬四官之领也,其制度之相近如此。至于《春秋》一字之褒贬,甚于哀荣斧辱,非即公法中之所谓义法者耶,其法律之相近如此。"为此还强调"今议者徒欲步武泰西,而不知富强之盛,轶我中国,发其微而达之者,遂臻于极点。然则礼失求野,循其明备之迹,而光复旧物可也。必震彼之长,而以为神圣所未闻,百家所未逮,不可也"。①

相较于浙江乡试题,1903 年其他省所出策问多少降低了引导性质,而士子在应策中也展现出不一样的情形。先来看贵州乡试的情形。所出问策题为"泰西立法,判以公私,号称精密。中国欲收治外法权,既议纂新律,以便交涉矣,有谓宜参酌中西,即厘订全律者,试求西律义例,述其概略,是否可行策"。名列第 22 名的萧延荚在应策中显示出对于相关知识的把握,"盖国与国交际,而国际法立焉。君与民交际,而宪法立焉。民与民交际,而民法立焉。商与民交际,而商法立焉。国际法、宪法,公法也;民法、商法,私法也。介公私两法之间者,则民事诉讼法也。义例谨严,不相侵越。此所以精密欤。中国仅有民法,未尝讲求,通商以来,不知万国通例,以知外法权,让与西人。不惟租界之外人不归我辖,而我国人民转受治焉。"这里显示出对于中西法律之差异,作者还是能平实看待,并且对此策问中提出的问题,也能平实表达自己的看法,那就是"论公法,则国际法为先,举私法,则商法为重,息争竞而保利源。此不可缓者也。若宪法云者,欧洲有立宪法政体,非中国所宜言,置勿论焉可矣"。②

再来看其他各省乡试的情况。河南乡试题"欧洲列国,颇近纵横,近百年来,如维也纳会议、东欧同盟、西欧同盟、柏林会议,皆关系

---

① 冯一梅:《增批直省闱墨》,"浙江、江西",卷五,第 18 页。

② 冯一梅:《增批直省闱墨》,"贵州、河南",卷五,第 10 页。

全局,试参稽情事,以觇世变策"。名列第 15 名的陈琦,在应策中对于公法持这样的判断:"公法公约之可恃,而不可深恃。"但其大体上还是认同公法所发挥的积极作用:"当群雄角逐之世,为之立公法,伸公义,以维大局,使贫弱者得以自存,而强暴者不至成席卷长驱之势,斯世之幸也。"结合问策中所提事例,作者也强调:"虽然欧洲之事,亦有未可厚非者。语有之,两利相权,则取其重,两害相权,则取其轻。使近百年来,无英国指柱其间,拿破仑被拘之后,各国割取法地,必更多而法不支。俄人破败突厥之后,乘机并吞,土早就灭,土灭而俄焰益炽,欧洲大局,将有不堪设想者。幸而得英人者,出而解纷排难,持公理,立公约,而危者安,亡者存,吞噬者沮。人知拿破仑一身系乎全局,而不知英之勉持全局者,尤足系人思也。"①广东、广西乡试的情形,大致也差不多。② 可见,在没有明确引导的情形下,应试士子能基于对相关知识的把握阐述看法。

三、应试士子获取公法知识的渠道

"公法"与《春秋》,显然是晚清读书人难以绕开的话题,这样的问题进入到"课艺"中,也是题中应有之意。这其中的要害不惟"公法"是否"合"于《春秋》的问题,尤在"公法"能否体现"大义"。应试士子结合"春秋大义"评估与《万国公法》及其他公法知识相关的问题,固然是科举考试的引导性质所决定,但士子获取公法知识的渠道也是不可回避的问题。应试士子是否接触过《万国公法》之类的书籍,难以简单评估。最基本的是,参加科举考试的士子是否阅读过相关书

---

① 冯一梅:《增批直省闱墨》,"贵州、河南",卷六,第 16 页。
② 冯一梅:《增批直省闱墨》,"广东、广西",卷五,第 21 页;卷六,第 9 页。

籍,并不能依据其应策加以推断。可以明确的是,围绕《万国公法》及其他公法知识出题测试士子,早已流行于各书院课艺中,相应的,各书院及报章上所刊登的信息,也构成士子了解公法知识的基本渠道。正是这些渠道,表明参加科举考试的士子早已受到这样的引导,主要立足"春秋大义"与"公法"知识进行对比。

"科举改弦,译纂方始,南北各局执笔之士甚多。分以销售利益,庶有以泯其作嫁为他人之塞责,而动以洛阳纸贵之可欣求,达难显之情,期读者之皆喻;则此举不独使译家风气日上,而求所译之有用与治彼学者之日多,皆可于此寓其微权。"①严复致张元济这通信函,言及了科举改制后对译书业的推动。《中外日报》一则"论说"也阐述了"译书亟宜推广"的主张,原因正在于,"八股既废而科举不停,策问所及,必为时务。时务不能空言,彼发策之人与对策之人,均必有所取材之地。此取材之地无过读译本书耳。"换言之,"国家既存科举,则广办译书一事刻不容缓矣"。②"改试策论"不仅影响士子,更使译书、出版业受到极大冲击。这就为各种应试资料的出版提供了机会,《中外日报》的一篇文章对此的分析切中肯綮。文章指出了科举更张之意非不善也,"然其弊实亦甚多":

> 一在求之太备。既欲其通知本国古今政治及史事,又欲其通知各国政治艺术各专门之学,又欲其通知四书五经大义,夫此数者,在昔人专精一门已属不易,今乃欲其无所不通,储之于平日,以待试官之发问,天下果有其人耶? 一

---

①　严复:《与张元济书》,王栻主编:《严复集》第 3 册,北京:中华书局,1979 年,第 544 页。

②　《论译书亟宜推广》,《中外日报》1903 年 8 月 27 日、8 月 31 日。

在责之太骤。科举改章之事,自降旨通行后,至今不满一年。当未改章之前,其留心中外古今时务者,诚不乏其人,然欲使一省之中应试之士子,皆足副其选,则固难言之矣。今期以极备之学,有责以极促之限,此即有绝人之姿禀,有一目十行之精力,一览不忘之记性,尚恐其不能将各书读尽,况其下焉者乎? 职是之故,士子既无此精力,又无此闲暇,则自不得不广购各书以供场中之袭取。是则考试所得之人材,直剽窃而已矣。谓可得真材实学,谁其信之夫。①

这里说得很清楚,改试策论后,在短短时间里,应试士子既要周知本国古今政治及史事,还要了解各国政治艺学,且四书五经大义还不得丢开,可谓不可能的任务,于是"不得不广购各书以供场中之袭取",由是,各种"策问"资料也应运而生。其中上海格致书院所出课艺颇为典型,并产生了广泛的影响。熊月之就注意到,以汇编时论而引人注目、风行海内的各种经世文编,凡是在格致书院举行西学、时事课艺以后出版的,每种都收录该院相当数量的课艺。②

具体到与公法知识相关的问题,《格致书院课艺》中有两道策问是高度契合的。其一是如何理解公法,以应对新的国际秩序,其二是原来的秩序瓦解后士人的思考。这两道问策出自李鸿章、聂缉规,体

---

① 《论科举改章之未善》(论说),《中外日报》1902 年 8 月 29 日。
② 如麦仲华的《皇朝经世文新编》收录了葛道殷、彭瑞熙关于中西格致源流和异同的课艺;储桂山的《皇朝经世文新编续集》收录了孙维新、殷之辂、朱正元等人讨论铁路、邮政、边患的课艺多篇;求自强斋主人的《皇朝经济文编》收录了钟天纬、王佐才、葛道殷、彭瑞熙、杨毓辉、许克勤、胡永吉、陶师韩、叶瀚等人讨论物理、化学、天文、医学、中西格致异同等问题的课艺达 20 篇之多,占所收同类论文一半以上。参见熊月之:《西学东渐与晚清社会》,上海:上海人民出版社,1994 年,第 372 - 373 页。

现的是晚清上层官员的认知。实际上，单就"问策"便不难发现主考官的倾向性，其引导作用是非常明显的。

1889 年《格致书院课艺》有北洋大臣李鸿章春季特课题三道，其中第二问为：

> 问各国立约通商本为彼此人民来往营生起见，设今有一国议欲禁止有约之国人民来往，其理与公法相背否？能详考博征以明之欤？

这是直接以"公法"出题进行考试。该题总计收有前四名的答卷，名列第一的是江苏太仓州宝山县附生蒋同寅。其应策不唯明确强调"交邻有道，信义为先"，还具体指出，尽管各国条约"均声明两国人民可以任意来去、居住、贸易，且为之保护其身家财产，从无禁止之明文"，实际情形却是，"我国家柔远为怀，凡与各国交际，莫不恪守条约，所有商民教士人等，住居华土者，莫不尽力保护"，其他国家却未必如此。可以看出，对于"公法"当时的读书人已有所了解，但往往基于所熟悉的方式进行评估；对其能否真正落实更是疑虑重重。[①] 名列第二的浙江定海县附生王佐才，他在答卷中也指出："天下之理必合天下之势以为衡，而理乃能圆足。若只论是非，不论强弱，则势既窒碍而难行，理亦凭虚而无著转，不能通行于天下。"由此也评价到《万国公法》一书，"夫《公法》一书，西人所尝称为性理之书，谓其能以义理为断，而不杂以势利之见者也"。然即便如此，仍"与我中国之《春秋》亦奚以异"。同样是对公法没有基本的信任，却表彰《春秋》

---

① 蒋同寅答卷，《己丑格致书院课艺》，上海图书集成印书局，1898 年，第 2-3、6 页。

"足以褫乱臣贼子之魂，而立千秋世道之防"。王佐才写道：

> 盖《春秋》者，实我中国列邦之大公法也，其笔削予夺，一字之间，足以褫乱臣贼子之魂，而立千秋世道之防。试问公法，有此力量乎？我观泰西今日之局，小国援公法，未必能却强邻；大国藉公法，足以挟制小国。则所谓《万国公法》者，不过为大侵小，强陵弱，藉手之资而已，岂真有公是公非之议论哉。①

名列第三的是江苏松江府上海县附生朱澄叙，集中表达了这样的意思，"窃维天下有不依公法之国，天下无不明公义之国"。所强调的是，"凡同盟之国，惟有奋志自强，备可战之势，尽当和之道，防患于未然，执公法以自护，弗理论于既往，恃公法以求伸，则可相安于无事矣"。② 列第四名者为五品衔广东候补县丞钟天纬，他这样解释《万国公法》的作用："夫《万国公法》一书，原为各国应守之成规，并非各国必遵之令甲。强者藉此而愈肆其强，弱者恃此而无救其弱，久矣垂为虚论矣。顾幸有此一书，彼此互相维持，如春秋之动援王命，目前犹不致骤流为战国。"③

《万国公法》一书的译介，于中国士人理解新的国际秩序，无疑是重要的"思想资源"，但"格致书院课艺"所收应策，对此的评价大多是负面的，明显表现出对此缺乏信心，并借此大肆表彰"交邻有道，信义为先"的准则，同时赋予"春秋大义"特殊的地位。既如此，当问题涉

---

① 王佐才答卷，《己丑格致书院课艺》，第3页。

② 朱澄叙答卷，《己丑格致书院课艺》，第6-7、10页。

③ 钟天纬答卷，《己丑格致书院课艺》，第2-3页。

及中国此前所奠定的秩序面临瓦解之际,中国读书人的思考又如何呢?

1900年《格致书院课艺》秋季课题为聂缉规所出"朝鲜为中国藩属宜如何保守论",展示的是原来的天下秩序瓦解后士人的思考。有意思的是,名列前三名的答卷都未曾提及《万国公法》一书,名列第四、五位的答卷倒是有所涉及。

安徽庐州府学优行禀善生李经邦的答卷名列第四,文中列举了当时的诸多意见,但他的评价完全是负面的。其中也涉及对《万国公法》一书的评价:"或谓保守朝鲜既如此之难,不若停其封贡,却其称臣,进藩属而与为邻邦,明许其自主,一以《万国公法》从事,毋稍偏枯,俄日两国欲兼并之,则可据公法以力争。"不过在其看来,"此或亦保守之一策",问题在于,"不知彼为属国,我尚不能收自主之权,易为友邦,更难措置矣。区区一纸公法,安能息俄日两国之争耶?"[1]在这个意义上再看名列第五名的候选从九品张玠的答卷,也不难看出其中颇有意思的一面。张玠是力主联英拒俄的,他在答卷中倒是指出俄之侵削高丽,"大干《万国公法》禁例",如英助中拒俄,"正以行公法之大权":

今英为高丽之事,稍形武断,庸何伤。况且高丽世附中国,俄人侵之,是侵削小邦也,侵削小邦,大干《万国公法》禁例,英而助中拒俄,以存弱高,正以行公法之大权,展霸者之雄略,为天下彰公道,为万世正人心。高人德之,中国感之,各国议之,俄何说之辞。[2]

---

① 李经邦答卷,《庚寅格致书院课艺》,第44-46页。
② 张玠答卷,《庚寅格致书院课艺》,第47-49页。

这只是问题的一面,考生却未曾考虑"高丽世附中国"是否与《万国公法》相符合。可以说,通观这些应策,都是将朝鲜作为属国看待,所图谋之策,也未见有基于国与国之关系进行思考者,主要着眼于利益进行评估。

《格致书院课艺》是应试士子广为袭取的"范文",产生了重要的影响。通过其他书院及新式学堂的事例,亦可了解公法知识如何为学子所接受。而且,对于士子是否在"引导"下评估相关知识,同样有不少的事例可以说明。杨度在日记中也曾结合《春秋》评说公法。时值戊戌时期,梁启超在时务学堂主讲,杨度去拜访他,了解到"学堂章程,学生各受《孟子》,继读《春秋》,以合公法"。对此杨度认为:"公法之不合《春秋》者多矣,即以《春秋》正之,是非虽明,不能行于万国,第欲明其是非,则不合《春秋》,岂独公法一书哉。以此为学,是欲张其门面以骗馆地耳。"①当时杨度正在王闿运门下读书,在认知上完全秉承了王基于"经师"的眼光"想象"外部世界,因此,他立足于《春秋》评估公法,也可说是老师引导的结果。

王闿运的《湘绮楼日记》体现的是旧式读书人的阅读生活,最突出的是其日记鲜少阅读西书的记录(光绪十年之前尤其突出),阅读范围还停留在经史子集之类。当然,并不能因此就判定其缺乏了解西学的渠道。交谊颇广的王闿运,与友朋和学生的通信与晤谈,是其了解外部世界的主要渠道。邸抄、京报,以及包括《申报》在内的"洋报",也是其重要的信息来源。湖湘在晚清中国算得上得风气之先的地域,在治学上偏重于今文经学的王闿运,于此间自能感受到种种异动。不过,他的所思所想明显囿于传统的精神世界中。1876年,郭

---

① 北京市档案馆编:《杨度日记》,光绪二十四年正月二十三日(1898年2月13日),北京:新华出版社,2001年,第78页。

嵩焘奉命出使英国，王闿运的反应就颇耐人寻味。郭氏此举在湖南曾引起极大震动，王在日记中也说明，"筠仙晚出，负此谤名，湖南人至耻与为伍"。王还记录了当时流传的一联："出乎其类，拔乎其萃，不容于尧舜之世；未能事人，焉能事鬼，何必去父母之邦！"或许是因为与郭嵩焘交谊甚厚，王并没有加入讥骂之列，只是表示："余云众好众恶，圣人不能违。"①不过在写给郭嵩焘的信中，王闿运暴露出他对外部世界缺乏基本了解，相应地他这样定位郭嵩焘出使一事："奉使称职，一时之利；因而传教，万世之福。"②在日记中，王闿运也多次提及与郭嵩焘沟通的情形。1877年4月21日记："作书寄筠仙，并诗一章，大意言宜化夷为夏。"6月9日又记："松生送筠仙日记至，殆已中洋毒，无可采者。"③大体说来，尽管王闿运未必认同郭嵩焘，但涉及"夷务"，往往都会与郭嵩焘沟通。"余意欲作疏奏，通事理，戒中外之哄议，往咨筠仙，以其最悉夷事也。"因为此次谈话时间有限，故不日又有所议，"筠仙言政事好立法度，望人遵守，以夷国能行其法为不可及。且以为英吉利有程、朱之意，能追三代之治，铺陈久之。余以为法可行于物，而不可行于人，人者万物之灵，其巧敝百出，中国以之，一治一乱。彼夷狄人皆物也，通人气则诈伪兴矣。使臣以目见而谀之，殊非事实"。④通过与他人的接触，王闿运多少了解一些与"公法"相关的内容，只是其思考还难以突破旧的樊笼。1900年2月11

① 王闿运：《湘绮楼日记》第1卷，光绪二年三月三日（1876年3月28日），长沙：岳麓书社，1997年，第460页。

② 王闿运：《致郭兵左》，马积高主编：《湘绮楼诗文集》，长沙：岳麓书社，1996年，第868－869页。

③ 王闿运：《湘绮楼日记》第1卷，光绪三年三月八日（1877年4月21日），光绪三年四月二十八日（1877年6月9日），第556、569页。

④ 王闿运：《湘绮楼日记》第1卷，光绪六年一月三十（1880年3月10日），光绪六年二月二日（1880年3月12日），第880、881页。

日，他在日记中写道："梁新学来，言公法，盖欲探我宗旨，答以不忘名利者必非豪杰，尚不屑教以思不出位也。盖能忘名利，又当思不出位，而初学必自孟子所谓大丈夫者始。"①

　　相比之下，具有特殊身份且对"科第甚淡"的孙宝瑄对公法的思考已突破了旧的樊笼。在1897年6月7日的日记中，孙宝瑄提到自己在读关于"公法"的著作："夜，览《交涉公法论》。其原序纪公法源流出于罗马，其后有多法师精求其术，如阿勃里哥斯、金庚斯、李意诸人，皆著名者也。公法之学，始渐盛行。"②一直到该年的8月，孙宝瑄日记中频频出现该书。显示孙宝瑄的阅读是认真的，不单持续了很长时间，还在日记中留下这样的思考：

　　　　览《交涉公法论》，中言以人心固有之天理用为天律，而使万国遵行，虽有不遵者，而天律自在也。即如一国所定律，安能必人人皆遵行乎？有一不遵者，遂谓之无国律，不可也。天律亦然。又云：合天下为一国，以天为之主，而皆不得违天，公法所以立。③

　　过了两日，孙宝瑄联系到《春秋》一书："览《交涉公法论》……予尝怪《春秋》所谓治太平时，天下远近大小若一之说甚奇也，所指陈者，不过书法，而微意所括者远矣。吾思数千年后，地球诸国及省府

_____

①　王闿运：《湘绮楼日记》第4卷，光绪二十六年正月十二日（1900年2月11日），第2267页。

②　孙宝瑄：《忘山庐日记》上册，光绪二十三年五月初八（1897年6月7日），上海：上海古籍出版社，1983年，第103页。

③　孙宝瑄：《忘山庐日记》上册，光绪二十三年五月十一日（1897年6月10日），第104页。

县乡,道里广狭必悉皆同。"①对于《交涉公法论》,孙在日记中所作评价,大体上还是正面居多。其 8 月 18 日的日记写道:"西律至精细,要以忠恕为主,能体人情,至于至微,此非私权尽去、公权日出不可。西国虽交战,而仍有公法不可逾越,所以别于寇盗也。"8 月 20 日又记:"立法以防弊,有弊生于法中者,复立法以防之。顾中国防弊而弊愈多,西人防弊而弊日少者,中国为一家防,出于私也;西人为众人防,出于公也。"②

　　1897 年 8 月 28 日的日记中,孙宝瑄又明确提到"览《万国公法》"。③ 这可视作其对"公法"问题的重视,相应地,他也寻找其他书进行对比,不过并没有明确的阅读记录。9 月 15 日的日记还记录了孙读该书的过程及评价:

　　　　览《交涉公法论》三集,终卷。是书为英国全备之万国公法,于各国交际之道,所当尽之职,论之极精,惜译笔咨沉,且重复意味多,不知其原文何如。予于五月间即览,中多间断,至是补观毕。中名论实多,如云国之治乱,一以律堂断指。律堂开,则为治;律堂闭,则为乱。④

前已提及孙在阅读《交涉公法论》时联系到《春秋》,这绝非偶然,事实

---

　　①　孙宝瑄:《忘山庐日记》上册,光绪二十三年五月十三日(1897 年 6 月 14 日),第 104－105 页。

　　②　孙宝瑄:《忘山庐日记》上册,光绪二十三年七月二十一日(1897 年 8 月 18 日),光绪二十三年七月二十三日(1897 年 8 月 20 日),第 128 页。

　　③　孙宝瑄:《忘山庐日记》上册,光绪二十三年八月一日(1897 年 8 月 28 日),第 130 页。

　　④　孙宝瑄:《忘山庐日记》上册,光绪二十三年八月十九日(1897 年 9 月 15 日),第 138 页。

上这也构成其思考的焦点。1897 年 12 月 6 日的日记提到"《粤东报》载欧榘甲《春秋公法序》,不知其书若何,殆有可观"。这番话颇值得注意,作为了解公法的读书人,孙或许也有这样的联想,紧接着日记中的一段话,就对《春秋》的"张三世"有所评说。① 这番话,可看作了解"公法"的读书人对"春秋三世"说的重新审视。

黄炎培的经历也为此提供了特别的例证。1901 年,他考入南洋公学"特班",接受了该校中文总教学蔡元培的特别训练。黄选定了"外交一门",并且按照蔡所开示的"国际公法"和外交文牍进行阅读。结果在参加 1902 年江南乡试时,他"得了便宜":

> 江南乡试有一个试题:《如何收回治外法权?》治外法权,在《万国公法》上说:"于驻在国所治之地外,得管辖其民之权",是限于使馆所在地和使馆人员的。自五口通商,各国在我国开辟租界,把领事裁判权,假名着"治外法权",是完全违反万国公法的。这一些道理,一般人不尽能正确分析,研究过万国公法,当然能信笔直书,我就在这上边得了便宜。②

余论 理解"现代性"的屏障

本文勾画《万国公法》与"公法"知识在晚清的流通以及"阅读"的

---

① 孙宝瑄:《忘山庐日记》上册,光绪二十三年十一月十三日(1897 年 12 月 6 日),第 149 - 150 页。

② 黄炎培:《八十年来——黄炎培自述》,上海:文汇出版社,2000 年,第 54 - 57 页。如其所说"得了便宜",南洋公学特班 42 人分别在各省参加乡试,中选的有 12 人之多。

历史片段,既期望能对前述围绕《万国公法》的不乏成功的研究加以补充,还试图以此展现晚清书籍流通及阅读的情形。更重要的在于,不仅知识的"复制"存在多种形态,"阅读"同样如此。或许,晚清阅读"万国公法"知识所展示的特质,未必呈现出清晰的图景,但内中却说明:"历史"实际构成理解"现代性"的屏障,对于所生活时代的理解,晚清士人难以摆脱的仍是援据历史的"想象"。在接触《万国公法》之际,士人很自然地将历史拉回到春秋战国时期,很难穿透时空的格局来认知现代世界的构成。关键在于,相关知识被纳入教育架构中的引导背景,影响甚巨,使其难以在知识的架构下进行评述。这意味着,就知识传播来说,上下之互动构成重要影响。

"万国公法"知识的传入,算得上是将中国卷入现代世界的最初体现,晚清士人对相关知识的接纳与评估,也呈现出晚清中国审视"现代性"的特质所在;所谓质疑"现代性",于此中亦有所展现。正是感受到这样的压力,林乐知(Young John Allen)1904 年发表于《万国公报》的一篇文章即言及:"本馆近日数得友人来函,以万国公法为询,寻绎其意,盖所以责望于公法者太过,而公法不足担任之也。"指明"公法"知识确实引起众多的关注,而林乐知对此亦阐明:

> 今世之言公法者,似以公法为已定之宪典,而欲诉其冤抑于公法,已属误矣。矫之者曰,世界乌有公法,只有强权,此语亦殊未合。盖公法之行,必平等之国,国既平等,则所守之公法,亦必平等。而非然者,彼不平等之国,欲取平等之公法以行之,早失公法之本义,又何以咎公法哉?①

----

① 林乐知著、范祎述:《万国公法释疑》,《万国公报》第 190 册,1904 年 11 月,第 6 - 9 页。

　　晚清所展现的"春秋大义"与"万国公法"的对垒,未必是对"公法"知识准确的理解,然而,此中透露的关键却值得重视,那就是"历史经验"如何主导了对外部世界的认知。不仅"读史"构成读书人读书生活的重要组成部分,而且"历史"在中外沟通中也扮演着特别的角色:在"历史"中寻求富强之道,维系文明的优越感;透过"历史"以"经世致用",并在科举考试及新式学校教育中安排相关内容,也成为题中应有之意。

　　历史的"沉重",至今也难说稍有减轻。不可否认的是,类似的话题并非局限于晚清。五四时期所发生的"西方"作为"美丽的新世界"的"分裂",自然与围绕"强权"与"正义"的论辩息息相关。① 近年来,在中国,世界围绕"天下"具有的"现代启示",也成为议论的焦点。② 不断泛起的话题,或都意味着"公法"知识作为"现代性"论述的中心,也是不断被"质疑"的焦点。

---

　　①　罗志田:《西方的分裂:国际风云与五四前后中国思想的演变》,《中国社会科学》1999 年第 3 期。

　　②　参见赵汀阳:《天下体系:世界制度哲学导论》,北京:中国人民大学出版社,2011 年。

形　象

从"文明"论述到"文化"论述

——清末民初中国思想界的一个重要转折

黄克武*

前　言

在当代汉语之中"文明"与"文化"两词汇常常被视为是同义词而彼此混用,但两者也有不同的意涵。一个较常见的区别是:"文明"是人类为应付环境所创造的比较具体的、物质性方面的成就;"文化"则是某一地区或某一群体比较精神性的全面生活之总称。因此文明"可以向外传播,向外接受";文化则"必由其群体内部精神积业而产生"。① 例如,在中国大陆许多公厕中有"向前一小步,文明一大步"的标语;此外从 1950 年代开始大陆推行"五好文明家庭",推展"爱国守法,热心公益好;学习进取,爱岗敬业好;男女平等,尊老爱幼好;移风易俗,少生优育好;勤俭持家,保护环境好",以创建文明家庭。② 上述的两个例子并不用"文化",因为它们所树立的是一个普遍性的进步的标准。

"文化"一词在汉语中有比"文明"一词更为丰富的意涵。在中国近代思想史上所谓"东西文化论战"至少有两次高峰,一为 1915—

---

*　作者系台北"中央研究院"近代史研究所特聘研究员。

①　钱穆:《中国文化导论》,台北:正中书局,1974 年,第 1 页。

②　http://baike. baidu. com/view/2194156. htm,读取时间:2013. 10. 18.

1927 年以《新青年》与《东方杂志》等刊物为中心的论战，一为 1960
至 1970 年代在台湾以《文星杂志》为中心的论战。① 1950 年 12 月，
钱穆(1895—1990)为了替新亚书院筹款，自香港来台访问，12 月 6
日蒙蒋介石召见，②其后在台湾师范大学做了四次计八个小时的演
讲，名为"文化学大义"。这一次演讲之内容反映了一个人文主义者
对文化的看法。钱穆指出："文化是指的时空凝合的某一大群的生活
之各部门各方面的整一全体"；"一切问题，由文化问题产生。一切问
题，由文化问题解决"。他并由此来讨论"东西文化比较"，认为"近代
的西洋文化，实在已出了许多毛病"。③ 这一种对文化的看法与西方文
化人类学家所采取的"文化相对论"，即认为文化是人自己编织出来并
居于其中的"意义之网"的诠释(如 Clifford Geertz 的 *The Interpretation
of Cultures* 一书)不完全相同，钱穆的文化观念也注意到不同文化的
差异，然较强调文化的价值面，而不以文化相对论为预设。④ 钱穆的

---

① 《文星杂志》中的东西文化论战可参见：黄克武：《一位"保守的自由主
义者"：胡适与〈文星杂志〉》，潘光哲编：《胡适与现代中国的理想追寻：纪念胡适
先生一二〇岁诞辰国际学术研讨会论文集》，台北：秀威信息科技，2013 年，第
332‐359 页。

② 《蒋中正日记》1950 年 12 月 6 日，美国斯坦福大学胡佛研究所藏。

③ 钱穆：《文化学大义》，台北：正中书局，1974 年，第 1、2‐4、54‐64 页。

④ Clifford Geertz, *The Interpretation of Cultures*, New York：Basic Books,
1973. 钱穆"文化观"与 Clifford Geertz"文化观"之差异涉及双方认识论。钱穆的
文化观以"乐观主义的认识论"为基础，他不但相信可以掌握某一文化之"特性"与
"精神"，并可评估该文化之"意义与价值"，并可与他种文化相比较而评定其高下。
Clifford Geertz 的文化观则奠定于"悲观主义的认识论"，主张文化的相对性。他
对于比较各种不同文化、推论人类本质或探索文化发展过程的法则不感兴趣；而
注重从这些文化本身的角度，来了解这些特定的文化脉络。有关"乐观主义的认
识论"与"悲观主义的认识论"可参见：Thomas Metzger, *A Cloud Across the
Pacific：Essays on the Clash between Chinese and Western Political Theories
Today*, Hong Kong：The Chinese University of Hong Kong, 2005，pp. 21‐31.

观点在二十世纪中国居于主流地位，1960年代海峡两岸的"文化大革命"与"中华文化复兴运动"即是在此观念之下，以"文化"为名所做的斗争。

"文明"与"文化"两词汇虽然在中国古典用语之中已经存在，不过现代的用法与古代的用法有异，乃自西方迻译而来，而与英文的 civilization 与 culture 相对应。① 大约是一百多年之前国人才开始使用现代意义下的此二词汇。通过近代英华辞典的数据库，大致可以看得出其产生、演变、成为共识，再进而被收录进辞典之中为大家所遵循使用的一个过程。② Civilization 一字从 1866 年德国传教士罗存德（1822—1893）的《英华字典》到 1884 年井上哲次郎（1856—1944）增订的《增订英华字典》，均翻译为"教化者"、"开明者"、"礼文者"。③ 至 1908 年颜惠庆（1877—1950）的《英华大辞典》开始有新的翻译词："文明、开化、有教化"，这是"文明"一词在近代英华字典之中首度出现。该辞典在对 civility 一词的解释之下说得更清楚："The quality of being civilized，文明，开化，都雅；as, from barbarism to

---

① 有关英文之中此二词汇的意义与相互关系，可参考 Raymond Williams, *Keywords*, Glasgow：Fontana，1976，pp. 48 - 50，76 - 82. Raymond 认为文明是随着启蒙运动而出现的对"世俗的、进步的人类自我发展之强调"，并与现代性有关；文化则源自浪漫主义对此一宣称之反动，强调其他种类的人类发展与人类福祉之标准。

② 以下的分析依赖"中央研究院"近代史研究所的"英华字典数据库"：http：//www. mh. sinica. edu. tw/PGDigitalDB_Detail. aspx？htmContentID＝417.

③ 罗存德（Wilhelm Lobscheid）编《英华字典》(*English and Chinese Dictionary, with the Punti and Mandarin Pronunciation*；Hong Kong：Daily Press，1866—1869. 罗存德原著、井上哲次郎订增：《增订英华字典》，东京：藤本氏藏版，1884 年。）

civility，自野蛮进至文明"，①明确地将"文明"与"野蛮"相对照。②至1916年德籍中国海关官员赫美玲(1878—1925)《官话》中，该词之翻译确定为"教化、文明、文明程度(部定)"；savage则被解释为"草昧(部定)、野蛮、未开化的、不文明的"。上文中之"部定"指中华民国教育部所规定的、统一的翻译词汇。③

Culture一词的翻译过程亦颇为类似，从1866年罗存德的《英华字典》到1884年井上哲次郎的《增订英华字典》都将之翻译为"修文者"④；1908年颜惠庆的《英华大辞典》则为"Intellectual or moral discipline and training，智德，文化，礼文，教育；as，a man of culture，文化之人；the culture of the Romans，罗马人之文化"，可见"文化"一词亦自此开始出现。1916年赫美玲《官话》之中，该词之翻译确定为"教化、文化、教育"。由此可见1908—1916年之间，亦即清末至民初的一段时间是现代汉语中"文明"、"文化"二词之滥觞。

伴随着文明与文化等新词汇的出现，产生了哪些新的观念与影响呢？本文拟就此二词汇在近代中国思想史上发生之经过与影响做

---

① "都雅"指美好娴雅，语出《三国志·吴志·孙韶传》："身长八尺，仪貌都雅。"

② 颜惠《英华大辞典》(*English and Chinese Standard Dictionary*，Shanghai：Commercial Press，Limited，1908)。有关"野蛮"这一观念，请参考沈国威：《"野蛮"考源》，《东亚观念史集刊》2012年第3期，第383-403页。根据该文，此词最早出现于1830年代新教传教士的著作之中，后传入日本由福泽谕吉确定，并于20世纪初期回传中国。

③ K. Hemeling(赫美玲)，*English-Chinese Dictionary of The Standard Chinese Spoken Language*(官话)*and Handbook for Translators*(*including Scientific*，*Technical*，*Modern*，*and Documentary Terms*)，Shanghai：Statistical Department of the Inspectorate General of Customs，1916.

④ "修文"指修治典章制度，提倡礼乐教化，语出《国语·周语上》："有不祀则修言，有不享则修文。"

一梳理。中国近代思想曾环绕此二词汇而产生了一个重要转折,亦即从一个线性发展的"文明"史观到一种多元性的、肯定自身文化价值的"文化"史观,而两者在不同场域彼此较劲。晚清的历史教科书多改写自日本"文明史"的著作,①1922 年民国时期的"壬戌学制"则规定高中历史课程中"文化史"为共同必修课,此后以文化史为名之教科书大量出现;②1923 年中国思想界开始的"科玄论战"则代表了"文化史观"向"文明史观"的挑战。此一争议涉及中国近代思想史上的"五四"与反"五四"之争,亦与晚近"全球化"与"地方化",或世界文化之"合流"(convergence)与"分流"(divergence)之讨论有关,直至目前双方仍在争论之中。③

一、"文明"与"文明史"

"文明"一词为传统词汇,在《易经》与《尚书》之中即有。④ 近代

---

① 参见李孝迁:《西方史学在中国的传播(1882—1949)》,上海:华东师范大学出版社,2007 年。

② 见杨文海:《壬戌学制研究》,南京:南京大学历史学系博士论文,2011 年,第 103 页。"文化史强调中外文化并重,促进学生了解中外文化发展态势与基本面貌。"施昱承:《"本史迹以导政术":柳诒徵的文化史书写》,台北:台湾大学历史系硕士论文,2013 年,第 11 页。

③ Alex Inkeles, *One World Emerging：Convergence and Divergence in Industrial Society*, Boulder：Westview Press, A Division of Harper Collins Inc. , 1998.

④ 《易经》有"见龙在田,天下文明";《书舜典》有"浚哲文明,温恭允塞"。Lydia Liu, *Translingual Practice：Literature, National Culture, and Translated Modernity—China*, 1900—1937, Stanford：Stanford University Press, 1995, pp. 308 - 309.

之后,该词成为英文 civilization 之翻译。① 此一翻译早在 1830 年代传教士所编的《东西洋考每月统记传》(1833—1838)中即已出现,然并未普及,此一用法后来可能辗转影响到日本学界。② 日本在 1860 年代末期(明治初年)已将 civilization 翻译为"文明"。最早的例子可能是福泽谕吉(1835—1901)《西洋事情》(1866—1870)提出"文明开化"的观念:"人人修德畏法,必可有助于世间之文明开化。"(人々德を修め法を畏て世の文明開化を助けざる可んや)③其后 1875 年福泽谕吉写成《文明论之概略》,成为东亚世界深具影响力的一本著作。他认为文明有广义和狭义之分,狭义即人类物质需要的增长,广义则指人类物质和精神两方面的进步,而文明与野蛮相对。他认为:归根结底,文明可以说是人类智德的进步,西洋各国有朝向文明方面发展的趋势,而绝不可认为目前已达到尽善尽美了。对他而言文明的发展是无止境的,人们不应满足于目前的西洋文明。福泽谕吉的所谓文明即是对西文 civilization 的翻译。④

日人所翻译的文明一词,在清末传入中国,1890 年代后其使用日趋普遍。根据统计在 1896—1898 年出版的《时务报》中"文明"共出现了 107 次,其中 6 次为传统语汇,101 次为 civilization 之翻译;

---

① 英文中的 Civilization 一词源于拉丁文 Civilis,有"城市化"和"公民化"的含义,引申为"分工"、"合作",即人们和睦地生活于"社会集团"中的状态,也就是一种先进的社会和文化发展状态,以及到达这一状态的过程。http://zh. wikipedia. org/wiki/%E6%96%87%E6%98%8E。读取时间:2013. 10. 9。

② 方维规:《近现代中国"文明"、"文化"观——论价值转换及概念嬗变》,http://www. wsc. uni-erlangen. de/wenming. htm,读取时间:2013. 10. 21.

③ 见日本大辞典刊行会编:《日本国语大辞典》,东京:小学馆,1972—1976 年,"文明"条。

④ 福泽谕吉:《论文明的涵义》,《文明论概略》,北京编译社译,北京:商务印书馆,1995 年,第 30 - 41 页。

而且 101 次之中几乎都是从日文的文章之中翻译而来,大多出现在"东报译编",还有少数出现在专论栏内。① 1898 年戊戌变法失败之后,梁启超流亡日本,更为积极地依赖日本报刊译介新思想。他将福泽谕吉的许多观念写成短篇文章在《清议报》上发表,如《文野三界之别》(1899)、《传播文明三利器》(1899),以及《国民十大元气论》(一名文明之精神)(1899)等文,都是摘译自《文明论之概略》等书。② 上述文章特别强调"文明"一词与"野蛮"是相对的,而且背后是以社会达尔文主义为理论基础的线性进化史观。如《文野三界之别》(1897)谈到"泰西学者,分世界人类为三级,一曰蛮野之人,二曰半开之人,三曰文明之人……此进化之公理,而世界人民所公认也"。③

晚清文明观念的盛行,不但因为梁启超的译介,也与严复(1854—1921)的译介工作有关。在《天演论》中严复也将 civilization 译为"文明",意指"文者言其条理也,明者异于草昧也",他并说明在有文字之后,开始了异于"草昧"时期的"文明"阶段:

大抵未有文字之先,草昧敦庞,多为游猎之世。游故散

---

① 戴银凤:《Civilization 与"文明":以〈时务报〉为例分析"文明"一词的使用》,《贵州师范大学学报(社会科学版)》,2002 年第 3 期,第 58 - 61 页。

② Ishikawa Yoshihiro, "Discussions about 'Culture' and 'Civilization' in Modern China," paper presented in the Conference on European thought in Chinese Literati Culture in the Early 20th Century, Garchy, France, 1995.9.12 - 16 - 16. 黄克武:《欧洲思想与二十世纪初期中国精英文化研讨会》,《近代中国史研究通讯》,1996 年第 21 期,第 44 页。

③ 梁启超:《自由书》,台北:台湾中华书局,1979,第 8 页。原文刊于《清议报》,1899 年第 27 期,第 1a 页。值得注意的是梁启超用的是"蛮野",此一用法与福泽谕吉早期著作用法相同,至 1875 年《文明论之概略》,他才第一次用"野蛮"来表达。见沈国威:《"野蛮"考源》,第 394 - 395 页。

而无大群，猎则戕杀而鲜食，凡此皆无化之民也。迨文字既兴，斯为文明之世，文者言其条理也，明者异于草昧也。出草昧，入条理，非有化者不能。然化有久暂之分，而治亦有偏赅之异。①

严复又翻译了甄克思（Edward Jenks）的《社会通诠》（*A History of Politics*），使进化论与线性历史观结合在一起，影响了历史书写，学者因而援用西方历史的线性架构来诠释中国历史。②

　　在社会达尔文主义与文明观念影响之下，西方学界出现了"文明史"的著作，这些书先被翻译为日文，再由日文转译为中文。明治初期的日本，翻译西书蔚为风气，如巴克尔（Henry Thomas Buckle，1821—1862）的《英国文明史》和基佐（Francois Guizot，1787—1874）的《欧洲文明史》，都在欧洲出版不久之后即被译为日文。清末旅日的中国学者再将之介绍到中文世界。譬如梁启超在《新民丛报》上即译介了《英国文明史》，以及日人白河次郎、国府种德的《支那文明史》（该书于 1903 年被译为中文，章炳麟、蒋智由、刘师培皆服膺其"中国文化西来说"）。《英国文明史》一书在清末（1903 至 1907 之间）即有四种中译本。此外被译为中文的还有《地球文明开化史》、《世界文明

---

① 赫胥黎：《天演论》，严复译，王道还导读、编辑校注，台北：文景书局，2012 年，第 64 页。

② 王汎森：《近代中国的线性历史观—以社会进化论为中心的讨论》，《近代中国的史家与史学》，香港：三联书店，2008 年，第 49‑108 页。

史》、《支那文明史论》(中西牛郎著)、《中国文明小史》(田口卯吉著)
等。① 大致上来说,清末民初是"文明论述"与"文明史"书写十分兴
盛的时期。根据王晴佳的研究,梁启超从 1902 年开始所标举的"新
史学"即以日本的"文明史学"为其理论根基。② 一直到今日"文明
史"仍是台湾某些大学的一门必修或必选科目。③

民国以后,文明论述与五四新文化运动对民主与科学的提倡亦
相互配合。胡适(1891—1962)所标举的理想即为"再造文明",并视
此为"新思潮的唯一目的"。对他来说"文明是一个民族应付他的环
境的总成绩"。1926 年时,他反驳当时有些人所谓"讥贬西洋文明为
唯物的(Materialistic),而尊崇东方文明为精神的(Spiritual)"之说
法;胡适强调文明同时包括精神的与物质的面向,"凡文明都是人的
心思智力运用自然界的质与力的作品;没有一种文明是精神的,也没
有一种文明单是物质的"。④ 胡适也谈到"文化",认为"文化
(Culture)是一种文明所形成的生活的方式",并以此述说"东西文
化"之差异,然而他却认为"东方文化"有许多的缺点:"这里正是东西
文化的一个根本不同之点。一边是自暴自弃的不思不虑,一边是继

---

① 参见"近代史全文数据库:晚清西学书目",收录之《增版东西学书录》
卷一,史志。http://dbj.sinica.edu.tw:8080/handy/index,读取时间:2013.10.
20。李孝迁、林旦旦:《清季日本文明史作品的译介及响应》,《福建论坛(人文社
会科学版)》,2005 年第 3 期,第 83 - 88 页。李孝迁:《巴克尔及其〈英国文明史〉
在中国的传播和影响》,《史学月刊》2004 年第 8 期,第 85 - 94 页。

② 王晴佳:《中国近代"新史学"的日本背景:清末的"史界革命"和日本的
"文明史学"》,《台大历史学报》,2003 年第 32 期,第 191 - 236 页。

③ 如台湾逢甲大学的通识教育课程即有"文明史"课程。

④ 胡适:《新思潮的意义》,《胡适全集》第 1 卷,合肥:安徽教育出版社,
2003 年,第 699 页。胡适:《我们对于西洋近代文明的态度》,《胡适全集》第 3
卷,第 2 页。

续不断的寻求真理"。① 对胡适来说,"文化"因素足以解释缺乏理性精神的中国为何落后于西方。胡适这一番言论有很强的针对性,这牵涉到 1920 年代欧战之后"文化论述"的兴起,以及"科玄论战",下文将会作较深入之分析。

二、"文化"与"文化史"

在"文明"一词逐渐普及之时,现代意义的"文化"一词也在汉语之中出现,开始之时两者可以通用。② 文化是 culture 一词的汉译,最早应该也源自日本。中村正直(1832—1891)译、英国斯迈尔斯(Samuel Smiles,1812—1904)著《西国立志编》(*Self-Help*,1870—1871)之中有"逐步积累努力,便可共同开创盛大的文化"(次第に工夫を積めるもの、合湊して盛大の文化を開けるなり)。西周(1829—1897)的《百学连环》(约 1870—1871)中有:"讨论每个国家的边境及政体,也悉数讨论如其他风俗、人种、教法、文化、人口、财政等"(其国々の経界及び政体を論し、其他風俗、人種、教法、文化、人口、財政等の如きを悉く論し)。③ 此后"文化"一词逐渐传入中国。据黄兴涛的研究,在 1882—1883 年间,传教士颜永京(1838—1898,颜惠庆之父)和美国在华传教士丁韪良(William Alexander Parsons Martin,1827—1916),都曾分别使用过此一词汇,如"希腊文化"、

---

① 胡适:《我们对于西洋近代文明的态度》,《胡适全集》第 3 卷,第 6 页。

② 中国传统语汇之"文化"指文治教化。刘向的《说苑》有"凡武之兴,为不服也,文化不改,然后加诛"。Lydia Liu, *Translingual Practice*,pp. 312-313。又《易经》贲卦象辞之中有"观乎天文,以察时变,观乎人文,以化成天下"。

③ 见日本大辞典刊行会编:《日本国语大辞典》,"文化"条。

"西国文化"等，该词泛指物质与精神成就之总和。[①] 这时文明与文化可以互通、并用。例如1898年严复在《保教余义》一文中即同时使用"文明"与"文化"："自非禽兽，即土番苗民，其形象既完全为人，则莫不奉教，其文化之深浅不同，则其教之精粗亦不同"；"问其何以为土教？则曰：遍地球不文明之国所行土教，有二大例：一曰多鬼神，二曰不平等"。[②] 在上述的例子中，文化（指教化之过程）与文明（指开化之状态）并无太大的差异。

清末民初对"文化"一词的使用虽渐多，然"中国文化"一词很可能要在1911年之后才开始出现，较早的例子是1911年《协和报》上的一篇文章，《西人崇尚中国文化之见端》，谈到德国一位学者"知中国之文化为全球冠，特于中国之诗歌深为注意"。[③] 其次是1914年历史学家王桐龄（1878—1953）在《庸言》上所写的《中国文化之发源地》一文。[④]

所以，大致到1911年以后，"文化"，特别是跟"中国"一词结合在一起的"中国文化"这一概念，才在中国变得较为普遍。这段时间中国思想界从文明论述到文化论述的发展与演变，涉及三个因素：第一是1908年颜惠庆为商务印书馆所编的《英华大辞典》。颜惠庆后来是北洋时期的一个外交官，在外交方面成就很大，并曾担任内阁总理。1908年他以 *Nuttasll's Dictionary* 为底本，参考 *Webster's International Dictionary* 与数本日人的《英和字典》（如三省堂于

---

① 黄兴涛：《晚清民初现代文明和文化概念的形成及其历史实践》，《近代史研究》，2006年第6期，第9–10页。
② 严复：《严复集》，北京：中华书局，1986年，第83–84页。
③ 《西人崇尚中国文化之见端》，《协和报》，1911年第30期，第11页。
④ 王桐龄：《中国文化之发源地》，《庸言》，1914年第2卷第3号，第1–3页。

1902 年出版的《新訳英和辞典》），编了一本《英华大辞典》。① 在华人所编辑《英华字典》之中，最早的是 1868 年邝其照的《字典集成》，后来又有几本问世；颜惠庆从 1903 年即开始为商务印书馆修订《重订商务书馆英华字典》(1903)，在此基础之上，他在 1908 年编辑出版了《英华大辞典》，1920 年又出版一个小的版本（小字本），流通更广。此书在清末民初同类字典之中，乃篇幅最长、分量最重的一本，全书计正文 2 706 页，附录 205 页。② 严复为他写了一个序言：

> 十稔以还，吾国之民，习西文者日益众，而又以英文为独多。……商务印书馆营业将十年矣，前者有《英文辞典》之编，尝属不佞序之矣。③ 此在当日，固已首出冠时。乃近者以吾国西学之日进，旧有不足以餍学者之求，以与时偕进也，则益展闳规，广延名硕，而译科颜进士惠庆实总其成，凡再易寒暑，而《英华大辞典》出焉。搜辑侈富，无美不收，持较旧作，犹海视河，至其图画精详，迻译审慎，则用是书者，将自得之。④

---

① 根据陈力卫教授所做的研究，神田乃武、横井时敬、高楠顺次郎、藤冈市助、有贺长雄、平山信编《新译英和辞典》（东京：三省堂，1902）所收的汉译词大量地为颜惠庆的辞典所采纳，是一本重要的参考书。

② 蔡祝青：《文学观念流通的现代化进程：以近代英华/华英辞典编纂"literature"词条为中心》，《东亚观念史集刊》2012 年第 3 期，第 301 - 306 页。有关商务印书馆历年出版英华字典，可参见内田庆市：《中国人の手になる最初の英和字典》，收入内田庆市、沈国威编：《邝其照〈字典集成〉影印与解题：初版·第二版》，大阪：东亚文化交涉学会，2013 年，第 16 - 18 页。

③ 此书为吴治检编《袖珍华英字典》，上海：商务印书馆，1903 年。严复的序文见严复：《严复集》，第 143 - 144 页。

④ 严复：《严复集》，第 254 页。

过去我们对此一辞典在中国近代思想史上的重要性注意得不够。如果我们将近代以来的英华辞典做一个简单排列,就可以看出1908年颜惠庆这本辞典所具有重要的意涵。在这个辞典之中,出现了我们现在所通用的一些重要词汇,包括哲学、科学、宗教、迷信、文明、文化等。换言之,颜惠庆的辞典把当代思想中最基本的一些概念在辞典中确定下来。文明与文化二词汇也在此确定的过程之中普遍地为人们所接受。

第二个因素是,1912年左右开始有人类学的书刊被引介到中国来。严复特别在1912年一次有关《进化天演》的演讲之中提到弗雷泽(James G. Frazer)的《金枝》(*The Golden Bough*,1890)一书。该书是研究民俗、神话与比较宗教学的经典作品。严复的演化观念即受到此书的影响。他以弗雷泽的思想为基础批评卢梭的"民约论"以及中国传统"圣王制作"的观念。此书也影响到严复对科学、宗教的看法,严复提出异于科学、宗教二元划分的观念,认为"学术日隆,所必日消者特迷信耳,而真宗教则俨然不动。真宗教必与人道相终始者也"。[1] 上述严复对于不同地方宗教传统之价值的肯定也增加了他对"文化"独特性的认识。后来周作人(1885—1967)、江绍原(1898—1983)等人有关民俗学、宗教学、迷信学的研究,都受到弗雷泽《金枝》一书的影响。[2]

第三个因素是,1916年前后杜亚泉(1873—1933)开始谈"静的文明与动的文明"、"东方文明和西方文明"(《东方杂志》);李大钊(1889—1927)也有类似的说法,他在《东西文明根本之异点》(1918)

---

[1] 严复:《进化天演》,赫胥黎:《天演论》,第109-124页。
[2] 周作人:《金枝上的叶子》,《青年界》1934年第5卷第4期,第99-102页。江绍原,《〈中国古代旅行之研究〉序》,王文宝、江小蕙编:《江绍原民俗学论集》,上海:上海文艺出版社,1998年,第230页。

中主张"东西文明有根本不同之点,即东方文明主静,西方文明主动是也"。① 杜亚泉与李大钊用的虽然是"文明"的观念,实际上他们强调东西方在"文化"上的不同。对杜亚泉来说,这种不同不是"程度"的差异,而是"性质"之不同,他明确指出:

> 盖吾人意见,以为西洋文明与吾国固有之文明,乃性质之异,而非程度之差;而吾国固有之文明,正足以救西洋文明之弊,济西洋文明之穷者。西洋文明,浓郁如酒,吾国文明,淡薄如水;西洋文明,腴美如肉,吾国文明,粗粝如蔬,而中酒与肉毒者,则当以水及蔬疗之也。②

在上述的三个因素的影响之下,"文化"的观念慢慢普及并开始与"文明"有较明显的区隔。不过,如上所述,此时人们所说的"文化"和"文明"并无太大的不同,并习惯彼此混用。杜亚泉在1916年发表《静的文明与动的文明》之后,在1917年4月又发表了《战后东西文明之调和》,文中指出"此次大战,使西洋文明,露显著之破绽",因而开始强调"平情而论,则东西洋之现代生活,皆不能认为圆满的生活……故战后之新文明,自必就现代文明,取其所长,弃其所短,而以适于人类生活者为归"。杜亚泉因而开始讨论东西文明之"调和"与新旧思想之"折中"等议题。③

---

① 李大钊:《东西文明根本之异点》,李守常(大钊):《史学要论》,石家庄:河北教育出版社,2002年,第104-118页。

② 杜亚泉:《静的文明与动的文明》(1916),许纪霖、田建业编:《杜亚泉文存》,上海:上海教育出版社,2003年,第338页。

③ 杜亚泉:《战后东西文明之调和》(1917),许纪霖、田建业编:《杜亚泉文存》,第345-350页。

　　杜亚泉所关心的战后文明重建的问题,到1918年战争结束之后变得更引人注目。欧战之后,因为世界性认同的崩解,近代中国因反省西方文明而有的"文化论述"才比较系统地出现,许多学人关注的不再是西方文明所代表的价值,而开始转移到自身国家与民族在文化上所具有的特性。1918年12月梁启超与六位友人赴欧洲观察欧战之后的局势,这六位友人是蒋百里、刘子楷、丁文江、张君劢、徐振飞、杨鼎甫(丁、张两人后来成为"科玄论战"之主角)。在旅途中梁任公写了《欧游心影录》,1920年3月在《时事新报》上发表。在文中他一方面批判西方"科学万能之梦"、"崇拜物质文明",提出"中国人对于世界文明之大责任",即是"拿西洋的文明来扩充我的文明,又拿我的文明去补助西洋的文明,叫他化合起来成一种新文明"①。梁任公在文中不但用"文明"来讨论问题,也开始使用"文化"。对他来说"文化"一词具有正面的意涵。诚如唐小兵所述,欧游之后,梁启超此时所谓的"文化"强调在全球脉络之下"空间性"(spatiality)的差异,而非普遍性的、面向未来的"时间性"(universalist future-oriented temporality)。② 梁任公引用法国哲学家蒲陀罗(émile Boutroux,1845—1921)的话,"一个国民,最要紧的是把本国文化发挥光大",因此他呼吁:

　　　　我希望我们可爱的青年,第一步,要人人存一个尊重爱护本国文化的诚意。第二步,要用那西洋人研究学问的方

────────

　　① 梁启超:《欧游心影录节录》,《饮冰室专集》,台北:台湾中华书局,1987年,第35页。

　　② Xiaobing Tang, *Global Space and the Nationalist Discourse of Modernity：The Historical Thinking of Liang Qichao*, Stanford：Stanford University Press, 1996, pp. 193-195.

法去研究他,得他真相。第三步,把自己的文化综合起来,还拿别人的补助他,叫他起一种化合作用,成了一个新文化系统。第四步把这新系统往外扩充,叫人类全体都得着他好处。[1]

梁启超对西方文明的批判和对中国建立新文化的期许对思想界造成很大冲击。这一转变也带动了史学的转向,开始了"文化史"书写的热潮。[2]

梁启超所提倡的文化史书写和张君劢(1887—1969)有密切的关系。梁启超在1920年代初期从欧洲回来后写了大量的文章,其中比较重要的是:《什么是文化》(1922)、《研究文化史的几个重要问题》(1922)、《治国学的两条大路》(1923)等文章,在这些文章中"文化史"变成基本概念。在有关文化史的文章里出现了德国学者冯特(Wilhelm Wundt,1832—1920)、李凯尔特(Heinrich Rickert,1863—1936)等人的名字,这很可能是梁启超在张君劢引介之下认识德国学界有关文化问题的讨论(也有可能同时受到李大钊通过日本翻译而介绍德国思想所产生的影响)[3]。诚如拙著所指出:李凯尔特所代表的是新康德主义与德国历史主义的历史书写。梁启超从新史学转向文化史主要就是受到这一种欧洲思想的影响。但是另一方面梁启超对文化史的书写也受到中国传统的影响,他在研究中国文化

---

① 梁启超:《欧游心影录节录》,《饮冰室专集》,第37页。

② 梁启超从"文明史观"的"新史学"转向"文化史"之分析,请见拙著《梁启超与中国现代史学之追寻》,《中央研究院近代史研究所集刊》,2004年第41期,第181-213页。

③ 李大钊:《马克思的历史哲学与理恺尔的历史哲学》(1923—1924),李守常(大钊):《史学要论》,《李大钊文集》,第341-354页。

史的问题时反复谈到佛教的观念,也跟谭嗣同(1865—1898)一样,谈到了"心力"[①]和"心能"的想法,尤其重要的是梁任公谈到历史因果关系的"共业"、"别业"、"互缘"等,把佛教与社会达尔文主义、新康德主义和历史德国主义等相结合,形成文化史的论述。[②]

在"文化"观念影响之下,1920 至 1940 年代中期至少有二十余种"中国文化史"方面的著作。[③] 其中梁任公本身不但大力鼓吹文化史,也撰写了《中国文化史:社会组织篇》(1925)等作品。梁任公将文化内容分门别类,观察每个主题在不同时期之发展。此外,柳诒徵(1880—1956)的《中国文化史》与钱穆的《国史大纲》、《中国文化史导论》等,都具有类似的旨趣。钱穆希望"确切晓了其国家民族文化发展个性之所在,而后能把握其特殊之环境与事业,而写出其特殊之精神与面相"。[④] 柳诒徵的著作初稿作于 1919 年,先在《学衡》(第 46~72 期,1925—29)上连载,再集结成书。此书通过文化史彰显中国文化、制度之中有其"精神"价值,"吾往史之宗主……固积若干圣哲贤智创垂赓续,以迄今兹。吾人继往开来,所宜择精语详,以诏来学,以

---

① "心力"一词源于亨利·乌特(Henry Wood)的《治心免病法》(*Ideal Suggestion through Mental Photography*),谭嗣同将此一词汇套到中国固有的心性之学之上,加以改变、扩充,而在中国思想界变得十分流行。参见王汎森:《"心力"与"破对待":谭嗣同〈仁学〉的两个关键词—〈仁学〉导论》,谭嗣同:《仁学》,王汎森导读,台北:文景书局,2013 年,第 xii-xix 页。

② 黄克武:《梁启超与中国现代史学之追寻》,《中央研究院近代史研究所集刊》,2004 年第 41 期,第 181 - 213 页。

③ 有关二十世纪中国文化史之书写可参考邱仲麟:《导言——从文化史、社会风俗到生活》,《中国史新论:生活与文化分册》,台北:联经出版公司,2013 年,第 1 - 8 页。至于 1945 年以前有关中国文化史、西洋文化史之书目,可参考施昱承:《"本史迹以导政术":柳诒徵的文化史书写》,第 7 - 9 页。

④ 钱穆:《引论》,《国史大纲》,台北:台湾商务印书馆,1975 年,第 9 页。

贡世界"。① 他借此来批判新文化运动、疑古思潮与马克思主义史观等。②

　　除了梁任公所带起的文化史书写热潮外,梁漱溟(1893—1988)的作品也反映了同一趋向,在梁启超 1920 年 3 月初版《欧游心影录》之后,同年 9 月梁漱溟在北大讲"东西文化及其哲学",1921 年 8 月又在山东省教育会讲述。他认为"文化是民族生活之样法",而东西文化根本相异。他的《东西文化及其哲学》一书于 1922 年出版。此书受到柳诒徵《中国文化史》之启迪,力主中国文化与西方文化及印度文化根本不同,并反对梁任公所提出的"将东西文化调和融通"的观点。③《东西文化及其哲学》一书力主落实在德先生与赛先生之上的全盘西化,然后再复兴中国文化,以实现中国文化之"翻身",有学者指出这是一种"曲线救文化"的想法。④ 他指出"世界最近未来将是中国文化的复兴",而最后在人生思想上归结到儒家的人生观。⑤ 梁启超与梁漱溟的作品代表了欧战之后对于新文化运动所主张的"文明"论述之抨击,两者之碰撞则是 1923 年"科玄论战"出现的一个重要背景。

三、文明、文化与科玄论战

　　科玄论战起于 1923 年 2 月张君劢(1887—1969)在清华大学以

---

① 柳诒徵:《中国文化史》上册,台北:正中书局,1973 年,第 3 页。
② 施昱承:《"本史迹以导政术":柳诒徵的文化史书写》,第 6-11 页。
③ 梁漱溟:《东西文化及其哲学》,上海:商务印书馆,1922 年,第 13 页。
④ 罗志田:《曲线救文化—梁漱溟代中国"旧化"出头辨析》(未刊稿)。
⑤ 梁漱溟:《我的自学小史》,《忆往谈旧录》,台北:李敖出版社,1990 年,第 38 页。

"人生观"为题所做的演讲,他列出人生观与科学的五大差异(人生观为"主观的"、"直觉的"、"综合的"、"自由意志的"、"单一性的")。张君劢指出:科学的结果导致"物质文明"的蓬勃发展,欧战之后"已成大疑问";而且"人生观问题之解决,绝非科学所能为力",青年人应回到"侧重内心生活之修养",其基础为"孔孟以至宋元明之理学家"所创造之"精神文明"①。此文发表后受到丁文江(1887—1936)等人的批驳。丁文江主张"存疑的唯心论",以"觉官感触为我们知道物体唯一的方法","不可知的,存而不论";他也认为张君劢要回到理学是"真正该打……其愚不可及"。② 梁启超与张东荪等人则反对丁文江、支持张君劢,学界接着展开了一场激辩。1923 年年底亚东图书馆的汪孟邹将这些文章集为约 25 万字的《科学与人生观:科学与玄学论战集》,由胡适、陈独秀作序。③ 同时郭梦良也以几乎相同的内容编辑了一本论战集《人生观之论战》,由张君劢写序,上海泰东图书局出版。④ 前者按论战时间之先后编排,后者则以立场来做区隔,三个序言则显示出科学派、玄学派与马克思主义者对于诠释主导权之争夺。这一场论战涉及近代中国思想史上的许多核心议题,并影响了二十世纪以来中国思想的走向。

科玄论战显示出 1920 年代中国知识界中两军对垒的情况,而此一对峙一方面源于上述"文明论述"与"文化论述"之角力,科学派支

① 张君劢:《人生观》,本店编辑部:《科学玄学论战集》,台北:帕米尔书店,1980 年,据 1923 年亚东图书馆排印版《科学与人生观之论战》影印,第 1－13 页。

② 《丁文江致胡适函》1928 年 3 月 20 日,"中央研究院"近代史研究所胡适纪念馆档案:HS-JDSHSC－0706－008。

③ 汪孟邹编:《科学与人生观:科学与玄学论战集》,上海:亚东图书馆,1923 年。

④ 郭梦良编:《人生观之论战》,上海:泰东图书局,1923 年。

持前者,而玄学派支持后者;另一方面它也与其后的"五四启蒙论述"与"新儒家思想"之对抗有思想上的连续性。张君劢曾留学欧洲,主要依赖法国思想家伯格森("拿直觉来抵制知识")①、德国思想家康德、倭伊铿(Rudolf Christoph Eucken,1908年诺贝尔文学奖获得者),以及宋明理学中的阳明学的思想资源,又得到梁启超的支持。丁文江则曾留学英国格拉斯哥大学,主修动物学与地质学。他依靠英美经验论为基础的"科学的知识论",如赫胥黎、达尔文、斯宾塞、皮尔森(Karl Pearson,1857—1936)、耶方斯(William S. Jevons)、杜威等人之理论,并得到胡适的支持。最早系统地陈述双方理论之对照的可能是罗家伦,他在1924年就指出丁文江倾向"洛克经验论"、"马哈-皮耳生知识论"、"赫胥黎存疑论";张君劢则倾向"康德二元论"、"杜里舒生机论"、"倭[伊]铿精神论"。②

　　这一场论战究竟谁胜、谁败? 胡适说张君劢是一个逃不出科学与逻辑之掌心的"孙行者"。他在该书序言之中揭橥具有十项特点的"无神论的"、"自然主义的人生观"。胡适的观点及其所代表的"五四启蒙论述"受到许多人的赞赏,难怪有人认为:"科玄论战是以科学派以及其后加入唯物史观派的大获全胜而收场,张君劢本人更是毕生蒙上了'玄学鬼'的污名。"③然而批判五四运动的新儒家唐君毅(1909—1978)对此论战则有不同的评估,他在1976年指出:"今天就算是一个十分崇拜科学的人,也不会承认人生的问题完全可以用科

　　①　吴先伍:《现代性追求与批评—伯格森与中国近代哲学》,合肥:安徽人民出版社,2005年。

　　②　罗家伦:《罗家伦先生文存》第3册,台北:"国史馆"、中国国民党中央委员会党史委员会,1976年,第216页。

　　③　翁贺凯:《现代中国的自由民族主义:张君劢民族建国思想评传》,北京:法律出版社,2010年,第215页。

学来解决……君劢先生当年的主张,可说完全胜利。"①

那么究竟是科学派"大获全胜",抑或玄学派"完全胜利"? 在论战之时,双方均无法说服对手,而时至今日这一问题也没有一个定论。再者,科玄论战之后的"五四"的科学主义与新儒家的人文精神之争也仍然是当代的一个核心议题。如果追溯其起源,清末民初从"文明"论述到"文化"论述之变迁为此论战奠定了重要的基础。五四运动的支持者与科玄论战中的科学派的理论根基是以线性演化史观为基础的"文明"论述,而反五四运动的玄学派与新儒家则基于"文化"论述。这样一来,科玄论战可以说是文化论述对文明论述的抨击而展开的一场激战。胡适为论战所写的序文将此一论战的缘起追溯到"科学"一词,以及欧战之后梁启超所发表的《欧游心影录》关于科学"破产"的宣言。的确,梁启超《欧游心影录》中对近代科学文明的反省是"文化论述"出现的重要指标。上述 1926 年胡适在《我们对于西洋近代文明之态度》中认为"崇拜东方的精神文明的议论"是"今日最没有根据又最有毒害的妖言",②他所针对的正是杜亚泉、梁启超、梁漱溟、张君劢等"文化论述"的支持者。

结　论

清末随着新词汇的引介,带来了许多新的观念,促成近代中国知识与文化的转型。本文所探讨的"文明"与"文化"均为传统词汇,然经由日本汉译词汇接引西方 civilization 与 culture 之概念,而被赋予

---

①　唐君毅:《从科学与玄学论战谈君劢先生的思想》,《传记文学》,1976 年第 28 卷第 3 期,第 17 页。

②　胡适:《我们对于西洋近代文明的态度》,《胡适全集》第 3 卷,第 1 页。

了新义。以近代英华辞典所收录的词条来作分析，从 1908 年颜惠庆的《英华大辞典》到 1916 年赫美玲的《官话》正式将两词收入辞典之中，而奠定了两者在词汇史上的地位。

文明与文化代表二种思路，其影响有先后之别，大致上"文明"一词的流行要早于"文化"。1920 年代之前以"文明"观念为基础的"新史学"、"新民说"、"国民性改造"等均居于优势地位；其后"文化论述"起而竞逐。"文明"一观念具有西方中心、线性发展的历史视野，在此论述之下西方以外所有的"不文明"之地区只反映了不同程度的野蛮状态；而如胡适所述，中国人的使命是"再造"一个以科学与民主为基础的新"文明"，而"文明史"则述说此一普遍性的线性发展之过程。

"文化论述"则摆脱了西方中心论，将焦点返回到自身之特质，而催生了近代中国的文化民族主义、文化保守主义。1920 年代开始"文化"与"文化史"概念日益兴盛，并与文明论述有所区隔。此一现象与世界第一次大战有直接关系，战争之惨状与战后西方之残破让一些学者认识到东西文化差异为性质的而非程度的。以梁启超《欧游心影录》为转折点，近代中国思想经历了一个以普遍的、西方中心的、线性进化论为基础的"文明论述"到强调中国文化具有精神价值、民族个性，并表现出空间差异之"文化论述"。杜亚泉、梁启超与梁漱溟等人为促成此一转折关键人物，其言论对思想界有很大的冲击。此后，在中国史学上有文化史书写的出现，柳诒徵、钱穆等人的著作为其代表，借此彰显中国文化之"个性"与"特质"。在哲学上"科玄论战"之后，"大多数哲学家肯定了形上学的合法性"，这一种中国现代哲学界之主流观点之共识包括能掌握"形上智慧"，亦即了解"天道"，并能将"科学、历史、伦理和政治的知识会通为一"，而实现"天人合一"的目标。① 上述 1920 年代之后中国历史与哲学的走向促成文化民族主义的兴起。当代新儒家如熊十力、唐君毅、牟宗三、徐复观等人,以及反对五四运动的史学家如钱穆、柳诒徵等人,均依赖文化论述肯定"中国文化的精神价值"(唐君毅语),并对抗五四新文化运动支持者所提倡之"再造文明"。从"文明"到"文化"之词汇消长与变迁反映出二十世纪中国思想的一段曲折历程。

---

① 郁振华:《形上的智慧如何可能? ——中国现代哲学的沉思》,上海:华东师范大学出版社,2000 年。墨子刻:《形上思维与历史性的思想规矩——论郁振华〈形上的智慧如何可能? ——中国现代哲学的沉思〉》,《清华大学学报(哲学社会科学版)》,2001 年第 6 期,第 60 页。

东洋史中的"东洋"概念

——以中日两国东洋史教科书为素材

黄东兰

引　言

在近代日本,"东洋"一词往往含有日本引领亚洲其他国家对抗西方列强侵略的意味,诸如"东洋之盟主"、"东洋之霸主"等等;而到了二战前后,其语境则往往与建立在家长制基础上的"东洋式专制"(即汉语中的"东方专制主义"之意)相关联,表征着亚洲的落后性①。近年来,"东洋"与"亚洲"、"东亚"等词一样,又作为东方主义的象征

　＊　作者系日本爱知县立大学外国语学部教授。

　①　参见仁井田陞:《東洋とは何か》,东京:东京大学出版会,1968年。

而受到批判①。这些议论尽管立场迥异,但无论是以近代欧洲社会为理念模型来批判"东洋"的"落后性",抑或从东方主义视角抨击欧洲中心主义,二者都将"东洋"(亚洲)与"西洋"(欧洲)置于对立地位,并不约而同地以"西洋"(Occident)为前提来谈论"东洋"(Orient)。人们似乎忽视了一点,即"东洋"一词在东西方接触之前就早已出现于汉字文化圈,在复杂的历史社会背景中几经变化,最终才演变为目前含义模糊的"东洋"概念。

Asia(中文书写为"亚细亚"、"亚洲";日文书写为"亜細亜"、"ア
ジア")是一个外来的概念,在距今约四个世纪前,由耶稣会士利玛窦
的《万国坤舆图》而传入中国②。与此不同,"东洋"和"西洋"在中国
语境中有着悠久的历史,分别意指中国视角中的东方之海与印度洋
一带。在十九世纪,"东洋"一词在使用中出现了两层含义:其一是指
中国视角中的东方之海,亦指位于该海域的日本;其二则指包含中

---

① 其典型观点认为,在近代日本,欧洲、日本、东洋三者处于非对称关系,"西洋"即欧洲,是日本追赶的目标,而"东洋"(及"亚洲"、"支那")则是日本必须摆脱和克服的对象。Stefan Tanaka 指出,Orient 与 Occident 在欧洲原本不是对等的词汇,但明治时期日本的东方学者拔高了 Orient 的地位,将其与 Occident 对等使用,从而将日本与欧洲相提并论。Tanaka 认为,在明治日本,"支那"代表古老落后的过去,衬托出日本的优越性(Stefan Tanaka, *Japan's Orient*: *Rendering Pasts into History*, University of California Press, 1993, p. 34)。此外,陈纬芬《自我的客体化——近代日本的"东洋"论及藏匿其中的"西洋"与"支那"》(《中国文哲研究集刊》第 18 号,2001 年 3 月)、白永瑞《"东洋史学"的诞生与衰退——东亚学术制度的传播与变形》(《台湾社会研究季刊》第 59 号,2005年 9 月)、李圭之《近代日本的东洋概念——以中国与欧美为经纬》(台北:台湾大学政治系中国大陆暨两岸关系教学与研究中心,2008 年)等研究,也都注意到"东洋"、"西洋"、"支那"间的非对称关系。

② 参见拙文《中国における"亜細亜"概念の受容》,《東アジア近代史》第11 号,2008 年 3 月。

国、日本等在内的亚洲地区,与意指欧洲的"西洋"一词相对。

日本著名东洋史学者宫崎市定曾经在《南洋を東西洋に分つ根拠に就いて》一文的结尾部分指出,在明治以后日本东洋史学者们的努力下,"东洋"一词所涵盖的地理范围扩大到亚洲全境,成为与意指欧洲的"西洋"一词相对立的概念。不仅如此,"东洋"概念还"与东洋史一同输入中国,沿用至今。中国本以中华自诩,自居(地球之)中央,将其以南之海域分为东西两洋。及至我国优秀的东洋学建立后,中国自身亦被纳入东洋范畴之中"①。宫崎撰写《南洋を東西洋に分つ根拠に就いて》一文,是就汉语文献中"东洋"一词的词源及其语义变化与山本达郎进行论争②,上面的引用与原文的主旨关联并不大。但是,宫崎在此却提出了有关"东洋"概念的两个重要问题。第一,他注意到,"东洋"作为地理概念,在空间上扩展到整个亚洲,"东洋"和"西洋"分别成为对应亚洲和欧洲的地理概念,导致这一变化的是日本的东洋史学。第二,他着眼于"东洋"概念在不同文化间的移动,即意指整个亚洲的新的"东洋"概念随着日本的东洋史著作而传入中国,最终改变了中国人自古使用的"东洋"概念。

本文以宫崎提出的上述问题为线索,通过分析明治时期和清末民初时期中日两国东洋史教科书中有关"东洋"的记述,探讨中日两

---

① 宫崎市定:《南洋を東西洋に分つ根拠に就いて》,《東洋史研究》第7卷第4号,1942年8月,《宫崎市定全集》第19卷,东京:岩波书店,1992年,第276页。

② 山本达郎注意到,"东洋"一词所涵盖的地理空间,随着中国视角中"南海"范围的变化而变化,在元代,"东洋"指菲律宾至爪哇一带。见山本达郎:《東西洋といふ称呼の起原に就いて》,《東洋学報》第21卷第1号。宫崎市定指出,"东洋"、"西洋"概念,乃是将中国人所谓"四海"之一的"南洋"进一步分为"东南洋"、"西南洋"而来,两者的分界线是以泉州或广州为起点的南北子午线,"东洋"一词后来才转为意指日本。见前引《宫崎市定全集》第19卷,第270页。

国"东洋"概念之历史变迁及其相互关系。首先,笔者将对中日两国文献中的"东洋"进行简单梳理;继而考察明治以后日本东洋史教科书中"东洋"所指的地理范围,以及将中国纳入其中的新的"东洋"概念大致在什么时候、通过何种途径传入中国;最后,笔者还将探讨自日本传入的新的"东洋"概念是否取代了中国以往的"东洋"概念。以东洋史教科书为主要史料,乃是基于以下两个理由:第一,在近代日本,先有甲午战争后出现的中学"东洋史"课程,在此基础上才形成了作为学术分支的东洋史学。关于"东洋"历史的官方知识,通过文部省审定的中学东洋史教科书而得以普及。东洋史教科书是"东洋史"一词在日本社会定型的滥觞。第二,宫崎市定所称"传入中国的东洋史"亦非日本的东洋史学术著作,而是指桑原骘藏的《中等东洋史》(大日本图书,1898 年)等明治时期出版的中学东洋史教科书①。

一、两个"东洋"

"东洋"一词,原指中国视角中的东方之海,后来成为专指日本的地理概念。宫崎市定认为,在陈伦炯《海国闻见录》(成书于雍正八年,1830 年)中,元代以后书籍中屡屡出现的"小东洋"(婆罗洲西北海域,明代指台湾、澎湖)的"小"字消失,变为"东洋","与大、小西洋

---

① 关于近代日本支那史、东洋史教科书在东洋史学术领域成立过程中的定位,参见青木富太郎:《東洋学の成立とその発展》,东京:萤雪书院,1940 年;杉本直次郎:《本邦に於ける東洋史学の成立に就いて》,《歴史と地理》第 21 卷第 4 号,1928 年。在十九世纪中后期至二十世纪中叶,日本与中国除了"东洋"之外,也曾使用"东方"这一概念。"东方"是与意指欧洲或欧美的"西方"相对应的概念,中国与日本都被视为"东方"的一部分,在这一点上,与上述新"东洋"概念相合。本文主要以东洋史教科书为研究对象,故不将"东方"概念纳入讨论的视野。

相对,日本遂被称为东洋"①。王尔敏也指出,《海国闻见录》中"东洋独成篇章,专指日本"②。

　　然而,仔细阅读《海国闻见录》的自序不难发现,陈伦炯所说的"东洋"并非专指日本。陈伦炯在自序中提到,清康熙年间,其父曾在施琅的指挥下参加征台之役,此后又"奉施将军令,出入东西洋,招访郑氏有无遁匿遗人,凡五载"。从行文看,陈父身负搜寻郑氏余党的使命数次出入"东西洋"(即"东洋"与"西洋"的合称),其中的"东洋"应当包含澎湖、琉球诸岛在内,并非仅指日本③。而且该书《东洋记》一篇记载了日本与琉球的风俗、物产,以及与中国之间的海上交通航线和所需日数等④。由此可见,《海国闻见录》中的"东洋"意为中国视角中的东方之海,具体指东海中的日本与琉球诸岛。其后,在徐继畲《瀛寰志略》(成书于道光二十八年,1848年)的《东洋二国》一节中,有如下两段文字:"东洋浩渺一水,直抵亚墨利加之西海,数万里别无大土,附近中国者止有日本、琉球二国";"琉球在萨峒马之南,东洋小国也"⑤。与《海国闻见录》一样,此处的"东洋"也指日本与琉球两国。由此可以推知,直到十九世纪中期,"东洋"一词仍然指中国东面的大海,具体指日本与琉球两个国家。"东洋"成为专指日本的地理概念,当在十九世纪中期以后。

　　这一传统的"东洋"概念,通过中国人撰写的地理著作以及欧美

---

①　前引《宫崎市定全集》第19卷,第275页。
②　王尔敏:《近代史上的东西南北洋》,"中央研究院"《近代史研究所集刊》第15期,1986年,第111页。
③　陈伦炯:《海国闻见录·自序》,台湾文献丛刊第26种,台北:台湾银行发行,1958年。
④　同上,《东洋记》。
⑤　徐继畲:《瀛寰志略》卷1《亚细亚·东洋二国》,上海:上海书店出版社,2001年,第7-17页。

传教士在华刊行的地理书籍传入日本。例如,英国传教士慕维廉(William Muirhead,1822—1900)《地理全志》一书的日译本(刊行于安政六年,1859 年)中有《东洋群岛志》一节,开篇即称"东洋,又称北平洋,在亚西亚之东,直抵亚墨利加之西。岛屿罗列,附近中华。最大者,曰日本国"[①]。此处的"东洋"并不指日本,而是指"中国视角中的东方之海",即太平洋,而日本只是"东洋"诸岛中面积最大的一国而已。此外,在文久元年(1861 年)刊行的《瀛寰志略》日译本的地球全图中,原著中的"日本"、"大东洋"分别被替换为"大日本"与"大洋海即东洋大海"字样[②]。值得注意的是,无论是"大东洋"还是"东洋大海",都沿用了"东洋"一词的本意,即"中国视角中的东方之海"。这些书籍在幕末时期的日本拥有众多读者,不难推测,中国传统的"东洋"概念当时在日本也是众所周知的。

加藤祐三在论及日本的"东洋"和"西洋"概念时指出,"在幕末以前的日本,汉学是学问的主流,因此几乎完全接受了汉学中的地理名称",他认为江户时代日本人所说的"东洋"与中国的"东洋"是同一个概念[③]。佐藤亨在《幕末、明治时期汉语辞典》中,列举了"东洋"一词在明治以前文献中的两则用例。一为"浮舟七艘于东海,渡东洋海二千五百余里"[司马江汉宽政八年(1796 年)《和兰天说》凡例];二为"亚弗利加大洲极南之地有港曰喝叭,停船于此,考风波之情状,由此

---

① 慕维廉:《地理全志》卷之一《亚西亚州全志》(安政己未榴夏新刊,爽快楼藏版)。另外,美国传教士裨理哲《地球说略》万延元年(1856 年)日译本中的东半球图有"大东洋海"。(裨理哲著,箕作阮甫训点:《地球说略》,万延庚申春晚新刊,东都江左老皂馆藏梓。)

② 徐继畬著,井上春洋、森荻园、三守柳圃训点:《瀛寰志略》卷一,文久辛酉仲秋新刊,阿阳对嵋阁藏梓。

③ 加藤祐三:《解说》,《饭塚浩二著作集》第 2 卷,东京:平凡社,1975 年,第 504 页。

赴东洋"[大槻玄泽口授,有马元晃笔录,宽政十一年(1799 年)《兰说弁惑》下]①。前者的"东洋海"与后者的"东洋",指的都是太平洋这一地理概念,中国与日本并不在此范畴之中。

在江户时代的文献中,以中国为"中",以位于中国以东的日本为"东"的用例不胜枚举。例如,新井白石在《东雅》(享保二年,1717 年)一书的《总论》部分中,比较日本、中国与欧洲语言之音韵,认为:"东方之音乃新莺。中土之音乃乔迁之莺也。西方之音乃为流莺。"②这种以中国为"中"、以日本为"东"的用法,并没有因明治维新而中断。明治十一年(1878 年),原高崎藩主大河内辉声在与黄遵宪的笔谈中写道:"东洋鄙人,何与中华雅客相斗乎? 宜师事而受教也。"③他还对何如璋说:"东洋地小,不足以慰中华人,惟以情谊不变幸为好。"④在此处,大河内原封不动地援用中国的"东洋"概念,称日本为"东洋",与"中华"相对应,来表达对中国的敬仰之意。

然而,在江户时代的文献中,已经出现了包含中国和日本的"东洋"用法。最著名的是佐久间象山的诗句"东洋道德,西洋艺术"(《省侃录》,1854 年),这句诗赋予了"东洋"、"西洋"二词完全不同的文化含义。佐久间认为,"东洋"(包含中日两国)与"西洋"(欧洲)各有所长,前者长于道德,后者长于技术。正如津田左右吉所言,其原因在于自江户时代中期起,日本人越来越多地接触有关欧洲的知识,"西

---

① 佐藤亨:《現代に生きる　幕末・明治初期漢語辞典》,东京:明治书院,2007 年,第 661 页。

② 新井白石:《東雅》,市岛谦吉编辑校订:《新井白石全集》第四卷,东京:国书刊行会,1906 年,第 7 页。

③ 《戊寅笔话》第四卷第二十七话(1878 年 3 月 3 日),陈铮编:《黄遵宪全集》上,北京:中华书局,2005 年,第 562 页。

④ 同上,第 590 页。

洋"一词便主要用来指称泰西诸国,而"东洋"一词也被赋予了新的含义,指包括中国和中国文化影响所及之地区的总称①。当然,这一新的"东洋"概念在日本得以普及,还是明治时期以后的事。

明治维新后不久,"东洋"一词就出现在明治新政府的正式公文中。在明治政府于明治四年(1871 年)颁布的《美欧使节派遣事由书》一文中,有"东洋诸国与西洋列国,其国体政俗相异,无需赘述"一句②。明治政府派遣的岩仓使节团副使伊藤博文,也在一则文书中称"天皇陛下以为,我东洋诸州所行之政治风俗,不足尽我国之善美。何故?欧美各国之政治制度、风俗、教育、营生、守产,皆超绝我东洋也"③。在这些文字里,日本、中国等国都被视为"东洋诸国"或"我东洋诸州"、"我东洋"的一部分,与"西洋列国"、"欧美各国"相对应。

明治十年以降,以日本为"东洋之盟主"抵抗欧美列强入侵的亚洲主义思想逐渐抬头。在此背景下,"东洋"一词的使用也急剧增多。例如,由植木枝盛等于 1881 年起草的私拟宪法《东洋大日本国国宪案》、由樽井藤吉于 1882 年创立的东洋社会党、由大井宪太郎等于 1892 年组建的东洋自由党、由涩泽荣一等于 1895 年创刊的《东洋经济新报》,等等。作为东洋史学前身的中学东洋史科目,也正是在这一背景下诞生的。

那么,明治时期政府与舆论界所使用的"东洋"概念,对应的是什

① 津田左右吉:《東洋文化、東洋思想、東洋史》,《津田左右吉全集》第 28 卷,东京:岩波书店,1966 年,第 361 页。

② 《米欧使節派遣の事由書》,芝原拓自、猪饲隆明、池田正博编:《对外観》(日本近代思想大系第 12 卷),东京:岩波书店,1988 年,第 23 页。

③ 伊藤博文:《特命全権使節の使命につき意見書》,芝原拓自、猪饲隆明、池田正博编:《对外観》(日本近代思想大系第 12 卷),东京:岩波书店,1988 年,第 29 页。

么样的地理范围呢？荒野泰典在分析资料集《日本近代思想体系 12 对外观》中"东洋"与"亚细亚"（"アジア"）的用例后指出，二者所指的地理范围有着明显的区别。"亚细亚"用于指称现在的亚洲全境，而"东洋"则指"亚细亚"的东方，即"东方亚细亚"或"亚细亚之东边"，多用于指称涵盖中国、朝鲜、日本在内的整个地区①。这与后文所述的近代日本东洋史教科书中的"东洋"一词，在空间范围上基本相同。

据笔者所见，在汉语文献中，将"东洋"作为包含中国在内的地理概念而使用的最初用例，见于洪仁玕（1822—1864）于 1859 年向天王洪秀全呈交的《资政新篇》。洪仁玕在这篇太平天国的纲领性文章中称："中国从前不能为东洋之冠冕，暂为失色，良可慨已。"②值得注意的是，在这里，洪仁玕笔下的"东洋"不再是传统意义上的"中国视角中的东方之海"，也不是位于其中的日本和琉球，而是一个包括中国在内的更为宽泛的地理概念。洪仁玕使用这一新的"东洋"概念，与他曾在香港接受洗礼并通过传教士的出版物学习欧美近代知识的特殊经历不无关系。

当时在中国国内，"东洋"概念的此种用例尚属罕见。直到十九世纪末，"东洋"仍然被用来指称日本。例如，张之洞继派遣青年学子赴海外留学之后，于 1903 年上奏清廷，建议鼓励现职或候补官员出国游历。他建议以游历"东西洋各国"三年以上者为第一等，游历欧美二洲之一二国或三四国两年以上者为第二等，"仅至东洋游历，往返在一年以上者"为第三等，分别予以奖励，"无论东西洋其游历在一

---

① 荒野泰典：《近世日本における"東アジア"の"発見"》，贵志俊彦等编：《"東アジア"の時代性》，广岛：溪水社，2005 年，第 47 页。

② 洪仁玕：《资政新编》，杨家骆编：《中国近代史文献汇编　太平天国文献汇编》第 2 册，台北：鼎文书局，1973 年，第 532 页。

年以内者无奖"①。张之洞所说的"东西洋",乃是"东洋"与"西洋"的合称,分别指日本与欧美,而"东洋"则专指日本,其中并不包含中国及其他亚洲国家。在二十世纪初大批士子赴日留学的浪潮之下,"东洋"更成为日本的专称。一时间"东游"、"游东"、"留东"(指游历日本、留学日本)和"东文"、"东语"(指日语)等词汇十分流行。

与此同时,已在日语中得到普及的新"东洋"概念,即包含中国和日本在内的"东洋"一词,也经梁启超等流亡日本的知识分子和留日学生之手传入中国。1900 年,在梁启超赴日后创办的《清议报》上,有一篇文章提道:"今之论者每以日本拟英国。曰日本者东洋之英国也。虽然,不察两国之情势与人口之多寡而比较之。妄为拟议。"②杨度也在《游学译篇》(1902 年)的发刊词中称:"我中国者,以东洋文明之固有,而得老大之名;以西洋文明之将来,而得幼稚之名。乘此迎新去旧之时,而善用其老大与幼稚,则一变而为地球上最少年之一国,夫岂难耶?"③这一时期,此类新的"东洋"字眼频繁出现于报章。清末士人之所以能在极短的时间内从日语中接受新的"东洋"概念,自然与中日两国同样使用汉字有很大关联。但更为重要的是,新"东洋"概念回流中国这一现象,反映出在甲午战争失败、八国联军占领北京、列强瓜分中国的现实危机日益严峻的背景下,中国知识分子(主要指流亡日本者与留日学生)以中国为世界中心的传统世界观出现了动摇。

不难想象,新旧两种"东洋"之并存,必然导致概念上的混乱。为此,维新派在上海创办的杂志《时务报》特意对"东洋"一词作了如下

---

① 张之洞:《请奖励职官游历游学片》(光绪二十九年十一月二十六日),范书义等主编:《张之洞全集》第 3 册,《奏议·电奏》,石家庄:河北人民出版社,1998 年,第 1593 - 1594 页。

② 《地球大事记·比较英日势力》,《清议报》第 47 号,1900 年。

③ 杨度:《游学译编序》,《游学译编》第 1 号,1902 年 11 月。

说明:"东洋指东方亚洲而言,非指日本也。中国在亚洲,是亦居东洋之中也。人每误以日本为东洋,故附辨焉。"①在《新民丛报》所载蒋智由(号观云)《华年阁物语》一文中,也有类似说明。蒋称:"由来东洋人者,爱自然景物之天性,过于西洋人。见鸟之美丽而乐,闻虫之啼音而喜,饲育鱼类,以为娱乐,中国人与日本人(东洋人者兼中国日本言,我国俗说指日本为东洋,其说非是),皆同有此风习也。"②在此处的引文中,两次出现"东洋人"一词,第一次系相对"西洋人"而言,第二次则指中国人与日本人。作者的意图并不在于确定"东洋"的地理范围,而在于强调中国人与日本人不同于"西洋人",彼此在文化上具有某种共性。

二、日本东洋史教科书中的"东洋"

1894年,东京高等师范学校校长嘉纳治五郎主持召开的中学教育改革会议上,该校教授那珂通世提议将"支那史"(中国历史)改为"东洋历史"③,以与"西洋历史"相呼应。那珂的提议受到与会者一致赞同,不久得到了文部省的认可。那珂也由此被称为日本"东洋史

① 《俄国外交政策史》,《时务报》第48册,1897年。
② 观云(蒋智由):《华年阁物语》,《新民丛报》第33号,1903年。
③ 那珂通世(1851—1908),近代日本蒙古史研究的开拓者。生于盛冈藩士家庭,自幼在藩校学习儒学,明治维新后入福泽谕吉创办的庆应义塾学习英语。毕业后曾任千叶师范学校、东京女子师范学校校长,第一高等学校和东京高等师范教授等职,1896年起在东京帝国大学讲授中国历史。参见三宅米吉:《文学博士那珂通世君伝》,故那珂博士功绩纪念会编:《那珂通世遗书》,东京:大日本图书株式会社,1915年;窪寺纮一:《東洋学事始——那珂通世とその時代》,东京:平凡社,2009年;村上正二:《小伝 那珂通世——草創期の東洋史学》,《史学》第60卷第2~3号,1991年。

之父"。按照那珂的构想,东洋史"以支那为中心,论东洋诸国治乱兴亡之大势,与西洋历史相对,成世界历史之半壁"。以往的"支那史"承继江户时代藩校儒学教育的影响,侧重于讲述中国历史上的王朝兴亡;而东洋史既"论述东洋诸国之兴亡,亦论及支那种、突厥种、女真种、蒙古种等之盛衰消长"。从同年 11 月东京高等师范学校草拟的《寻常中学校历史教科要项》中"主授国史,亦授世界史……世界史分为东洋史、西洋史,东洋史中特以支那史为详"①一句看,那珂在中学教育改革会议上的提议得到了采纳。应当留意的是,尽管根据那珂的提议,东洋史与西洋史一样被定位为"世界史之半壁",但是,"东洋"的地理范围只包括中国及其周边地区,并非涵盖亚洲全境。在中学设立东洋史课程之前,已有日本史课程,由于此次中学教育改革没有涉及日本史,因此,虽然从常识上说日本史理应包括在"东洋史"之内,但实际上无论是中学东洋史还是后来形成的东洋史学术领域,日本史都不在其研究范围之内。由于在东洋史以外另设有日本史科目,包括桑原的东洋史教科书在内,二战前的东洋史教科书基本都不涉及日本史的内容②。

就"东洋"概念所涵盖的区域而言,明治时期的东洋史教科书大致可分为两类③。一类基于"东洋即亚洲全域"之认识,将东洋史理

---

① 《寻常中学校二於ケル各学科ノ要領》,《大日本教育会雑誌》第 157 号,1894 年 11 月。

② 这一传统一直延续到今天,战后日本大学历史系设日本史、西洋史和东洋史专业,东洋史以中国及其周边国家、地区的历史为主要研究对象。

③ 笔者查阅到出版于明治年间、以"东洋史"为书名的教科书计 38 册。最早的是明治二十八年(1895 年)出版的儿岛献吉郎编《東洋史綱》(东京:八尾书店),最晚的是明治四十四年(1911 年)明治中学会编《言文一致 東洋史講義》(东京:明治中学会编著发行)。

解为包括中国史、印度史、西亚史的区域史学(本文称之为"多元中心论")①;另一类则基于"东洋史即东方亚细亚之历史"的认识,主要叙述中国中原王朝与周边的关系(本文称之为"单一中心论")。概言之,持"单一中心论"者占压倒性多数。其理由大致有以下三点。

第一,江户时代以来汉学教育传统的影响。江户时代的汉学教育主要是学习以《六经》为主的儒家经典,在中国传统教育中,历史被视为对圣人教诲的实践,同样,在江户日本的藩校教育中,历史也备受重视②。在近代,引入西方的学校制度后,这一传统也得到了继承。早期东洋史教科书的撰写者大多出身江户时代的武士阶层,曾在藩校或私塾学习儒学(如那珂通世、市村瓒次郎等),以及他们的学生藤田丰八、桑原骘藏等明治维新后出生的第一代人。后者之中不乏东京帝国大学汉学科(1889年设立)和此后的支那史学科(1904年设立)、东洋史学科(1910年设立)的毕业生。可以说,尽管"支那史"科目改成了"东洋史",但由内容观之,两者之间存在着很大的连续性。

第二,对东洋史教育之现实意义的重视。1895年1月,那珂通世在大日本教育会发表题为"东洋地理历史讲义"的演讲时表示,日军之所以能在甲午战争中取得胜利,原因在于参谋本部深入研究了"东洋之地理",因而使日本人甚至比中国人更了解中国的地理。那珂认为,日本人不仅应当熟悉中国和朝鲜的地理,还应当广泛了解作为欧洲殖民地的西伯利亚、越南、印度等地的地理。这样方能"握东

---

① 例如,儿岛献吉郎编《東洋史綱》以整个亚洲历史为对象,除中国史外,还包含印度史和西亚史。但是,在该书中,中国史约占全书篇幅的四分之三。

② 据福泽谕吉晚年回忆,他幼时曾在私塾学习汉学,仅《汉书》就学了四五年,他在课余时间读过十一遍《春秋左氏传》,其中不少章节还能背诵。见福泽谕吉:《福翁自传》,东京:庆应通信,1957年初版,1962年再版,第9页。

洋之霸权,为文明之先导者,合东洋诸国以当欧罗巴人之势"。同样,那珂也强调研究东洋史的重要性,因为"我东洋人应先研究东洋之历史,其后再研究西洋之历史,方能谓穷究世界之历史也"①。可见,这位"东洋史之父",在提议创设东洋史之初就强烈地意识到,东洋史可以为日本在亚洲大陆的军事扩张提供有用的知识。在这一点上,中学东洋史课程与此后发展成为独立学术领域的日本东洋史学是一脉相通的。

第三,欧洲近代史学的影响。1887 年,东京帝国大学新设的史学科迎来了年仅 26 岁的德国人 R. 里斯(1861—1928),他担任世界史讲座,由此揭开了日本近代史学的帷幕。里斯毕业于柏林大学,专攻史学,深受兰克史学的影响。他赴任后,创办了日本第一个史学研究刊物《史学会杂志》。他在刊物上撰文批评当时日本的史学界轻视史料考据,提倡在严密的史料批判基础上进行"科学的历史研究"②,由此奠定了近代日本学院派史学的基础。与此同时,里斯还将兰克史学中的另一个重要方面引入了日本,即以民族为单位的历史研究。兰克批判英法启蒙史学抽象地从整体上概括人类的历史,忽视了人类在特定时间、特定场合下的活动,强调应该重视"民族共同体"由弱小的民族集团演变为民族国家之历史。从里斯在东京大学的讲义看,他通过讲授日尔曼等欧洲"民族共同体"的形成、发展以及向欧洲以外地区扩张势力的历史,强调在历史叙述中民族国家的重要性,认为历史学家的任务是揭示不同民族之间的相互关系,以及由不同民

①　那珂通世:《東洋地理歷史講義》第一回《総論》,《大日本教育会雑誌》第 162 号,1895 年 2 月。

②　里斯著、小川银次郎译:《史学会雑誌編纂ニ付テ意見》,《史学会雑誌》第五号(1890 年 4 月),重野安绎等编:《明治史論集》第 2 卷,东京:筑摩书房,1976 年,第 256－260 页。

族构成的"民族共同体"的历史①。

在 1880 年代末,随着天皇制意识形态的确立,民族主义史学与《古事记》、《日本书纪》中关于大和王朝起源的神话传说以及江户时代具有神话色彩的国学传统相结合,形成了以天皇谱系为中心的皇国史叙述。

欧洲近代史学对日本的东洋史领域也产生了很大的影响。1895年,毕业于东京大学汉学科的藤田丰八在一篇文章中指出:"(东洋诸国)尚未形成历史团体。……蒙古人种建立之日本、支那、朝鲜及其附近数国稍成一历史团体,稍有历史性之关联,文化与西洋相异。近时所谓东洋史者,即此团体之历史,东方亚细亚局部之历史而已。"②藤田关于"历史团体"的认识,来自于从柏林大学、维也纳大学留学归来的坪井九马三(1859—1936)。坪井于 1891 年归国后,在东京大学讲授以兰克"纯正史学"为代表的史学理论与史学方法③,他尤其强调历史学家应当重视历史现象之间的相互关联,将历史看成一个"有机体"。他比较欧洲与其他大洲的历史,认为"欧洲历史可以写成一部无可挑剔的、有机体的历史",而"东洋史究竟能否写成有机体的历

---

① Ludwig Riess, *A Short Survey of Universal History: Being Notes of a Course of Lectures Delivered in the Literature College of the Imperial University of Tokyo*, Tokyo: Fusambo, 1899, pp. 2 - 6.

② 藤田丰八:《書評・東洋歷史と東洋史綱と》,《大日本教育会雑誌》第172 号,1895 年 12 月 1 日。

③ 大久保利谦评论说:"明治时期西方史学理论与研究方法之引进始于里斯,完成于坪井九马三。"见大久保利谦:《日本近代史学の成立》,东京:吉川弘文馆,1988 年,第 103 页。关于里斯与近代日本历史学形成之关系,参见门胁祯二:《官学アカデミズムの成立》,历史学研究会・日本史研究会编:《日本歷史講座第八卷　日本史学史》,东京:东京大学出版会,1960 年,第 170 - 176 页。

史,尚存疑问"①。他据此认为,印度与其他"东洋诸国"之间在历史上的联系较为薄弱,针对当时一些人将印度史纳入东洋史教科书,他提出了以"葱岭、怒江为界,由此以东"为东洋史地域,由此以西直至利比亚沙漠地区为西域史范围的构想②。与此相同,藤田所说的"东洋诸国",只包括日本、中国、朝鲜等"东方亚细亚"国家,并未将西亚、印度视为东洋史研究的对象。藤田在翌年编撰的《中等教科东洋史》的开篇部分指出,东洋史是"东方亚细亚各民族兴亡之一般史",由于历史上中国长期在东洋史上占据核心地位,故而"以支那为中心,合史上与之相关联之诸国民而构成一个团体,东洋皃者,乃科学叙述该团体之历史者也"③。

那么,东洋史教科书是如何叙述"东洋"的呢?下面以"单一中心论"东洋史教科书中最为著名的桑原骘藏(1871—1931)编《中等东洋史》(东京:大日本图书,1898 年)为例,进行分析④。桑原 1896 年毕业于东京帝国大学汉学科,在校期间曾受教于坪井和那珂。《中等东洋史》是他攻读研究生期间在那珂的影响下编写的。《中等东洋史》分量较大,出版的第二年出版了缩减版《初等东洋史》,1903 年又经

---

① 坪井九马三:《史学研究法》,东京:早稻田大学出版部,1903 年,第 46-47 页。

② 同上,第 76-77 页。

③ 藤田丰八:《中等教科東洋史》,东京:文学社,1896 年,第 1 页。

④ 桑原骘藏出生于福井县一个制造日本纸的商人家庭,1896 年毕业于东京帝国大学汉学科。桑原长期担任京都帝国大学东洋史讲座教授,因《蒲寿庚事迹》获得日本学士院奖。东方学会编:《東方学回想Ⅱ 先学を語る(2)》,《桑原隲蔵博士》,东京:刀水书房,1999 年。关于桑原的学术研究及其中国观的研究,参见小仓芳彦《桑原隲蔵全集から学ぶこと》(《アジア经济》第 9 卷第 12 期,1968 年);吉泽诚一郎《東洋史学の形成と中国——桑原隲蔵の場合》(岸本美绪编《東洋学の磁場》,东京:岩波书店,2006 年)。

大幅度删减改版为《中等教育东洋史教科书》。此后"凡三十年间,直至作者去世,桑原的初版东洋史教科书几乎垄断了中学历史教育"①。

桑原在《中等东洋史》的《总论》中写道:"东洋史主要在于解明东方亚细亚古来之沿革",而"东方亚细亚"指的是"南至喜马拉耶、西至葱岭、北至阿尔泰,三大山脉环抱以内之土地。支那及朝鲜属于其中"②。在《中等东洋史》中,桑原对"东洋史"做了如下分期:

桑原骘藏《中等东洋史》的历史分期

时代	名称	王朝、时期
上古期	汉族膨胀时代	上古～周末
中古期	汉族优势时代	秦统一中国～唐末
近古期	蒙古族最盛时代	契丹、宋、元～明末
近世期	欧人东渐时代	清初～甲午战争

《中等东洋史》基本上依据中国历代正史之内容,援用欧洲世界史的历史分期与章节体之叙述体例,以汉族与周边民族的势力消长为主线,对中国数千年的历史做了简要的概述③。桑原将东洋史分为上古、中古、近古、近世四个时期,并以各时期中占据主导地位的民族或人种为中心展开历史叙述。在空间上,《中等东洋史》描绘了自上古至十九世纪末的三个"东洋"空间(下图)。

---

① 宫崎市定:《解说》,《桑原隲藏全集》第 4 卷,东京:岩波书店,1968 年,第 767 页。

② 桑原骘藏:《中等東洋史》上卷,第 1—2 页。

③ 正如该书开头部分所言,桑原对中国内地兴亡史的记述主要依据《御批通鉴》,涉及塞外沿革部分主要依据中国历代正史中的外国传,而印度及中亚部分则参考了欧洲人的著作。

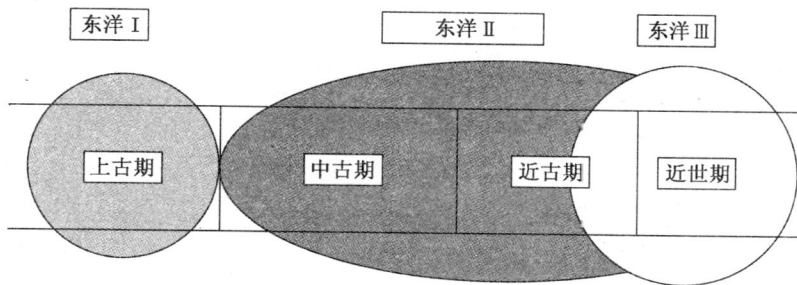

桑原骘藏《中等东洋史》中的东洋

图中的第一个"东洋"空间对应上古期,即秦始皇统一中国之前的时期(以下简称"东洋Ⅰ")。东洋Ⅰ由"中国"(汉族居住的中原地区)及其周边的"夷狄"构成。在东洋史的上古部分,桑原根据《礼记》、《周礼》、《春秋左氏传》、《史记》等中国典籍,叙述了夏、殷、周三代的制度与王朝更替的历史,并记述了汉族与周边民族的关系。尤为引人注目的是儒家传统华夷秩序观念对桑原东洋史叙述的影响。在《中等东洋史》涉及周代部分的第三章《汉族与诸外族之关系及周代戎狄之跋扈》中,频频出现"中国"一词。桑原写道:"周代尤为跋扈者,实北狄与西戎。……周室衰微,西、北之戎、狄渐次侵入中国,周朝遂被迫东迁。"又称"东周之初,戎狄杂居中国者颇多"①。正如"戎狄杂居中国"、"戎狄之跋扈"等字句所表现的,桑原以周天子为正统王朝的代表,将周边的"夷狄"视为入侵者或叛乱者。与中国的史书一样,桑原所谓的"中国",不仅作为地理概念,指称汉族居住的中原地区,同时是一个文化概念,意指代表中华文化的正统王朝。在空间上,东洋Ⅰ是一个不对称的文化空间,即以"中国"为正统,并将其置于文化之最高序列,而将"夷狄"置于序列的最底层。桑原频频使用

---

① 桑原骘藏:《中等東洋史》上卷,第38页。

"中国"、"夷狄"等词汇,乃是由于他长期接触中国古代典籍,"中国"、"夷狄"等源自中国古人华夷意识的词语,在他的头脑中留下了深刻的烙印,并被无意识地反映在东洋史教科书的叙述之中①。

第二个"东洋"空间对应中古期、近古期以及近世期中的清朝历史部分(以下简称东洋Ⅱ),它由"支那"(或称"支那内地")与"塞外诸国"两部分构成。前者指秦统一中国时的疆域,后者指蒙古、西域、西藏等周边地区。东洋Ⅱ的地理范围,随着它所对应的不同时期而变化,在汉、唐、元三代中国国力的鼎盛时期,东洋Ⅱ涵盖了中亚和西亚的广袤空间。在涉及拔都率领蒙古大军西征的部分,甚至包括了莫斯科、匈牙利与波兰。桑原在叙述东洋史时,既没有采用传统的基于王朝更替的循环史观,也没有采用为福泽谕吉等人所接受的欧洲中心的文明史观。桑原笔下的东洋史,是由众多民族在"东洋"这一大舞台上谱写的一部相互竞争的历史。尤其重要的是,与中国史籍不同,在《中等东洋史》中,这些民族之间并没有高下之分。桑原以秦代至唐末为中古期,以契丹、宋、蒙古的历史为近古期,即为明证。桑原因蒙古人掌握了"争天下"的主导权,而将这一时期的东洋史视为"蒙古族最盛之时代"。同理,在属于近世期的清朝部分,桑原以大量篇幅叙述清朝的官僚制度与军事制度②,而对清朝统治给中国社会带来的影响,则很少涉及。桑原在题为"清代的官制与兵制"一章的开头部分称:"清自满洲而兴,先并蒙古,取支那本部,寻定外蒙古、图伯特(西藏)、天山南北两路,至有今之版图。清廷以何种官制、兵制,统

---

① 桑原东洋史教科书中对"中国"一词的上述用法,一直持续到其晚年出版的东洋史教科书。参见拙文《桑原隲藏東洋史教科書とその漢訳テクスト——〈東亜史課本〉との比較分析を中心に》,《愛知県立大学外国語学部紀要》(地域研究·国際学編)第 43 号,2011 年 3 月。

② 桑原骘藏:《中等東洋史》下卷,第 195 页。

辖镇压此广大版图?"显然,桑原更关心的问题是,清朝作为一个异族,是通过何种军事、政治制度来统治幅员辽阔、人口众多之中国的。

《中等东洋史》的第三个"东洋"空间,对应于"欧人东渐时代"中清朝史以外的部分(以下简称"东洋Ⅲ")。在这一部分,桑原着重叙述了英、法、俄等欧洲强国为获得殖民地,在东洋Ⅲ这一空间展开激烈争夺,以及亚洲国家对此进行抵抗的历史。东洋Ⅲ开始于1498年葡萄牙人达·伽马抵达印度,结束于1898年《中等东洋史》问世,跨越了"近古期"与"近世期"两个时期,时间跨度达四个世纪。东洋Ⅱ中参与争天下的只是汉族及其周边民族,而在东洋Ⅲ中,来自遥远西洋的欧洲人也登上了东洋这一竞争舞台。除此之外,之前几乎未在《中等东洋史》叙述中出现的日本,也屡屡在有关台湾、琉球、朝鲜等的叙述中登场。一如"露西亚侵略中央亚细亚"、"英露两国之冲突"、"后印度诸国之状况及法国之侵略"等章的标题所示,出现在东洋Ⅲ中的欧洲人,是以侵略者的面目登场的。涉及东洋Ⅲ的叙述,字里行间强烈地体现出甲午战争后自封"东洋之霸主"的日本对于欧洲列强在亚洲扩大势力的警惕感。这也是《中等东洋史》与同一时期东洋史教科书的共同特征。

综上所述,在桑原骘藏描述的三个"东洋"空间中,东洋Ⅰ与东洋Ⅱ是以中国为中心的"东方亚细亚"各民族间的竞争之场,而东洋Ⅲ则是在欧洲势力出现之后形成的"东洋"与"西洋"对抗的空间。其中,有关东洋Ⅱ中提及的"民族",尤其是北方民族的相关研究,后来发展成为日本东洋史学术研究中最引人注目的分支。

日俄战争前后,日本教育界一部分人批评东洋史课程人名地名过多,难教难学,甚至有人要求废除东洋史。大正初期,围绕中学东洋史课程的存废问题,展开过一场激烈的争论。有意思的是,争论双方在"东洋"概念的理解上存在着明显的对立。主张废除东洋史者,以东京高等师范学校教授斋藤斐章等人为代表。他们认为,历史教育应当重视学生道德观的形成,东洋史以中国史为主,对日本而言,"东洋"已失去了作为文化典范的价值。显然,他们心目中的"东洋"是一个文化概念。反对废除东洋史者,以东京高等师范学校教授中村久四郎等人为代表。他们认为,为适应日本在亚洲大陆的军事扩张,有必要普及东洋史的一般知识。显然,在他们的心目中,"东洋"只是一个地理概念,并不含有文化价值①。围绕此问题,上述二人的同事、时任东京高等师范学校教授的桑原骘藏,在《教育学术界》上撰文反对废除东洋史。他指出:

> 东洋史之目的,在于解明东亚之沿革。东亚,尤其是清、韩两国,自古以来与我国之关系最为紧密。解明其沿革,亦可间接了解我国之沿革。再者,无论现在或将来,东亚皆为我日本国民雄飞之地,因此必须通晓其民情风俗。由此二事推之,日本国民必须了解东洋史②。

桑原在这里列举了两点理由,强调东洋史教育的重要性。第一,历史上日本与亚洲大陆之间有着十分密切的关系;第二,"东洋(即东亚)"是将来日本在亚洲大陆的"雄飞"之地。比较桑原的第二条理由与那珂通世当初提议设立东洋史科目的初衷,二者的用意是一致的。那珂与桑原都强烈地意识到日本在中国大陆的领土扩张,从而将东

---

① 奈须惠子:《中等教育における"東洋史"概念の展開——第一回中等学校地理歷史教員協議会の議論分析を中心に》,《教育学研究》第 59 卷第 4 号,1992 年。

② 桑原骘藏:《教育管見》,《教育学術界》第 11 卷第 6 号・第 12 号,(1905 年 9 月・11 月),《桑原隲藏全集》第 2 卷,第 521-522 页。

洋史的对象范围限定为"东方亚细亚"。然而,如后文所述,在第二次世界大战中日本军队的势力范围超出"东方亚细亚"之后,东洋史的地理范围也随之发生了变化①。

1941年春,在日本发动"大东亚战争"前夕,文部省教育局设立了东亚史编纂部,召集东京、京都两所帝国大学专攻东洋史的学者,着手编纂《大东亚史概论》②。在讨论"大东亚史"的编纂方针时,与会者对明治以来形成的"东洋史"框架提出了批评。究其根本,乃是"东洋史"背后的"东洋"概念,无法适应日本对外扩张的现实,故而显得不合时宜了。"大东亚史"编纂主任铃木俊指出,东洋史科目设立的初衷,在于强调亚洲文化相对于西洋文化之独立性与特殊性,然而,东洋史不过是删除了西洋史中涉及亚洲的内容,并加强了中国部分,其结果导致东洋史仅仅是"构成欧美世界史之一部分"。铃木指出:"如今,亚洲正在我国的领导之下建设新世界,朝向新秩序迈进。

---

① 1928年,中学制度审议委员会、文部省审议通过了中学制度修正案,并定于1929年开始施行。按照该修正案的规定,中学东洋史的课时减少到只有西洋史的近三分之一。对此,桑原在《东京日日新闻》发表文章,认为实施该修正案将"对将来我国的国民教育产生重大不良影响"。见桑原骘藏:《東洋史の軽視——中等課程改正案の杜撰に就て》(《東京日日新聞》1928年10月2日·3日·4日),《桑原隲藏全集》第2卷,第535页。日本于1944年进行了战败之前最后一次学制改革,规定东洋史与日本史、西洋史合并为"国民科历史"。与此同时,文部省编纂的国定教科书《中等历史》取代了以往使用的东洋史教科书。《中等历史》按通史体例展开,包含亚洲史、欧洲史、日本史。参见奈须惠子:《戦時下文部省編纂中等歴史教科書における「アジヤ」認識》(《日本植民地研究》第19卷,2007年)。至此,由那珂通世提议创设的中学"东洋史",走完了它半个世纪的历程。

② 《大东亚史概论》是《国史概说》的姐妹篇,相关史料藏于日本国立教育政策研究所教育研究信息中心教育图书馆志水文库。

在此现状之下,理应打破西洋式的旧观念。"①有意思的是,此种观点不仅否定了东洋史以中国史为中心的叙事结构,甚至也否定了明治以来形成的新的"东洋"概念。"大东亚史"编纂成员之一、京都帝国大学副教授松田寿男说:"对我国而言,本来无所谓东洋与西洋。东洋应指美国,西洋则指支那以西地区。因此,要确立日本的世界观和世界史理论,就必须全面废除东洋史和西洋史之框架。"②值得注意的是,松田在此提出了一条全新的思路,即以日本为中心,日本以东地区为"东洋",日本以西包括中国在内的地区为"西洋"。我们不妨称之为第三种"东洋"/"西洋"概念。它既不同于中国传统的中国视角中的"东洋"/"西洋"概念,也不同于本文开头宫崎市定所说的将中国包括在"东洋"之内、与"西洋"相对应的第二种"东洋"/"西洋"概念。

文部省构想的"大东亚史",是以日本为盟主的"大东亚共荣圈"的历史,它包括"缅甸以东的东亚地区,是一部叙述日本精神起于最东方,渐次光耀该地区的历史"③。"大东亚史"所涵盖的地理范围并不限定于亚洲,只要是"大东亚共荣圈"的相关地域,"即使不属亚洲,亦可按需处理"④。

"大东亚史"编纂过程中产生的第三种"东洋"概念,体现了空间

---

① 铃木俊:《大東亜史の意義について》,《東洋文化研究》第六卷第四号,1943年4月,第1-2页。小林元、鈴木俊等:《大東亜史の編纂 座談会》,《現代》第23卷第9号,1942年9月,第21页。

② 前引小林元、鈴木俊等:《大東亜史の編纂 座談会》,《現代》第23卷第9号,第24页。

③ 宫崎市定:《自跋》,《宫崎市定全集》第18卷,东京:岩波书店,1993年,第428页。

④ 铃木俊:《東洋史と大東亜史》,《地政学》第1卷第10号,1942年10月,第43-44页。

思维的转换，它不仅否定了传统的"东洋"、"西洋"概念，也否定了与"欧洲即西洋"相对应的"亚洲即东洋"之地理观念。显然，随着日本的殖民扩张，明治时期形成的"东洋史"框架已经落后于时代了。

三、中国东洋史教科书中的"东洋"

十九世纪末二十世纪初，在科举制度废除前后，江浙、两湖等地设立了许多新式学堂，近代意义上的教科书也随之问世。中国自古重视历史记述，史籍汗牛充栋，但多为数十卷、数百卷的鸿篇巨制，并不适合作为初学者的教材。日本的中学支那史、东洋史教科书在新式学堂大受欢迎。其中尤以1899年上海东文学社刊行的那珂通世《支那通史》和桑原骘藏《中等东洋史》的中译本《东洋史要》(樊炳清译)好评如潮。《东洋史要》在科举制度废除前就已被江苏、浙江等几个沿海省份用作中学堂的中国史教科书[①]，后来又多次发行新版和重译本[②]。随着樊炳清译本的出版，"东洋史"一词在中国也广为流传。1899年，流亡日本的梁启超在《东籍月旦》中写道："日本人所谓东洋者，对于泰西而言也。即专指亚细亚洲是也。东洋史之主人翁，实惟中国。故凡以此名所著之书，率十之八九纪载中国耳。"[③]由此可见，在当时的中国人看来，日本出版的东洋史几乎就是中国史的同

---

① 陈庆年：《中国历史教科书·后序》，上海：商务印书馆，1909年初版，1911年第6版。

② 实藤惠秀认为该书是日本人编写的历史书籍中最早被翻译成中文的。见实藤惠秀：《中国人日本留学史》，东京：くろしお出版，1970年增补版，第258页。

③ 梁启超：《东籍月旦》，《饮冰室文集》(四)，北京：中华书局，1936年版，2011年重印版，第98页。

义词。

1904 年，清廷在废除科举的前夜，颁布了由张百熙、张之洞等以日本教育制度为范本而起草的《奏定学堂章程》（癸卯学制）。这一章程将历史定为重要科目，自小学起就设有历史课程。初等小学堂设"乡土历史"、"历朝年代"（背诵历代王朝的名称）；高等小学堂设"中国历史"；中学堂设"中国历史"（第一学年）、"亚洲各国史"（第二学年）、"中国本朝及亚洲各国史"（第三学年）、"东西洋各国史"（第四、第五学年）；高等学堂设"中国史"（第一学年）、"亚洲各国史"（第二学年）、"西洋各国史"（第三学年）。中学的"亚洲各国史"和"东西洋各国史"讲授中国以外的东亚各国历史。其中"东西洋各国史"包括"东洋各国史"与"西洋各国史"。1920 年代中学设置"外国史"（世界史）课程后，"亚洲各国史"、"东洋各国史"随之消失，亚洲各国的历史被纳入外国史或世界史之中①。

清末和民国时期出版的东洋史和亚洲各国史教科书，大致可以分为两类。一类以樊炳清译《东洋史要》为代表，不分中国史与外国史，将中国视为"东洋"的一部分②。清末就有人对此提出批评，认为将中国史视为东洋史的一部分，是将本国史与外国史混为一谈。某东洋史教科书的编者认为，应该区分本国史与外国史，"内国不得与

---

① 总体而言，清末以后出版的以"东洋史"为书名的教科书为数很少，出版时间主要在癸卯学制发布前后，在体例和内容上受桑原《中等东洋史》等日本东洋史教科书的影响。民国时期，一部分师范学校和大学设置"东洋史"课程，编印了少量"东洋史"教材。如胡钧《东洋史讲义》（法科政治门一年级，1917 年 9 月至 1918 年 6 月，南京图书馆藏，未刊），王桐龄《新著东洋史》（上海：商务印书馆，1923 年）等。

② 关于桑原东洋史教科书中译本的情况，参见铃木正弘：《清末における"東洋史"教材の漢訳——桑原隲蔵著述"東洋史"漢訳教材の考察》，《史学研究》第 250 号，广岛史学研究会，2005 年。

外国等视,当另编之"①。另一部东洋史教科书的编者在序言中
写道:

> 以前著译之东洋史,有为吾人所极不惬意之点,即彼常
> 以东亚史为东洋史,或以中国史视为东洋史是也。日本人
> 眼光中,以为东亚历史文明,专在中国。中国可为东亚代
> 表,即可为东洋代表。吾人亦不必反对此议。惟吾中国人
> 决不能抱此见解,以本国史混同东洋史。故今日所讲者,为
> 广义之东洋史,即世界史中,与西洋史有平分之区域也②。

这位编者反对按日文中的"东洋史"概念,将中国史纳入东洋史
之中,他认为,日本人编纂的"东洋史"以中国史为主,是因为他们以
中国为东亚文明或东洋文明之代表。如果中国人也按此立场书写东
洋史,那么原本应当属于外国史的东洋史就成了本国史,这将造成本
国史与外国史的混淆。1935 年,章赋浏在《东洋史》一书的开头部
分,对东洋史的地理范围做了如下说明:"所谓东洋史,就狭义言,仅
及亚洲的东部,除本国史外,只是日本与朝鲜半岛的历史。就广义
言,凡亚洲全部,无不包含在内。近世大都采用后说。故所谓东洋史
或东亚史,实为除国史外之亚洲史。"③章赋浏基于区分本国史和外
国史的框架,首先认为东洋史是外国史,所以不应该包括中国史;其
次,认为日本位于亚洲东部,所以东洋史理应包括日本史。其结果,
东洋史实际上就是日本史和朝鲜史。这一思路与日本东洋史的"单

---

① 秦衡江编译:《教科参考东洋分国史·凡例》,育材学堂编译处校行,译
书局代印,清末刊。
② 前引胡钧:《东洋史讲义·例言》。
③ 章赋浏:《东洋史》,上海:世界书局,1935 年,第 1 页。

一中心论"并无二致。

　　清末以后出版的东洋史教科书,除去前述樊炳清译本及其转译本外,多数为此种不包括中国史的东洋史。后者又可分为两类,其一受中国历代正史四裔传的影响,按照与中国关系之亲疏,将中国以外的国家和地区依次排列,叙述其地理、沿革、风俗及与中国中央王朝的关系;另一类则按照上古、中古、近世之历史分期,按章节体叙述中国以外的亚洲历史。

　　众所周知,正史四裔传以中国为中心,按东南西北四个方位排列,在每一个部分中,又按照与中国中央王朝关系之亲疏,叙述各国地理、沿革、风俗及与中国的关系。例如,《后汉书》按《东夷列传》、《南蛮西南夷列传》、《西羌传》、《西域传》、《南匈奴列传》、《乌桓鲜卑列传》顺序排列。《东夷列传》依次记载高句丽、三韩和日本等国的风俗人情。然而,在清末民国时期出版的东洋史教科书中,只有柳诒徵《东亚各国史》等少数教科书继承了正史四裔传的体例,将日本史置于朝鲜史之后①,其余大多将日本史置于朝鲜史之前。以清末刊行的《东洋分国史》为例,该书分上下两卷,上卷为日本史,下卷为朝鲜史、安南史、暹罗史、印度史、波斯史,日本史占全书一半篇幅。对此作者做了如下说明:"现今东洋局面最有势力者,首推日本。故叙日本独详。日本明治维新,不独东洋之一大变局,实改变全地球之风潮

---

　　①　该教科书由三编构成,第一编《朝鲜史》记述上古至日韩合并为止的历史;第二编《日本史附琉球、台湾》记述从"古代倭人的开化"到明治以降的历史;第三编《南方诸国》概述越南、暹罗、缅甸、马来半岛、菲律宾的历史。见柳诒徵:《东亚各国史》,南京:南京高等师范学校,清末刊。又1930年出版的傅彦长编《东洋史ABC》(上海:世界书局,1930年)一书,由印度、波斯、大月氏、朝鲜、大食、回纥、蒙古、西藏、日本及"余论"十章构成。该书第九章记述了自丰臣秀吉、德川家康、岛原战争到明治、大正时代日本的历史概要。

者。故特详之。"①值得注意的是,此处所说的"东洋",已不再是中国传统视野中的东海或日本,而是涵盖亚洲东部的地理概念,包含中国在内。日本史占据全书一半篇幅,反映出时人对明治维新后日本的关注。

日本史在中国人编纂的东洋史教科书中占据重要位置,与癸卯学制确定的外国史教育方针也是一致的。在《奏定中学堂章程》中,日本、朝鲜、越南等近邻国家是"亚洲各国史"的重点。《章程》要求讲授日本、朝鲜、安南、暹罗、缅甸、印度、波斯以及中央亚细亚各小国的历史,强调应该将重点放在日本及朝鲜、安南、暹罗、缅甸,其他各国则可相对简略,并要求详近代而略古代②。此处应当留意的一点是,与中国历代正史四裔传不同,日本被列于朝鲜之前。这与癸卯学制"详近代,简古代"的方针不无关联。而朝鲜、安南以下各国的次序,仍与正史四裔传"由近及远"的编纂模式相一致。实际上,大多数东洋史教科书都是将除日本以外的各国与地区按照正史四裔传的方式排列处理的。

与此不同,另一类东洋史教科书突破正史的体例,按上古、中古、近世的历史分期和章节体编纂。以清末出版的赵懿年编《中等历史教科书东西洋之部》为例,该书是按照癸卯学制编纂的中学堂第四、第五学年使用的"东西洋各国史"。作者认为,东洋史是"同洲各国"的历史,但"东洋诸国分离散漫,贯穿为难。兹惟提挈大纲,示其概要。而事之仅关一家一国,无涉东洋大局者,往往略之"③。该书的

---

① 前引秦衡江:《教科参考东洋分国史·凡例》。

② 《奏定中学堂章程》,璩鑫圭、唐良炎编:《中国近代教育史资料汇编·学制演变》,上海:上海教育出版社,2006年,第330页。

③ 赵懿年:《中等历史教科书东西洋之部·总论》,上海:上海科学会编译部发行,1909年初版,1913年第3版,第1页。

历史分期与各个时期的概要如下：

（1）上古史。相当于中国上古（传说中的帝王帝喾）至东晋的时期。印度萌生宗教，文明自西北部向东南部延伸，法律、哲学得到发展，国家繁荣。朝鲜、大夏、安息国运盛衰交替，日本神武天皇统一全国。西亚大月氏、波斯，东亚高句丽、新罗、百济分别称霸。

（2）中古史。相当于中国东晋至明代中叶。印度文明经历黄金时代后为伊斯兰教征服，波斯为阿拉伯所灭。高丽统一朝鲜半岛，日本经历藤原氏专权、南北朝乱世，进入武人相争的幕府时代。

（3）近古史。相当于中国明代中叶至清乾隆朝。蒙古帝国统治中亚与印度，葡萄牙人、西班牙人分别占领印度西海岸和菲律宾群岛，并展开商业和传教活动。日本经历战国混乱后，德川氏统一全国。俄罗斯消灭蒙古政权，将势力扩张至库页岛。英国占领印度。波斯、暹罗、安南，分别扶植新王朝。

（4）近世期。印度成为英国殖民地，进入"东洋史上大变动"时期。英国与俄国在印度和中亚"为所欲为"，法国消灭安南。俄国与英国为争夺阿富汗而彼此对立，各国又与法国争夺暹罗。"东洋诸国"中唯有日本通过改革而崛起，统治了琉球、台湾和朝鲜。

和桑原的《中等东洋史》一样，赵懿年《中等历史教科书东西洋之部》一书也将东洋史分为上古、中古、近古、近世四个时期。但是，二者在上古史的划分上存在较大差异。如前文所述，桑原以秦始皇统一中国作为东洋史上古与中古的分界线,上古部分明显受到儒家华夷观念的影响。与此不同,赵懿年认为"东洋史即全亚洲的历史",他根据朝鲜半岛、日本、印度、西亚这一广大区域中出现统一国家的时间以及文明之发达程度,划分东洋史的上古和中古时期。作者也没有像桑原那样将蒙古势力的勃兴视为区分东洋史之中古期和近古期的标志,而是将蒙古帝国对中亚的统治与葡萄牙、西班牙势力的东渐相提并论。作者在重视地域广阔性的同时,又将彼此之间关联性较小的国家与地区的历史一并叙述,这一点与明治时期日本东洋史教科书的"多元中心论"相一致。在赵懿年的历史分期中,近世史以英俄势力在亚洲的扩张,以及欧洲国家间的对立为主要内容,暗合桑原《中等东洋史》中的"欧人东渐"之近世期。

以 1922 年六三三"新学制"的导入为契机,中国的教育制度发生了重大转变,即由清末以来的日本模式转型为美国模式。历史教育也相应发生了变化,合并了"亚洲各国史"与"西洋史",设置了"外国历史"(世界历史)科目。至此,清末以来的东洋史、亚洲各国史等科目,便从中学的历史课程中消失了。新学制下的外国史教育最显著的特征是强化欧洲史教育,中学外国史或世界史教科书基本上都以欧洲的古代、中世、近代史为纵轴,插入"印度的古代"、"朝鲜与日本的开化"、"明治维新"等为数不多的亚洲史单元。不但"东洋"一词在此类以欧洲史为中心的教科书中几乎销声匿迹,频频出现于以往教科书叙述中的"东洋对西洋"、"东方对西方"的二元对立框架,也被"中国对外国"、"中国对西方"、"中国对西洋"的新的二元对立框架所取代。例如,在 1930 年代出版的一部历史教科书之"中国文化与外国文化之比较"一课中,作者比较"中国文化"与"西洋文化"之异同,认为后者的最大特征在于西方人信仰基督教,却没有妨碍由科学带来的物质发展;中国文化早在周代即已在伦理道德层面达到很高的水准,但由于自古以来中国人轻视物质层面的创造,导致了国运凋零。因此,复兴中国文化最重要的是"研究科学、利用科学"①。

在"东洋"一词几近从教科书中消失的同时,由"东对西"向"中对西"的转变是一个至关重要的变化。在"东对西"的结构中,无论"东"、"东洋"还是"东方",中国总被定位为其中的一部分;而在"中对西"的结构中,与"西"("西洋"或"西方")相对的是"中国",以往包含在"东洋"、"东方"范畴内的日本、朝鲜等"东洋诸国"或"东方诸国",便不知不觉地从世界史的视野中消失了。

虽然教科书中"东洋"一词的减少乃至消亡,意味着以中国为其组成部分的新"东洋"概念的式微,但是,在二十世纪中期以前的中国,"东洋"一词依然大量出现于各类报章杂志之上。有意思的是,其含义不是指东西二元结构中的东方,而是中国传统语境中指称的日本。例如,随着日本工业产品的大量涌入,"东洋车(人力车)"、"东洋布(日本产的机织棉布)"、"东洋表(日本产手表)"等词汇常常出现在普通人的生活之中。每当日本对华二十一条要求、五卅事件、九一八事变等重大事件发生之际,中国各地都会发生抵制"东洋货(日本产品)"的运动。在民族主义情绪急剧高涨的抗日战争时期,"东洋鬼子"更是成为日本人的代名词。有一首题为"打东洋"的歌曲唱道:"卢沟桥,炮声响,难民逃亡到四方。没有吃来没有穿,日奔夜走苦难当。""提起刀,背上枪,走上自卫的战场,争取民族的解放,洗雪国耻复边疆。"这些铿锵有力的歌词激励了一批又一批民众奔赴抗日战场②。

---

① 李季谷:《李氏初中外国史》下册(教育部审定新课程标准世界中学教本),上海:世界书局,1934 年初版,1938 年新第 1 版,第 202—207 页。

② 韦简明作词、欧阳维鑫作曲:《打东洋》,《音乐与美术》第 2 卷第 9 号,1941 年 9 月。

"东洋"一词的此种用法,在文学作品中亦屡见不鲜。在鲁迅的《阿Q正传》里,主人公阿Q最看不起同村钱老爷的大儿子,这位钱大公子"先前跑上城里去进洋学堂,不知怎么又跑到东洋去了"。"洋学堂"就是"西洋学堂",即近代西式学校,而"东洋"指的是日本。从《阿Q正传》的"东洋"用例可以看到,尽管梁启超等清末士人将涵盖中国的新的"东洋"概念传入了中国,但其影响仅限于知识阶层,对中国普通民众的生活并没有产生影响。在普通人的心目中,"东洋"一词仍然意指日本。无独有偶,在中国近年出版的一些有关日本的书籍封面上,常常出现"东洋"这个对今天的中国人来说既陌生又新鲜的字样。如《照照东洋镜》(郭峰著,湖南人民出版社,2003年)、《又见樱花——一个中国女兵的东洋之路》(桃子著,长征出版社,2005年)、《寻访东洋人——近代上海的日本居留民》(陈祖恩著,上海社科院出版社,2007年),等等。在这些标题中赫然出现的"东洋"一词,所指称的也是日本这个中国的东方邻国。

在日本,包含中国与日本在内的"东洋"概念在明治时期定型之后,一直沿用至今,并未发生变化。《阿Q正传》有多个日文译本,包括藤井省三最近出版的日译本在内,所有日译本无一例外都将"东洋"译为"日本"①。对于今天的日本人来说,如果直接援用《阿Q正传》中的"东洋"一词来指称日本,将无法正确表达原文的意思②。今天,虽然中日两国都使用汉字,但原本产生于中国的"东洋"一词,在经历了多次词义移转之后,已经成为一个无法互译的词汇了。

---

① 鲁迅著、藤井省三译:《故乡/阿Q正传》(古典新译文库),东京:光文社,2009年,第88-89页。

② 加藤祐三回忆说,当他第一次听到"东洋"一词在中国意指日本时,"作为一名东洋史学科的学生,我对此感到极为惊讶"。见加藤祐三:《解说》,前引《飯塚浩二著作集》第2卷,第497页。

结　语

　　综上观之，在中日两国历史、文化诸多要素的制约之下，"东洋"概念几经移转，呈现出复杂的面貌。"东洋"和"西洋"在中国语境中有着悠久的历史，分别意指中国视角中的东方之海与印度洋一带。在十九世纪，"东洋"一词在使用中出现了两层含义。其一是指中国视角中的东方之海，亦指位于该海域的日本；其二则指包含中国、日本等在内的亚洲地区，与意指欧洲的"西洋"一词相对。本文主要以中日两国的东洋史教科书为线索，探讨了"东洋"在十九世纪末至二十世纪上半叶中日两国语境中的语义变化及其背后的历史文化含义。概言之，在明治以降的日本，"东洋"一词不再指中国视角中的东方之海或位于该海域中的日本，其地理空间扩大到亚洲，成为与意指欧洲的"西洋"一词相对应的概念；同时，"东洋"一词还意指包括日本、中国、朝鲜在内的"东方亚细亚"（即今人所称之"东亚"）。与此相一致，在甲午战争后日本中学设立东洋史课程之初，曾经出现过两种东洋史构想，一种是以整个亚洲为对象的"多元中心论"，另一种是以中国及其周边地区为主要对象的"单一中心论"。总体上说，后者构成了日本东洋史的主流。其原因有以下三点。第一，东洋史与其前身支那史一样，继承了江户时代重视中国史教育的汉学传统；第二，受到德国近代历史学的影响，日本史学界认为以中国为中心的"东方亚细亚"的历史相较于相互间关联性较弱的亚洲各地区历史，更接近"科学性的历史"；第三，日本"东洋史"的历史可以追溯到甲午战争，自其诞生之日起，东洋史就背负了时代的使命，即为日本人"雄飞"于中国大陆提供有用的知识。在二战时期，随着日本军事势力的扩张，明治时期形成的东洋史框架被"大东亚"这一更为宽泛的概念所取代。

在中国,"东洋"一词原本意为中国视角中的东方之海,十九世纪中叶以后,"东洋"成为专指日本的地理概念。十九世纪末至二十世纪初,中文文献中出现了以中国为其一部分的新"东洋"概念,这与桑原骘藏《中等东洋史》等当时日本的中学东洋史教科书在中国的译介有直接关联。然而,当时大多数教科书都将"东洋史"定位为不包括中国史在内的亚洲史或东亚史,而不像日本的东洋史那样"十有八九为中国史"。1920年代,东洋史与西洋史合并为"外国史"(世界史)后,欧洲史在中国的外国史教育中占据了核心地位,与受日本东洋史教科书影响之清末和民国初期的历史教科书相比,亚洲史部分所占的比例明显减少了。

由此可见,将中国视为其一部分之新"东洋"概念,虽然经梁启超等流亡日本的清末士人和留日学生之手被介绍到中国,并在一定范围内实际得到使用,但是,在普通民众的心目中,新的"东洋"概念并没有取代以往的"东洋"概念。在二十世纪上半叶的中国,人们仍然称日本为"东洋"。而且,此种传统的"东洋"概念在近年呈现出复活态势。

本文关于"东洋"语义变迁的考察从一个侧面说明,将模糊而多义的"东洋"概念从作为"西洋"(Occident)对立概念的"东洋"(Orient)的束缚中解放出来,并放回复杂的历史语境中进行考察,可以为我们思考欧洲以外地区之"现代性"问题提供一个有用的视角。

互为他者的中日佛教

——晚清与明治的邂逅

陈继东*

在中日佛教交流的历史中,长久以来,双方都确信彼此拥有共同的起源,及同一的教义。然而,到了近代,双方逐渐认识到彼此的差异,甚至几乎到了相视为异己的程度。双方所认知到的差异,不仅来自于各自传统与教义发展本身的不同,也与近代以来中日两国自我认同的建立有着密切的关联。解明从同一佛教到互为他者的认识过程,对于了解中日佛教交流的变化是重要的,也是讨论东亚佛教近代性不可或缺的一个侧面。本文将以日本净土真宗在华传教的先驱小栗栖香顶为中心,探究这个议题。

一、他者的发现与同一性的重建

传统日本佛教徒的历史认识是,佛教起源于印度,传至中国,然后进一步传到韩国与日本。13 世纪日本高僧凝然在《三国佛法传通因缘》和《八宗纲要》中,明确指出印度、中国、日本的佛教拥有共同源流,教法上没有优劣高低之差别①。此可称为"三国佛教史观"。在

---

* 日本青山学院大学国际政治经济学院教授。

① ジェームス・E. ケテラー著、冈田正彦译:《邪教、殉教の明治:廃仏毁釈と近代仏教》,东京:ぺりかん社,2006 年,第 252 - 259 页。

中国,并不存在如"三国佛教史观"这样的明确宣称,虽然可能有朝鲜与日本佛教不过是中国佛教的衍生的观点存在。

　　17世纪后半,由于新王朝的建立及政权的内向性政策,中日两国的交流渐次减少,甚至中断。1873年3月,中日修好条约的缔结,再度开启了交流的契机。净土真宗东本愿寺派遣的小栗栖香顶(1831—1905)为其先驱。他的目的是联合中国佛教徒,阻止基督教在东亚的扩张,并且探询在中国布教的可能性,挽回佛教遭遇废佛毁释打击的颓势,寻求其在亚洲的新出路①。

　　1873年7月20日,小栗栖香顶由长崎出发,抵达上海。停留一段时间后,经由烟台、天津,进入北京。龙泉寺的住僧本然接待了他。在北京停留约莫一年的时间后,1874年8月,从上海返回日本。这期间,他参访诸多寺院,与中国僧侣及文人广泛交流,并通过北京雍和宫西藏僧人的协助,得以游历五台山。他留下不少日记、信件、笔谈录及著作,记录在中国的见闻及批评。

　　最初,小栗栖有着中国佛教的法脉一直延续不断,且印度、中国、日本的佛教有同一性的本质的想象。在北京得到中国僧人协助而著成的《北京纪事》一书中,显示了小栗栖香顶此一想法:

---

　　①　相关研究可参考柏原祐泉:《明治期真宗の海外傳道》,橋本博士退官記念仏教研究論集刊行会編:《仏教研究論集》,大阪:清文堂,1975年,第835页;木场明志:《中国における日本仏教のアジア傳道》,小島胜、木场明志编:《アジアの開教と教育》,京都:龙谷大学佛教文化研究所,1992年,第31-34页;木场明志:《中国における日本仏教のアジア傳道》,日本佛教研究会编:《日本の仏教2》,京都:法藏馆,1995年,第223页;北西弘:《明治初期における東本願寺の中国開教》,《仏教大學總合研究紀要》创刊号,1994年3月,第335页;陈继东:《近代仏教の夜明け——清末、明治仏教界の交流》,《思想》第943期,2002年11月,第89页。

> 我想，日本佛经从支那来，佛经文字也是支那字。达摩
> 大师、罗什三藏、智者大师、玄奘三藏、贤首大师等译梵经、
> 教僧人、作法事、化人民。又添上有五台山，有天台宗，有普
> 陀山，皆佛菩萨示现的地方①。

由于长期以来中日两国交流的中断，导致无法确认彼此佛教发展的真实情况，因而持有双方自古以来为同一佛教这样的错误认知。然而，当小栗栖亲眼看到中国佛教的实际样态时，便意识到了中日佛教双方存在着巨大差异。而这差异如此巨大，以致他先前同一的印象开始动摇，乃至崩解。

首先，映入他眼帘的是中国佛教衰弱的姿态。不同于往昔的兴盛情况，当时的中国佛教界，拥有佛学素养的人极少，寺院间的合作也不多见；内部失去了自我复兴的生命力。以北京为例，小栗栖痛陈虽然佛教寺院大大小小有百来余间，但只有他停留的龙泉寺的僧人从事学问的研习，其余的都是"不立文字"的愚僧。不仅如此，大部分的寺院只沿袭旧习，经营佛事，祈求现世福运，对于念佛的真正意义毫无所知②。确实，由于太平天国运动的破坏、基督教扩张所带来的压迫以及崇尚藏传佛教的清皇室的疏远等因素，当时中国汉传佛教正陷于衰弱的低谷，才刚开始摸索复兴之道。小栗栖的批判可谓是现实状况的反映。

由于与本然及其他中国僧人的接触，小栗栖渐次了解到中日佛教的不同。笔谈录《日中大丛林日课二十三问》很清楚地展示了双方

---

① 小栗栖香顶著，陈继东、陈力卫整理：《北京纪事》，北京：中华书局，2008 年，第 7 页。

② 小栗栖香顶：《支那開教見込》，京都：大谷图书馆藏明治六年本。

在诸如日课用的经典、丧葬仪式、僧侣与檀家的关系、僧侣与王朝的关系等方面的显著差异①。而关于戒律，小栗栖与中国僧人之间也展开了激烈的争论。中国僧人不能理解，也无法接受日本真宗"肉食妻带"的主张。此外，小栗栖也具体记载了中日两方在教理上的不同。举例来说，日本天台宗兼有密教的成分，这是中国天台宗所没有的。日本净土真宗的易行道教学，在中国也是没有的。小栗栖还言及西藏佛教（喇嘛教）与日本的真言宗并不相连，鼓励高野山的僧侣到西藏游学。基于这些观察，小栗栖做出了如下的结论：

> 虽说佛教来自中国，但日本的七宗，没有一宗存在在中国。实际上，已成为日本教，而不是支那教。（《教部省に建言致度件々》，《八洲北京書状》）

借由创造"日本教"和"支那教"的新概念，中日佛教的差异得以更为彰显。通过此一策略性的修辞，小栗栖明确地区别了日本佛教与中国佛教，以此揭示后者的异质性与劣等性。

然而，小栗栖的目的并不是把中国佛教视为区隔于日本佛教历史发展的他者，也不是想从建立日本佛教的优越性中获得满足。相反的，对他来说，更迫切的议题是，如何消除彼此的差异，并找出一条回归同一佛教的道路。其理由，可从以下的文句见得：

> 虽有人在而宗风不存。以此可知中国僧人的真实价

---

① 参见陈继东：《小栗栖香頂と本然——日中仏教者の對話》，《印度学仏教学研究》第 49 卷第 2 期，2001 年 3 月，第 836 – 839 页；陈继东：《近代における日中仏教の再接近——小栗栖香頂の北京日記を中心として》，《近代仏教》第 9 期，2002 年 3 月，第 52 – 71 页。

值。寺庙只是一种风俗性的存在。若不革新，（中国）人人
遂为基督徒。(《支那開教見込》)

换句话说，面对基督教的威胁，当务之急是促使中国佛教革新，而来
自日本的协助是必要的。

《北京护法论》中揭示了改革的图式。此书有三种版本，除1903
年正式出版的刊本，尚有1901年的写本，以及记录于《八洲日记》中
的草稿。其中，写本是1874年本子的誊写本，其原稿尚未发现。而
草稿收录于《八洲日记》第34册（1874年2月—4月）及第37册（4
月—7月）。对比此三种版本，刊本明显为1901年写本的修订，而写
本本身与草稿有较多的出入。进一步检视这些文本的差异已超出本
文的焦点；归结来说，写本最接近于呈送北京龙泉寺本然的原本，殆
无疑义。因此，以下关于此书内容的概述，以1901年写本为基础。
《北京护法论》介绍了日本佛教的十四宗、教部省的三教则、真宗法主
现如的语录以及护法策。该书提及了日本佛教的十四宗，系统地记
述其法脉源流及教义，以引起中国佛教徒的关心。这是中日佛教交
流史上的头一回。与日本佛教相较，中国有多个宗派传承已消失无
踪。举例来说，真言宗在中国已完全销声匿迹，法相宗的传承则极为
贫弱，而净土宗昙鸾、道绰、善导的著作都亡佚了。看到如此强烈的
对比，不难想象中国佛教徒受到多大冲击。三教则介绍在明治国家
的意识形态下佛教与国家之间的新关系。该意识形态下的一个重点
是要求佛教徒爱国，并为国家的利益而努力。此也隐含了对于疏远
国家与社会的中国佛教的现状的批判。对于真宗法主现如的介绍，
则是为了阐释"王法为本"此一真宗教义。小栗栖把重点放在"肉食
妻带"上，努力消解由中日佛教双方戒律观点的差异所引起的问题。
小栗栖强调，在末法时代，僧侣没有能力遵守戒律，所以戒律是不必

要的，重要的是至心念佛，拥有守护佛法的信念，不断地致力于研习佛法。小栗栖表达了对于中国佛教徒甘于现状、不图变革、无所作为的堕落状态的不满与批判。但是，中国佛教徒无法认同他对于戒律的观点，因而拒绝接受。此一争执即便今日仍存在于中日佛教之间。

在最后论述"护法策"时，小栗栖最有发挥。此是革新中国佛教的改革方案。他提出十三项具体的改革提案，大致可分为两类，即中国佛教内部的改革及与外部的协调。具体而言，内部的改革包括无知无用僧侣的还俗、佛教组织的再编、佛教学校的创立、佛教教化的普及与强化、《高僧传》的编纂，以及派遣僧侣到世界各地布教等等。与佛教外部的协调则包括儒教、佛教、道教三教关系的修复，印度、中国、日本三国的佛教同盟。其中，三国佛教同盟是改革案中最核心的部分，也是最终的目标。其他方案仅是达成此目标的手段。不用说，三国佛教同盟不单是为了回复到古来的同一佛教，而是意味着建立以日本为盟主的新佛教秩序。为了主张同盟的必要性与现实性，小栗栖活用历史上存在的三国佛教史观，形塑印度、中国、日本三国因佛教而缔结的不可分割的关系。他宣称，此一关系由于西方势力不断地入侵而无法维持，为了抵抗威胁，三国的佛教必须团结一致。在他处，小栗栖还导入文明论的观点，指出在文明进程中具领先地位的日本，有指导相对落后的印度及中国的义务。他进一步说明，既然印度的佛教已经消失，而中国的佛教日渐式微，只有日本的佛教还保有元气，自然的，日本应该居于指导的地位。实际上，小栗栖的改革案是明治初期日本佛教近代化经验的中国版本。笔者曾对此三国佛教同盟主张有如下的批评：

　　小栗栖提倡三国佛教同盟的真正动机，不是去拯救中国佛教，而是形塑中国佛教为日本佛教的翻版。使中国佛教界活化及再兴起来，能激励日本佛教界，最终使得印度、中国、日本的佛教圈在日本的主导下形成。他也认为，如此才能筑起防止基督教入侵的防波堤①。

于此，值得进一步辨析的是小栗栖主张的近代性格。他把国家意识置于前，称在日本的佛教为"日本教"，表明了所谓"日本佛教"的近代主体性。与凝然的三国佛教史观所强调的同一佛教不同，小栗栖的三国佛教同盟论，强调佛教的国家性格，重视佛教在国家中所占据的位置。也就是说，小栗栖很明确地意识到，在论及普遍的同一佛教之前，三国的佛教各自基于国家所拥有的个别性。佛教的主体性与独立性并不取决于教义的独创与否，而是取决于主权国家的概念。从这个角度来说，所谓的印度佛教、中国佛教、日本佛教的区别是基于国家概念的区别。亦即，确立佛教的主体性及维持其独立性，前提在于印度与中国成为近代的主权国家。

再则，小栗栖强调了三国佛教跨越国家界限的结盟与合作。在这个意义上，小栗栖的三国佛教同盟论可视为泛亚洲主义的主张。他以三国密切交流的历史、人种的亲近性、佛教教化的同一性以及面对的共同威胁——基督教，来论辩三国结盟与合作的可能性与必要性。此一观念在1903年的刊本中得到更清楚的展示。在写本中没有出现的诸如"亚洲体面"、"同文同种"、"辅车相依"、"同胞兄弟"、"亲族姻戚"等泛亚洲主义常见的套语，在刊本中频繁地出现。此一背景可追溯至甲午战争后，日本佛教在中国传教活动的扩展。小栗栖是强力推进此一活动的中心人物之一。在1896年6月的一场演

---

① 陈继东：《近代仏教の夜明け——清末、明治仏教界の交流》，《思想》第943期，第95页。

讲中,他明确地说:

> 支那、朝鲜和日本,是东洋的唇齿之国,我辈岂忍坐视
> 之! 然而,宗教者对之救援,其做法与政事家不同①。
> 支那、朝鲜,与我为唇齿辅车之国,方今彼岌岌乎临于
> 危矣之地,救援之,使之立于独立之地,乃是我国的责任。
> (我国)政府与人民无不望其成,更何况佛教者,岂许坐视旁
> 观之②。

这里,印度被朝鲜取代,显示小栗栖心中三国佛教同盟论成员的变化,但其泛亚洲主义的立场仍无改变。也就是说·他仍一贯坚持着以日本为主导的亚洲佛教新秩序的主张。刊本的内容,包括了此一理论的深化和对先前文本的修订。

最后,值得一提的是,此革新方案是日本佛教近代以来发展经验的总括与应用,同时也张扬了日本佛教近代经验所具有的普遍性。小栗栖自负地用以称呼日本佛教的"日本教",表明了日本模式的自觉。此一日本化的东亚佛教共同体的构想,给东亚地区的佛教带来重大的影响,其引起的接受与反对交掺的复杂容受过程,可视为东亚佛教近代性的重要特征。

二、《真宗教旨》和亲鸾

随着明治政府的建立,宗派佛教的体制由国家进行再认定。同

---

① 小栗栖香顶:《晚年私言》,东京:博文堂,1899 年,第 6 页。
② 同上,第 29 页。

时,各宗派被鼓励撰述简而易懂的概论书,以介绍自身的历史、教义及规范。此举不仅是为了使各宗派有所区分,亦有普及各宗派的考虑。1876年,东本愿寺创设编集局,规划与自宗相关的出版事业。小栗栖香顶的《真宗教旨》在这个情况下诞生。然而此书以汉文写成,宣教对象不是日本人,而是中国人。同年8月,"净土真宗本愿寺东派上海别院"在上海创立,《真宗教旨》一书被分送给会场上一千多名中国人。同时,据说小栗栖用中文发表了演说。《真宗教旨》或是中国大众初次接触到的日本佛教教说。

1. 《真宗教旨》的内容

《真宗教旨》一共有十一章。第一章题为"七祖",罗列从龙树到源空的净土真宗七祖。对于此七祖的教说,此章指出哪些为该宗所继承,哪些则不被采纳。举例来说,关于第一祖龙树,指出"祖其《易行品》,而不祖其讲布《华严》、《中论》"。又如对第五祖善导,"祖其一向专称弥陀佛名,而不祖其持戒禅定"。要之,强调排除真宗七祖教学中有关自力方面的教说。

第二章"传灯"。首先,列举日本佛教十四宗的宗名,其次简要地介绍真宗的传承法脉,从始祖亲鸾到明治时期的门主严如、现如的事迹。此外,还提及真宗接受"食肉蓄妻而念佛"主张的依据,亦即亲鸾接受法然劝说而结婚的故事。

第三章"判教"。首先介绍圣道门和净土门的内容及所依经典,其次摘要二双四重教判说的要点。特别是,强调圣道门是"此土入圣之教",净土门是"往生净土之教"。

第四章"三时",介绍正法、像法、末法三时说,并强调末法时代,圣道门的实践是无效的,净土门法门是唯一的救度之道。

第五章"四法",即介绍真宗教(《无量寿经》)、行(名号,第十七愿)、信(三心,第十八愿)、证(必至灭度,第十一愿)四法。

第六章"三愿"，说明《无量寿经》中作为修行者的阿弥陀佛所发四十八愿中的第十八愿、十九愿、二十愿，及其相对应的净土、机根，及经典。如下所示：

    愿   教   净土   机根   经典

十八愿＝真实教＝真实报土＝正定聚（顿）＝《无量寿经》（顿）＝机教俱顿

十九愿＝方便教＝方便化土＝邪定聚（渐）＝《观无量寿经》（渐）＝机教俱渐

二十愿＝方便教＝方便化土＝不定聚（渐）＝《阿弥陀经》（顿）＝机渐教顿

第七章"隐显"，运用"隐"、"显"（即"里"、"表"）的对举，借以说明净土三部经教义归于一致的主张。换句话说，《无量寿经》是真实教，在"隐"和"显"方面的教说是一致的，《观无量寿经》于"显"宣说定善（观想），于"隐"揭示观佛本愿。《阿弥陀经》，"显"为方便（自力念佛），"隐"为真实（他力念佛）。三经表面教说看似有差异，但实质上本愿他力念佛的宗旨是一致的。更重要的是，强调此"是千古之所未道及，而亲鸾祖师之所首唱也"。

第八章"本愿名号"，指出凡夫听闻所谓第十八愿的本愿的名号，将发起归命他力的信心。循此，可往生净土。并强调，无论遵守戒律、结婚、食酒肉与否，只要归命阿弥陀佛，借由本愿他力，即可往生极乐。

第九章"他力信心"。说明单凭念佛无法往生真实净土，必须发起对他力的信心。值得注意的是，本章以"祖师曰"的形式，引用了很多亲鸾的言论。

第十章"俗谛"。说明真宗以真谛为安心门,俗谛为伦常门的同时,详细介绍了以五伦为核心的俗谛的内容。并特别强调忠孝报国的思想。

第十一章"诸式"。介绍真宗从"晨起式"到"和赞式"的五十八种仪式,并说"已上诸式,入社之后口授面禀"①。

2.《真宗教旨》和《教行信证》

《真宗教旨》全文不满五千字,以简洁的汉文写成,除介绍真宗的要义外,尚强调忠君爱国的思想,以及对于中国佛教及中国社会的种种批判。对于恶人正机此一真宗的重要教义并没有很清楚的解释。而对"信心以本、念佛报恩"的真宗根本教旨虽有所解释,但仅仅是强调信心的重要性,并没有阐明念佛不是修行,也非往生之因,此一真宗教义上独特的观点。

《真宗教旨》一书强调以信心念佛为基盘的忠孝报国的思想,并宣称相应于时代进化的行动是忠孝报国的行为。此外,也花了一定的篇幅批判中国佛教现状及社会现象。譬如,第八章中批判当时中国的出家者住在大寺庙中,以高僧自居,但这样的高僧外在表现出善良的样子,实际内心却非常贪婪;穿美服、居高座,举止尊大,亦不过是自欺欺人。又如第十章指出诸如不洁、缠足、吸鸦片等恶习,不仅违反了释尊的教诲,也不为孔子教导所许,而念佛是唯一的改善之道。这些批判基于他在中国的实际体验。小栗栖坚信真宗的传播对中国的社会与伦理能有所改善。

另一个值得注意的特点是,《真宗教旨》一书的组织主要基于亲鸾的《教行信证》。也就是说,《真宗教旨》系统地摘述了《教行信证》

---

① 陈继东:《清末仏教の研究——楊文會を中心として》,东京:山喜房佛书林,2003 年,第 206－216 页。

一书的重点,但和以往受莲如《御文》很大影响的其他概说书,如1817 年释观道的《真宗护法论》,有显著的不同。《真宗教旨》第一章的"七祖"是基于《教行信证》中《行卷》的"正信偈"。第三章"判教"是基于《教行信证》中的《信卷》和《化身土卷》。第四章"三时"、第六章"三愿"、第七章"隐显"同样依据《化身土卷》。第五章"四法"则是对于教、行、信、证的具体解释。第八章"本愿名号"、第九章"他力信心"主要依据《教行信证》中的《行卷》、《信卷》。第二章"传灯"、第十章"俗谛",也能找到与《教行信证》的部分关联,但基本上是后世所开展的宗学的教学内容。第十一章"诸式"所记载的诸多仪式被认为是明治初期真宗内部所统一的仪式。第八章到第十章,篇幅特别长,占了全书的一半。这是因为这个部分包含了真宗最独特、易引起误解的教义。小栗栖必定预想到其可能遭受的反对,当考虑到中国社会的种种情况时,须尽可能详尽地加以解说。第七章与第九章,介绍了作为亲鸾独创的"隐显"及"他力信心"等主张。《真宗教旨》将真宗的创始者亲鸾置于该宗信仰与教义中的绝对地位。此一对亲鸾的信仰后来被中国佛教徒批判为对释尊的背离。由此,引发了对释迦的崇信与对亲鸾的崇信,二者对立的情事。

三、什么是真正的佛教

日本佛教在中国传道,两国佛教角色的互换,在中日交流史上是前所未见的,因而在中国社会掀起一阵波澜。积极与真宗布道僧接触的中国僧侣很多。在家居士也有翻刻《真宗教旨》者。杨文会便是其中之一。他在南京创立了金陵刻经处,并致力于佛教经典的出版事业。1881 年,透过上海真宗僧侣的介绍,在伦敦任外交官的杨文会认识了留学牛津的南条文雄,与之热烈地讨论着佛教的研究及未来。自此以后,两人成为亲近的朋友,之后的三十年持续保持着互动与交流。此间,透过南条文雄,杨文会重新取回约 300 种已在中土亡佚的佛教典籍,并计划在金陵刻经处出版。其中,包括昙鸾、道绰、善导等人的著作。甲午战争后,日本的胜利,使得真宗得以加速在中国的传道。1898 年,一位在南京的真宗僧人希望杨文会刊行真宗七祖的著作。借此机会,杨文会阅读了道绰的《安乐集》以及法然的《本愿念佛选择集》,因而意识到这些作品中的不少内容与经典义理有所冲突。并且,他重读了《真宗教旨》,确认此书与自身的佛教信仰与理解相冲突。从此,开启了他对法然、亲鸾的批判。他不仅为文批判法然、亲鸾,亦攻击反对其批判的小栗栖香顶等真宗僧侣。目前仍存留了许多这三年间双方往复争辩的文件,实饶富趣味①。此是中日佛教历史中前所未闻的大事,亦是迈向佛教世界化进程中不可避免之事。这个论争,使中日佛教思想教义的差异被彰显出来,同时更涉及了什么是真正的佛教此一更为本质性的问题。同一时期,在欧洲,巴利文及梵文佛典的发现与研究引出了了解及呈现真正佛教的课题;在以汉译经典为基础的东亚,中日佛教双方虽相遇不久,但通过对彼此教义的理解,也不得不面对同样的一个问题。东西两方,问题的呈现方式虽有差异,但于经典中追求佛教真实面目的根本姿态是一致的,诚如杨文会与南条文雄会面所象征的,显示的是追求回归释尊原典的时代趋势。这一点显示了近代特征的一个侧面。

1. 杨文会的《真宗教旨》批判

《真宗教旨》第一章"七祖",对于祖师七人思想的介绍,有所取舍,排除了"念佛"以外的学说,对此杨文会指摘这是片面且错误的。

---

① 陈继东:《清末仏教の研究——楊文會を中心として》,第 219-220 页。

第二章"传灯"，对于亲鸾"食肉妻带"的主张，杨也表示了反对的意见。第三章"判教"，他指出真宗所提出的"净土门"与"圣道门"的对立，违于经典教义，从根本上就是错误的。第四章"三时"，《真宗教旨》言及正法、像法、末法三时的线性时间观，且圣道门因不适合于末法时代，必须被舍弃，而杨文会持反对的意见，认为符应于三时的教法是同时存在的，圣道门对于往生净土是不可或缺的法门。至于说明教、行、信、证的第五章"四法"，他则认为应该整章删除。第六章"三愿"，《真宗教旨》将《无量寿经》中第十七、十八、十九愿，应对于净土三经的顿渐、根机的正邪等说法，杨文会也认为悖逆了经典本身的教说，他指出《观无量寿经》《阿弥陀经》不是顿教，而是圆顿教，主张往生净土的众生皆入正定聚，而非不定聚或邪定聚。关于第七章"隐显"，他认为《观无量寿经》明确宣扬了极乐世界与弥陀本愿，不必要再有隐、显教说的区分。第八章"本愿名号"关于中国佛教现状的批判，杨文会则表达了认同的意见。针对第九章"他力信心"讨论了自力与他力，对于往生的胎生或化生进行了严格的区别，他主张第十八愿本身是自力，而自力与他力之间存在着不可分的关系，并指出往生净土的九品，皆非胎生，而是化生。对于第十章"俗谛"，他认为《真宗教旨》否定杂修杂法，此章关于伦理实践的主张却与之相矛盾。此外，杨文会强调发菩提心是往生净土的前提。对最后一章"诸式"，杨文会建议，为了避免与外道邪宗秘密传授之说相混同，其仪轨应详细地公开说明。

　　如上所见，杨文会的批判几乎涉及《真宗教旨》中提出的所有主张。他和其他中国佛教徒严厉批判、否定真宗对于圣道门与净土门的区别、对于第十八愿的理解、教判论、对于净土三经的诠释，以及对九品往生及念佛往生的区别等等说法。关乎此，小栗栖自然无法坐视，一一进行了辩驳，而辩驳又引来了反辩驳。往来回复，更多的真宗僧侣卷入了这场论战,一连串的论争持续三年之久。

2. 释尊与宗祖对决

杨文会对《真宗教旨》的批判,据笔者先前的研究归纳,主要可分为八个核心主题,依次为:① 圆融与选择基本立场的相违;② 圣道门与净土门的关系;③ 自力和他力的关系;④ 菩提心的问题;⑤ 十八愿和四十八愿的关系;⑥ 念佛和称名的意味;⑦ 九品往生和念佛往生的问题;⑧ 戒律的问题①。以上关于净土思想的具体教理问题的争议,容或有进一步探讨的余地,但已超出本文的讨论范围。以下本文将从经典的角色及亲鸾的宗祖角色切进,检视此场论争所具有的现代性的特征。

杨文会与小栗栖香顶的主要争论点在于:触及主张教义的正统性时,是从经典还是祖师的著述中寻求根据。这是杨文会积极指摘的焦点。在此论题上,小栗栖采取了防御的姿态。

首先,杨文会认为,关于净土门与圣道门的选择取舍,必须从经典上寻求根据。就他的观点来看,从龙树到善导,都是在圣道门的教学中展开净土门的教学,因此,两者既不是对立的,也不是二择一的关系。净土门由圣道门中所开出。此二者的真正关系,用杨文会的话来说是,"同中别"与"别中同"。经典中并没有所谓绝对选择与取舍的文句存在。他认为,法然与真宗变改了经典的意义,使得净土与圣道决然二分,是为了配合自宗的教义。对于杨文会的批判,小栗栖回应指出,相较于从经典上寻求根据,自宗的教学依据的是道绰与法然的观点②。换句话说,他从解释学的立场,拥护法然所谓"选择"与"取舍"的正当性。

---

① 陈继东:《清末仏教の研究——楊文會を中心として》,第 260－262 页。
② 同上,第 613 页。

其次，关于真宗的判教论，双方的歧见更深。杨文会采取的策略是把真宗对于《观无量寿经》的观点作为一个弱点来攻击，以揭露整个真宗判教论的谬误。他主张《观无量寿经》和《无量寿经》一样，是真实教，无论在机或教的方面都是圆顿的；并且，否定真宗只有第十八愿是往生净土及证涅槃的唯一之因的主张，认为一切经典中找不到这样的说法。关于此，小栗栖回应的逻辑是这样的：这是为了与其他宗派有所区别，站在自宗的观点来诠释佛陀的教说，和其他宗派的判教论的做法没有不同，是不得不然的。但是，对于杨文会来说，关于真宗所谓的选择取舍，将使同一部经典自身的教义有所割裂。举例来说，亲鸾把《无量寿经》当成是真实教，判定该经中三辈众生的往生形态是自力的，而割舍之。又，在具同样意义的真实誓愿的四十八愿中，选择第十八愿为真实的誓愿，以轻视其他誓愿为方便。诸如此类，他批评将招致无法贯通《无量寿经》经文全体血脉的后果①。

再则，争执还涉及称名念佛的本来意义，即念佛的念，是指口称的意思，还是包含忆念的意思。杨文会认为，既然汉译经典中，念佛可以有这两个意思，把念佛限定为称名的解释，与经义并不相符，而要解决此一问题，必须从梵文原典下手。回应质疑，小栗栖从道绰的著作中寻找立论的依据；但杨文会认为，如果这样的诠释不符合经典原意，则没有理由遵从道绰的主张②。同样的，"摄取"与"选择"的语意，也成为重要的争执点。小栗栖和其他真宗僧人的立场为，《无量寿经》中"摄取"意指阿弥陀佛选择第十八愿念佛为往生之因，"摄取"和"选择"是同一个意思。这是《教行信证》所谓"选择摄取之本愿"的主张，是支持亲鸾他力本愿的重要依据。但是，根据杨文会的解释，

---

① 陈继东：《清末仏教の研究——楊文會を中心として》，第617-618页。
② 同上，第609-610页。

"摄取"只有"取"的意思，没有"舍"的意思；"选择"则包含了"取"和"舍"两个意思，"摄取"和"选择"的语意是不同的。并且，他还追溯了《无量寿经》的翻译史，指出从旧译"选择"译语到新译"摄取"译语的改换，显见后者显示的才是经典本来的意思。杨还说，其主张很可能从现存梵文原典中得到证实①。

从以上的讨论可知，二人观点的差异主要在于教学的根据是立基于经典本身，还是祖师的教说。对于在法然和亲鸾教义中占有关键地位的道绰，杨文会强烈地加以批判。例如，关于第十八愿的说明，道绰曾引《无量寿经》云："若有众生，纵令一生造恶，临命终时，十念相续称我名字，若不生者，不取正觉。"但实际上《无量寿经》并无"纵令一生造恶"一句，是道绰自己添加的。杨文会指责道绰任意解释经典，开恶例之先。他质问小栗栖，在这个例子上，是应遵从道绰的解释，还是经典本身？然而，小栗栖则坚称，在恶人救济的问题上，即使此六字为道绰所加，从思想上来说，依循道绰的说法，等同于依循经典②。

小栗栖归结杨文会的立场指出，《选择本愿念佛集》与《真宗教旨》如果违背经典的宗旨，不能称为"释迦教"，应称为"黑谷教"③。而对杨文会来说，就算被视为祖师，其教说仍旧可以在经典的基础上进行检讨，即使是他非常尊敬的云栖大师与藕益大师也不例外。但对小栗栖来说，亲鸾的教说是不容置疑的，其对经典的解释才是正确的解释。可以说，此论辩的核心议题在于信仰的正确形式；亦即，信仰是基于佛陀的教说，还是亲鸾对佛陀教说的解释④。

---

① 陈继东：《清末仏教の研究——楊文會を中心として》，第 601－603 页。
② 同上，第 597－598 页。
③ 同上，第 584 页。
④ 末木文美士：《现代仏教の可能性》，东京：春秋社，2006 年。

结　论

回归释迦教说与巩固宗祖学说的争论，并不是偶然出现的。这与中日两国佛教的近代性经验紧密关联。

在杨文会的眼中，在追求变革及进步的近代世界里，长期衰微的中国佛教必须跟从"变法维新"的潮流，若不如此，不仅将沦为邻国的笑柄，自国的权利也将被侵夺。因此，首要之务是佛教学校的设立，借由近代文明及佛陀教育的实施，再兴"释迦真实的教义"。如此，佛教才能与西洋宗教比肩而论，成为世界宗教之一①。考察杨文会本身的佛教改革立场，既非维新，也非守旧，而是复古。这里的复古指的是再次复兴"本师释尊的遗教"。在致力于经典刊刻的同时，他也正构想着统合中国佛教分裂状况的理论；由此，建立了所谓"马鸣宗"的思想体系②。根据这个以马鸣菩萨的论书、中国佛教的历史发展为基础的体系，所有宗派的教学，无优劣高低之区别，有其在救度上的位置。其中，杨文会特别强调净土教学是佛教全体的共通基盘。而这样的统合构想，通过与小栗栖的论争进一步明确化，从而加速了所谓"马鸣宗"的建立。这一进程示明了近代中国佛教的方向，大大影响了后来中国佛教的发展。

自古就有深厚宗派传统的日本佛教，在明治维新时，其宗派性通过国家的再确认得到进一步的强化。追求以自身宗祖为中心的教学体系的重新构筑，最终导致了对宗祖信仰的强化。净土真宗是最早

---

①　杨文会：《杨仁山全集》，周继旨点校，合肥：黄山书社，2000年，第331 - 333页。

②　同上，第439页。

感知到此时代变化的宗派,从而进行了以其宗祖亲鸾为中心的教团体制及教学体系的再建构。明治初期,小栗栖香顶致力于净土真宗宗名的回复,请求政府赠与亲鸾"见真大师"的谥号等活动,都可视为促成宗祖信仰的例证。《真宗教旨》也是在此一背景下,依据亲鸾的《教行信证》进行编纂的。同时,各宗所开设的学校中,出现了称为"宗学"的学科设置,以介绍各宗宗祖的教学内容。实际上,小栗栖也在这样的教育机关中担任过教师,参与上述论争的若干僧侣,无疑的也曾在此类的学校中学习过。

这一种对立并不仅止于此,尚牵涉如释迦出家与亲鸾"非僧非俗"宣称的差异、佛教与国家关系的本质为何等议题。虽然双方的争论涉及了教学上及政治上的种种问题,然而终始不变的一个核心课题是——"什么是真正的佛教"。我们可以说,彼此没有获得共许的答案,各自的信仰反而因此深化。

借由与日本佛教的接触,昙鸾与善导的著作,在中国持续引起了热烈关注。杨文会自身也是重视昙鸾与善导教学的人之一。这不能说与小栗栖的争论没有关系;事实上,这或许正是此论争带来的直接结果。

作为殖民性文本的《东亚官方指南》
（1913—1917）

叶柳和则[*]

一、前　言

　　本文的研究课题是，通过对近代日本的中央官厅铁道院在 1914 年（大正三年）发行的英文版旅行指南书《东亚官方指南——连接欧亚大陆》（以下简称《官方指南》），及其在 1910 年（明治四十三年）发行的日文版旅行指南书《铁道院沿线游览地指南》（以下简称《游览地指南》）这两个文本的比较，揭示后日俄战争时代包含在日本的东亚表象之中的殖民性意图。

　　目前出版的旅行指南书里有关长崎都市形象的描写用到了诸如"异国情调"、"异国情趣"这样的短语，笔者将研究的目光放在了这些短语背后所蕴藏的"凝视的政治"，并以此为基础，通过这些指南进行长崎表象的研究。笔者以研究《游览地指南》为开端，此乃铁道院（1920 年，更名为铁道省）于战前一边更换标题和装帧，一边不断发行的面向日本国内的日文版旅行指南书籍[①]。这方面的成果已经以

----

　　* 　作者系日本长崎大学多文化社会学部教授。
　　① 　但是，在每卷的末尾处，有关朝鲜、"满洲"、台湾和库页岛的记述篇幅也占到了 5%。

"日本的东方主义以及长崎表象"（Japanese Orientalism and the Representation of Nagasaki）为题发表在 2014 年 10 月的韩国海洋大学学术期刊《海港城市的文化互动研究》（*Cultural Interaction Studies of Sea Port Cities*）上了。接下来，笔者又以铁道院所编的英文版指南书作为分析对象，试图从更多角度来掌握近代长崎的都市形象，这部分的成果目前尚未正式发表。从这些研究中可以看出，铁道院所编纂的指南书，总体而言，反映了近代日本的空间想象及其背后暗含的政治因素。

本研究为了分析旅行指南作为与都市及空间有关的"凝视"编辑而成的媒介文本，对于相关的理论与方法有所触及，然而总体而言，旅行指南书作为学术资料，围绕它的研究与讨论还没有充分展开①。

丹尼尔·布尔斯廷（Daniel J. Boorstin）首先在欧美的观光社会学领域指出了观光指南书作为研究资料所具有的价值②。从 1990 年代开始，被观光媒介所表象的异国形象所衍生出的政治方面的研究真正地开展起来③。但是，正如之前唯一对《官方指南》一书做过研究的长坂契那所论述的那样，有关将在日本发行过的旅行指南书

---

① 米尔恩（Milne）:《英文版日本指南中的话语变迁——关于两个最盛期的出版社"默里"和"孤独星球"》,《人类·环境学》,2013 年,第 22 卷,第 64 页。

② Boorstin, *The Image: A Guide to Pseudo-events in America*. New York: Harper and Row, 1987, pp. 281 - 282. 可参见星野郁美、五岛和彦译:《幻影の時代——マスコミが製造する現実》,东京:创元社,1964 年,第 299 - 300 页。Larsen Urry, *The Tourist Gaze: Leisure and Travel in Contemporary Societies*, London: Sage, 2011, pp. 106 - 108. 可见于加太宏邦译:《観光のまなざし——現代社会におけるレジャーと旅行》(增补改订版),东京:法政大学出版局,2014 年,第 166 - 169 页。

③ 米尔恩（Milne）:《英文版日本指南中的话语变迁——关于两个最盛期的出版社"默里"和"孤独星球"》,《人类·环境学》,2013 年,第 22 卷,第 63 页。

作为文本来进行分析的研究微乎其微。在日本,无论是图书馆还是档案馆,尚未充分认识到指南书的学术价值,存在着因为将其视为消耗品而没有进行系统收藏的情况①。

　　日本的这种状况在进入 21 世纪之后得到了改变。例如,研究二战之后日本年轻人及观光媒介的社会史的山口诚,通过对 19 世纪以默里公司为代表出版的英文指南书的历时性分析,为我们展现了面向外国旅行者的"日本"表象的变迁过程。他认为"优质的指南书是珍贵的历史资料","通过指南书与同时代的报纸等资料的比较分析,基于指南书建立的历史社会学也变得可能"②。岩佐淳一则将研究的着眼点放在了指南书所编纂的内容对于旅行者的旅行经历起到了怎样的作用上,在其讨论的结尾部分,他定义道:"指南书不单单是一种实用书籍,对于我们的旅行经历有着直接的作用以及积极的意义,也是一种显现人类集体凝视的媒介。"③但是,山口将他的研究对象主要限定在二战之后日文版旅行指南书上,没有涉及近代化时期与日本有关的指南书。岩佐的著作在对战前旅行指南书的历史做了概况介绍后,主要对《旅程和费用概算》一书进行了词语分析。前半部分的通史虽然给这个领域提供了一个参照框架,但是后半部分的词语分析,在解析旅行经验与编纂过程的研究方法上则过于静态了。

① 中川浩一:《旅の文化誌——ガイドブックと時刻表と旅行者たち》,东京:传统与现代社,1979 年,第 1 - 2 页。岩佐淳一:《旅行とメディア 戦前期旅行ガイドブックのまなざし》,《学習院女子大学紀要》,2001 年,第 3 卷,第 26 页。

② 山口诚:《ガイドブックその変遷と可能性》,载安村克己、堀野正人、远藤英树、寺冈伸悟编:《よくわかる観光社会学》,京都:密涅瓦书房,2011 年,第 145 页。

③ 岩佐淳一:《旅行とメディア 戦前期旅行ガイドブックのまなざし》,《学習院女子大学紀要》,2001 年,第 3 卷,第 26 页。

长坂的论述是将旅行指南书作为近代日本置身于国际关系和国内状况下所写就的文本来进行分析，这种研究途径值得我们注意。同时将研究的对象限定在日本出版的英文版指南书，这也使得论述的轮廓明确化。本研究以长坂的研究论述作为前提，在此基础上补充修正。长坂的研究将以日文写就的指南书排除在考察对象之外，与此相对，本研究把由铁道院在相隔仅仅四年出版的日文版指南书《游览地指南》与英文版指南书《官方指南》相比较，试图揭露出这两个文本在表象构建上的差异。

二、作为文本的旅行指南书

旅行指南书，首先是为旅游者提供有关行程和目的地的资料的实用书籍，是记述得越正确所获得的信赖度就越高的写实主义文本。换言之，旅行指南书虚构得越少，实用价值就越高。

然而，诸如德语中表达"观光景点"意思的单词是Sehenswürdigkeiten(具有可看价值的事物)，正如这个单词所表示的那样，旅行指南书在"具有游览价值"与"没有游览价值"这两种场所之间划分了一道差异线，前者诱导游客凝视(the tourist gaze)①，被作为"光"而显现出来；与此同时，后者作为"影"而难觅其形。对于

---

① 英国兰开斯特社会学教授厄里（Urry）以米歇尔·福柯（Michel Foucault）的"医学凝视(Medical Gaze)"理论为基础，提出了"游客凝视(Tourist Gaze)"理论。该理论认为，如同临床医学视觉技术的发展一样，游客的凝视也是被社会性地建构起来的，而且自成一个完整的体系。厄里指出，视觉经验是观光旅游的重要方面，但他更强调"凝视者(Gazer)"和"凝视对象(Gazee)"之间社会权力关系的操作与发展。厄里认为每个人同时都是观看者和被观看者，看与被看的视觉经验除了与社会建构及意识形态息息相关之外，也和摄影技术的发明演进相互作用。——译者注

在被赋予这两种相互对立意义的空间中移动的旅行者来说,其与故事文本中登场的人物有着相似之处。也就是说,旅游指南书一边极力排除虚构,但同时又将故事的特性强烈地带入到文本之中,在这个过程中是不可能保持价值中立的立场的。针对这点,长坂如此论述道:"表象某个事物绝不可能是中立的,这中间必然有基于某种权力关系的构建,同时又伴随着权力关系的再生产。"①即,围绕着何为"具有游览价值的事物"的选择/排除以及再构建,旅行指南书成为作用于这些环节时表象的政治之场。

即便是 21 世纪的现在,旅行指南书作为关于都市与场所的表象之场仍在持续。正如《游玩攻略》以及《旅游指南》②这样的旅游指南书的封面所表示的,利用现实的断片图像和文本制成的拼贴画,是选择/排除和再构成之间关系的典型事例。但是,随着媒介的多样化,旅行指南书在旅行资料中所占的比例也相对变小,尤其是 1990 年代后半期以后,利用互联网获取旅游资料的比例不断增大③。但是从 19 世纪开始到 20 世纪前半期,"指南书对于以国外作为游览目的地的观光者来说几乎称得上是必备之物,在旅行者、东道主以及目的地

---

① 长坂契那:《明治初期の英文旅行ガイドブック観光をめぐる近代日本の表象に関する歴史社会学的研究:探検紀行から旅行ガイドブックへ》,庆应大学博士论文,2015 年,第 3 页。

② 这两种书的日文名为《るるぶ》、《まっぷる》,前者为日本 JTB 出版社发行的旅游指南,名字由日语"見る"(看)、"食べる"(吃)和"遊ぶ"(玩)三个单词的最后一个假名组合而成;后者是由日本绍文社出版的旅游指南口袋书。——译者注

③ 根据日本研究中心在 2013 年所进行的调查显示,在被问到利用何种媒介来获取和旅行有关的资料时(可多选),报纸杂志等纸质媒体占37.2%,电视占 32.8%,网络占 21.3%。但是,互联网的利用率在青年阶层呈现逐年上升的趋势。资料来源于日本研究中心公司 2013 年编《关于"媒介"的调查》。

之间起到了枢要媒介的机能"①。在日本同样如此,与由道中记流派
组成的游记文学并驾齐驱的指南书,成为最主要的旅行情报媒介。
这意味着,特别是在近代都市形象研究方面,对于旅行指南书的分析
研究意义重大。

三、旅行指南书的三种类型

为了确定本研究的研究对象,笔者将着眼于旅游指南书所包含
的"呼吁结构"(the appeal structure)上,这个概念是由沃尔夫冈·伊
瑟尔(Wolfgang Iser)在解释文本编纂主体和阅读主体之间互动行
为的"读书行为论"时所设定的核心概念。在根据旅行指南书构建而
成的"游客凝视"装置中,也掺入了文本的"呼吁结构":

> 如果连其存在都不知道的地方,人们是不可能接近的。
> 这使得像指南书这样的媒介,虽然不能完全框定旅行者的
> 体验,但也可以说规定了其视野框架的构成,旅游指南书对
> 于旅行者来说,是重要的信息来源②。

山口在这里虽然没有使用"读书行为论"这一概念,但是旅行指
南书被当作媒介,在编纂者和阅读者之间产生相互作用,在这过程中
读者的"视野框架"即"游客凝视"的生成,山口对其进行了剖析。

基于山口的以上论述,如果我们站在与日本有关的旅行指南书

---

① Daniel Milne,"Discourses on Japan at the End of the Nineteenth
Century in Murray Guidebooks",《社会システム研究》2013 年第 16 号,第 135
页。

② 山口诚:《ニッポンの海外旅行》,东京:筑摩书房,2010 年,第 234 页。

的"呼吁结构"这样的观点上,就可以将旅行指南书分为三种类型:第一种是"在日本出版的日文指南书";第二种是"在日本出版的外文指南书";第三种是"在国外出版的日本指南书"。这些分类将执笔者或编纂者与假定的读者做了区分。在第一种类型中,作为执笔或编纂主体的日本人向日语使用者灌输了"在日本何为具有可看价值的事物"这样的观点,并进行"游客凝视"的文本编写。换言之,呼吁的主体和客体都是日本人或日语使用者。正如上文所言,笔者从对这种类型的文本的分析开始,完成了近代日本旅行指南书的相关研究。与此相对应的,第二种类型中,作为执笔或编纂主体的日本人向外语使用者灌输了"在日本何为具有可看价值的事物"的观点。此种情况中,呼吁的主体虽然是日本人或日语使用者,但是客体是外国人或外语使用者。在第三种类型中,作为执笔或编纂主体的外国人(相对于日本而言)向非日语使用者灌输了"在日本何为具有可看价值的事物"。在这种类型中,表象的主体和客体都是外国人或外语使用者,即这种类型的指南书构成了从外国一方指向日本的凝视。本研究所要论述的铁道院所编日文版和英文版的指南书,是属于第一种及第二种类型的例子,即编纂的主体是相同的,这也将课题限定在有关《游览地指南》以及《官方指南》的讨论中①。

四、指南书和东方主义

近代的观光指南书,开始于德国人卡尔・贝德克(Karl Baedeker)和英国人约翰・默里(John Murray)两个出版商所创刊的旅行指南系列。前者于1828年、后者于1836年出版了最初的一卷,

①　属于第三种类型的旅游指南书将是今后的研究课题。

两人都以自己的名字来命名这个系列,"贝德克"(Baedeker)和"默里"(Murray)也因此成为代表旅行指南书这个意思的一般名词①。"贝德克"和"默里"②一方面是竞争关系,一方面在销售网方面又相互补充。进入1880年代左右,贝德克出版社在指南书出版领域的地位变得显著,而默里出版社在1915年将版权卖给了新兴出版社"蓝指南"(Blue Guides)。

第一次世界大战之后,因世界人文地理学状况的激变以及恶性通货膨胀的影响,贝德克出版社也开始衰退。国境线的重新划分以及政治系统的变化虽然使得出版新版本的指南书变得必要,但是深受通货膨胀之苦的贝德克出版社承担不了如此沉重的负担。贝德克出版社战前本已计划在亚洲方面紧接已经出版的印度和东南亚指南而出版日本和中国的指南书。但这一计划因大战的爆发而中止了,在战争结束后也没有着手进行编纂工作。与之相对的,1891年(明治二十四年)冠以默里之名刊行的日本指南书出版,在本研究框架中,其具有更为重要的史料价值。

就指南书本身而言,贝德克指南书的品质要超过默里出版社。贝德克的指南书,因其记述以及地图的准确性甚至被用于军事用途③,其记述文字的学术水准也很高。用德英法三国语言刊行的这些指南书,对于后来的指南书起到了规范作用。此外,贝德克指南书

---

① 岩佐淳一:《旅行とメディア戦前期旅行ガイドブックのまなざし》,《学習院女子大学紀要》,2001年,第3卷,第12页。

② 以下如果没有特殊说明,本文中出现的"贝德克"和"默里"均指出版社。

③ 纳粹时期的德国空军,为了给予英国人精神上的压迫,不仅将军事据点,甚至将文化遗产也视为轰炸目标。在此时所用的正是贝德克英国指南里的地理情报以及下文所述的星形系统。

以严谨的学术性作为追求目标,需要读者具有一定的智慧以及素养;与之相对,重视大众性、视觉性的指南书也产生了。

贝德克指南书在最初就开始采用的所谓星形系统,即在观光景点上用＊＊、＊以及无记号这三种标记来表达三种等级,形成"具有可看价值的事物"的层级制度①。这种价值赋予的层级制度,使得连代表"没有可看价值的事物"的无记号都算不上的景点,在私底下就被排除在指南之外。

贝德克以及默里所代表的近代指南书,成为形成 19 世纪西欧"心理性世界地图"②的主要媒介。在殖民地主义时代,西欧资产阶级中间产生的海外旅行浪潮,给这个"心理性世界地图"不容分说地加上了东方主义的偏见。例如,比赫达(Ali Behdad)论述到,19 世纪以降,代替传教士以及探险者所著游记的旅游指南,成为"在东方主义式的旅行文学中流传广泛的话语模式"③。日本,到 19 世纪中叶以降,也被置于西欧东方主义的凝视之下,被编入全球化的观光旅行的系统之中④。

最早的日本指南书是丹尼斯(Nicholas B. Dennys)等人在 1867

---

① Boorstin, *The Image*: *A Guide to Pseudo-events in America*, New York: Harper and Row, 1987: 281 - 282。参见星野郁美、五岛和彦译:《幻影の時代——マスコミが製造する現実》,东京:創元社,1964 年,第 343 页。

② 西川长夫:《[増補]国境の越え方——国民国家論序説》,东京:平凡社,2001 年,第 24 页。

③ Ali Behdad, Belated Travelers: Orientalism in the Age of Colonical Dissolution, Durham: Puke University Press, 1994.

④ 1872 年,由托马斯·库克公司主办了第一次环球旅行,翌年一行人到达横滨并停留数日。这意味着此时的日本,在被包装的世界环球旅行中已经被视为"具有可看价值"的目的地了。(长坂契那:《明治初期の英文旅行ガイドブック観光をめぐる近代日本の表象に関する歴史社会学的研究:探検紀行から旅行ガイドブックへ》,庆应大学博士论文,2015 年,第 42 页。)

年（庆应三年）根据自己观光经历所写的《中国和日本的贸易港——两国的开放港口及北京、江户、香港、澳门的详细指南》（*The Treaty Ports of China and Japan：A Complete Guide to the Open Ports of Those Countries，together with Peking，Yedo，Hongkong and Macao*）。但是这本书里有关日本的部分在资料出处上模糊不清，记述的内容也只是概括性的。长坂推测丹尼斯并没有来过日本，只是根据传闻写就日本的部分①。

　　进入明治时代，根据日本国内的实际旅游经验所编写的旅行游记开始出版。最为人所熟知的是伊莎贝拉·伯德（Isabella Bird）在 1880 年（明治十三年）刊行的《日本腹地纪行》（*Unbeaten Tracks in Japan*）。正如这个标题所明确表示的那样，急速近代化的日本仍然保留有西方人未曾踏足的地方，这成为冒险者的凝视所在，这种带有东方主义的凝视也成为此书的基调。

　　如上所述，在西欧，有关海外旅行的信息最开始是由游记提供的。在这之后，使得资产阶级安全可靠的旅行成为可能的媒介——旅游指南书得以出版，但是当西欧人最后到达处于东方的日本时，其关于日本的游记和指南几乎是同时出版的。在最开始阶段，格里菲斯（William Eliot Griffis）在 1874 年（明治七年）用英文刊行了《横滨指南》和《东京指南》。

　　初期的日本旅游指南限定了地域范围，页数也以 100 页以内居多。有关日本的最初正式英文指南书是萨托（Ernest M. Satow）和霍斯（Albert G. S. Hawes）所写，横滨的凯利 & 沃尔什（Kerry &

---

　　①　长坂契那：《明治初期の英文旅行ガイドブック観光をめぐる近代日本の表象に関する歴史社会学的研究：探検紀行から旅行ガイドブックへ》，庆应大学博士论文，2015 年，第 36 页。

Walsh)公司刊行的《给旅行者的日本中北部指南》(以下简称《日本中北部指南》)。此指南是模仿上文提及的默里出版社的手册系列所制作的[1]，在19世纪末到20世纪前半期的长时期内，被视为西欧人手中信赖度最高的日本旅行指南书。萨托于1883年、霍斯于1885年离开了日本，因此从1891年（明治二十四年）的第三版开始，张伯伦(Basil H. Chamberlain)和梅森(William B. Mason)担任编纂工作，由默里社和横滨凯利&沃尔什公司共同出版。这也意味着，《日本中北部指南》从第三版以后，正式成为默里社出版的旅游指南系列书的一部分。

《日本中北部指南》之所以能够获得很高评价，是因为在编写中吸收了明治时代前半期有关日本的学术研究成果。著者大部分都是基于"对日本以及其他亚洲诸国相关的知识搜集和调查"目的而设立的学术团体"日本亚洲协会"的会员[2]。这个协会的机关刊物《日本亚洲协会纪要》是最早的有关日本研究的杂志。在《日本中北部指南》初版的序文致辞中，伯德的名字也在其列。萨托和张伯伦是伯德《日本腹地纪行》一书的拥趸，与之相对，伯德也在《日本中北部指南》一书的编纂过程中提供建言。

正如米尔恩(Milne)和长坂等人所指出的，在《日本中北部指南》中带有东方主义式的凝视的论述随处可见。例如在初版中对于当时的东京进行了如下价值评价：

---

① 庄田元男：《明治日本旅行案内〈下卷〉ルート編Ⅱ》(訳者解説)，东京：平凡社，1990年，第37-38页。亦可见此书1996年版序文部分。

② 楠家重敏：《日本アジア協会の研究——ジャパノロジーことはじめ》，东京：近代文艺社，1997年，第53页。

　　　佩戴双刀的武士已不可见，驾笼①也已被人力车所取
代，富裕阶层穿着舶来之物的人数相当之多，束发之法也已
呈欧洲之风。虽说此番情景已经习以为常，但是之前在外
国来访者看来具有巨大魅力的瑰丽（picturesque）风情，在
如今的日本街区已是不复存在了②。

所谓的"picturesque"指的是"像绘画一样美丽"的意思。18 世纪，英
国贵族子弟教育的最后一环是进行一场以意大利为目的地的欧洲大
陆之旅。途中，他们目睹阿尔卑斯山的雄大和庄严，带给他们一种至
高的美的体验③。在此背景下，诸如卢梭这样的思想家以及浪漫主
义的艺术家们发现了自然之美。正如上文所述，在同一时期，利用铁
道和船舶的交通网来进行世界旅行变得可能，不仅仅是青年贵族，广
大的资产阶级也加入到国外旅游的行列之中。在这个过程中，"瑰
丽"（picturesque）这个词不仅是形容西欧，也是形容全世界风景之美
时所使用的关键词汇。

　　根据米尔恩的研究，《日本中北部指南》的著者们在将日本人的
生活以及日本的风景评价为"像绘画一样美丽"的时候，这个词语和
"一个理想的东方以及具有异国情调的'古老'日本"这层意思密切相

---

　　①　江户时代之前日本广泛使用的一种乘坐工具，将座位吊于一根木棒之
下，前后由数人担运。——译者注
　　②　Ernest Satow, A. G. S. Hawes, A Handbook for Travellers in Central
& Northern Japan. Yokohama: Kelly & Co, 1881, p. 8.
　　③　Ulrich Im Hof, *Geschichte der Schweiz*, Stuttgart: W. Kohlhammer,
2001: 137。亦可参见森田安一监译：《スイスの歴史》，东京：刀水书房，1997
年。贝德克出版社的指南书中重印最多的是瑞士版，初版是 1844 年，到 1904
年为止已经重印了 19 版之多。在《日本中北部指南》一书中，也尽可能地囊括
了对于各地的山峰的介绍说明。

关。一般而言,东方主义是从学术性和政治性话语到"以追求异国情调的欲望为中心的旅行者的话语"这样进行变化[①]。但是,从《日本腹地纪行》《日本亚洲协会纪要》和《日本中北部指南》三者的关系中我们可以知道,有关日本的东方主义话语是从冒险游记开始,向学术性的阶段和向旅行者的阶段的移动几乎是同时产生的。

五、铁道院旅行指南书中的政治

1. 背景

在日本,率先对旅行指南书进行研究的是中川浩一,他将默里出版社的指南书描述为"产业革命之子"[②],即随着产业革命的进行,为了实现国外旅行而构建了社会基础设施网络,与比同时,城市的自然环境遭到破坏,新兴的富裕的资产阶级开始将消费对象放在了国外的瑰丽风景上。

这个过程,在明治维新以来急速近代化的日本也重复上演。但是,正如前文所述,在《日本中北部指南》中集中体现的近代西欧东方主义的游客凝视虽然在日本也同样存在,但是日本的观光话语中带有其特有的曲折性。

明治维新以降,寻求瑰丽风景的西欧的凝视,开始在日本发现"阿尔卑斯山",如加兰(W. Galland)和威士顿(W. Westone)等人发现日本的"山岳美"。岩佐淳一对于 1894 年(明治二十七年)发行的

---

① Daniel Milne, "Discourses on Japan at the End of the Nineteenth Century in Murray Guidebooks",《社会システム研究》2013 年第 16 号,第 135 页。

② 中川浩一:《旅の文化誌——ガイドブックと時刻表と旅行者たち》,传统与现代社,1979 年,第 10 页。

志贺重昂的《日本风景论》如此论述到,西欧人的凝视被编入日本人的日本论之中,"日本的三景,不是指三种类型的景观,而是从地理学的观点出发,首次提出日本新的风景之美"①。志贺的意图是对抗洋化至上的社会价值取向,主张发掘日本和日本人的美这样一种民族主义,然而,这中间恰恰包含了西欧人东方主义的凝视②。

利用这样一种发掘日本之美的联动形式,大桥乙羽、田山花袋、德富苏峰、大町桂月等当时一流的作家和思想家们,通过旅行来发掘全国的山水之美,再通过他们的游记作品促使众多的读者去旅行。在江户时代的日本,大众的旅行是以参拜伊势神宫为代表的神社佛寺参拜之旅,而从明治时代开始到大正时代,主流变成了探寻风景之旅。虽迟于西欧的产业革命,随着人口从农村移往城市、城市自然风景的消失,寻求地方风景的需求在日本开始出现了③。

《日本风景论》出版的同时,1890 年(明治二十三年)前后,日本也开始出版旅行指南书。属于广义上的指南书的道中记从 1700 年代就开始出版了,并且出现了采用这些道中记的团体旅行组织④。18 世纪 30 年代到 40 年代,每年大约有 500 万人前往伊势神宫。但是,道中记是记载如何徒步进行参拜之旅的,这和贝德克及默里出版社基于人文地理学的基础,利用公共交通工具来到达目的地的指南

① 岩佐淳一:《旅行とメディア戦前期旅行ガイドブックのまなざし》,《学習院女子大学紀要》,2001 年,第 3 卷,第 17 页。

② 《日本风景论》中可以看到其擅自引用了《日本中北部指南》一书中的记述文字和表格。

③ 岩佐淳一:《旅行とメディア戦前期旅行ガイドブックのまなざし》,《学習院女子大学紀要》,2001 年,第 3 卷,第 17 页。

④ 山本光正:《旅行案内書の成立と展開》,载山本光正编:《旅——江戸の旅から鉄道旅行へ》,国立历史民俗博物馆研究报告 155,国立历史民俗博物馆,2010 年,第 120 - 123 页。

书在实质上有所不同。

和西欧一样,近代日本指南书的刊行也是以铁路以及船舶交通网的完善为前提的。1889 年(明治二十二年),以东海道线的开通为契机,日本开始出版面向大众旅行者的指南书。这个时期的指南书出版以私营为主,但是到 1907 年(明治四十年)的铁道国有法发布以后,帝国铁道厅着手编纂旅行指南书。之后指南书的发行主体随着铁道行政组织的改组而不断变化,"在太平洋战争之前的出版事业中,编纂各类指南书籍以及主导观光旅行的是国有铁道本身"①。编纂指南书除了有在日俄战争中运输物资和兵员这样的实用目的外,还试图通过普及利用铁路来拉动国内旅游,从而增加收入。但是,正如岩佐所指出的,将这种举措与发掘山水之美这样的民族主义的社会心理的高涨联系在一起是值得考虑的。

对于身边连名字都没有的山川以及乡下的风景,惊讶于其作为"瑰丽的风景"而得以重新显现,这种集体性的经验是否唤起了民族主义情感,从而燃起了国家刊行指南书的热情呢?②

江户时期的日本是通过本地秩序组织共同体(藩)的联合所组成的,这与近代的日本有所不同,近代的日本是在国境之内共有均质性空间和时间的近代国民国家。而旅游指南书,将鼓励人们从视觉和身体上体验这样的日本作为目的。

2.《铁道院沿线游览地指南》

以国有铁道为主体编纂者的最早的旅行指南书是 1903 年(明治

---

① 中川浩一:《旅の文化誌——ガイドブックと時刻表と旅行者たち》,传统与现代社,1979 年,第 198 页。

② 岩佐淳一:《旅行とメディア戦前期旅行ガイドブックのまなざし》,《学習院女子大学紀要》,2001 年,第 3 卷,第 25f 页。

三十六年）的《铁道作业局路线景点指南》，但是这本书的主要内容是解说在第五届国内劝业博览会上展出的沿线照片。真正意义上的沿线指南是 1905 年及次年用日文和英文相继出版的《铁道作业局线路指南》。然而，这些书与其说是面向一般群众的旅行指南书，还不如说是面向旅游业企业家的手册①。

　　明确以旅客作为读者群体的指南书是 1910 年（明治四十三年）6 月发行的《游览地指南》，这本书直到次年都是作为非卖品发行的，在 1913 年（大正二年）博文馆取得了许可后开始售卖。在 226 页的正文部分里，有 19 页是利用铁道和船舶进行旅行的说明，并且附有一张路线图。虽然基本上是日本国内观光旅行的指南，但是在正文的最后，有 14 页的篇幅是概述韩国旅行的②。

　　此书对于出版的经过虽没有详细的说明，但是在后记里有如下一段文字：

　　　　此书原本只不过是由只言片语编写而成的小册子，其叙述之简自不必言，加上时值炎威渐甚，想必诸位早已作避暑旅行之计划，为尽导游者绵薄之力，此书急于付样，故而在行文取材上不免错讹之处，以后新版刊行之时，还请诸方不吝赐教，以便增补修订③。

从这段文字可以得知，虽然对像"避暑旅行"这样的游兴之旅的需求

---

① 平田刚志：《鉄道省編〈鉄道旅行案内〉諸版の比較研究》，《コア・エシックス》，2012 年，第 8 卷，第 514 页。
② 在初版刊行的 1910 年的 8 月，韩国才被日本吞并，这里应该是对于这一事件有所预测。
③ 铁道院编：《鉄道院線沿道遊覧地案内》，1910 年。

不断高涨,但此时铁道院在指南书的编纂工作上缺乏经验,加上资料不足、书写错讹以及急于出版,今后也有继续增补改订的计划。实际上,游览地指南系列书此后不断出版,从1914年(大正三年)开始书名变更为《铁道旅行指南》,到1936年(昭和十一年)为止不断再版①。

《游览地指南》反映了处于构建国内铁路以及船舶交通网时代的日本。虽然此书在别处采用了洋式装订,但是在书的背部采用穿绳这样的日式装订,而且正如上文所示,采用美文调②这样的文体来进行书写,在正文部分加入了和歌、短歌、汉诗,将观光景点当作歌枕(作为和歌题材的名胜古迹)来进行对待,并且继承了江户时代纪行文的特点。这种倾向在1914年(大正三年)发行的《铁道旅行指南》中变得更为明显,其中名胜的摄影照片被浮世绘所代替。从明治时期到大正时期铁道院所编纂的日文版指南书,兼有旅行指南书和传统的纪行文及道中记两种文本特点。

3.《东亚官方指南》

设立铁道院的1908年(明治四十一年)是日本与国际交通网正式接轨的一年。这年在布鲁塞尔召开了第五次西伯利亚国际联运会议,铁道院、满铁以及大阪商船参加了该会议,并缔结了三项联运协定,即一、加拿大和西伯利亚之间的世界一周联运;二、欧洲和日本、

---

① 铁道省所编的另一个系列旅行指南书是1929年(昭和四年)开始刊行,到1936年(昭和十一年)完结的八卷本的《日本指南记》。此系列丛书被评为"战前的旅行指南书中叙述最详细、学术水平最高",由于本文篇幅所限,故在此暂不作为讨论对象。

② 明治中期在日本文坛盛行的一种仿古文体,以大町桂月等人为代表。——译者注

朝鲜、俄领中国间的联运;三、西伯利亚及瑞士之间的周游联运①。

推动这项进程的是后藤新平。作为满铁初代总裁的后藤,在该年 7 月就任第二次桂内阁的通信大臣,12 月 5 日铁道院官制颁布以后兼任铁道院初代总裁。铁道院为了拥有满铁的管理权,使后藤站在了统管日本国铁和满铁的位置上②。后藤在就任铁道院总裁伊始,就命令编纂并刊行一本以东亚为对象的英文旅行指南书。然而实际上在前一年以旅客科长木下淑夫为中心的铁道厅内部团队就已经开始旅行指南书的编纂工作了。中川指出,统筹计划和编纂工作的实际上是木下③。

后藤命令在指南书编纂之前先对于编纂对象的地域进行彻底调查,为此制定了 20 万日元以上的巨额预算,派遣专家到实地调查,收集了大量的资料④。在这基础上工作人员用日文写成了原稿,再交由具有留学经历的人翻译成英文,最后由 2 名英国人校阅后才制成印刷用原稿⑤。即使是关于日本的部分,也不是将原先铁道省/铁道院所编的日文版指南书拿来翻译,而是重新编写⑥。第 1 卷出版于 1913 年(大正二年)10 月,全部五卷完成于 1915 年(大正四年)4 月。

---

① 老川庆喜:《後藤新平の大陸政策と〈東亜英文旅行案内〉》(单行本解说),载老川庆喜监修:《東亜英文旅行案内》,2008 年翻印版,第 10 - 12 页。

② 同上,第 10 页。

③ 中川浩一:《旅の文化誌——ガイドブックと時刻表と旅行者たち》,传统与现代社,1979 年,第 234 - 236 页。

④ 长坂契那:《明治初期の英文旅行ガイドブック観光をめぐる近代日本の表象に関する歴史社会学的研究:探検紀行から旅行ガイドブックへ》,庆应大学博士论文,2015 年,第 101 页。

⑤ 鹤见祐辅:《〈正伝〉後藤新平第五巻鉄道院時代》,东京:藤原书店,2005 年,第 237 - 238 页。

⑥ 中川浩一:《旅行とメディア戦前期旅行ガイドブックのまなざし》,传统与现代社,1979 年,第 236 页。

其各卷组成如下所示：

《东亚官方指南——连接欧亚大陆》(*An Official Guide to Eastern Asia：Trans-Continental Connections between Europe and Asia*)

《第一卷　满洲　朝鲜》　1913 年(大正二年)10 月

《第二卷　日本西南部》　1914 年(大正三年)7 月

《第三卷　日本东北部》　1914 年(大正三年)7 月

《第四卷　中国》　　　　1915 年(大正四年)4 月

《第五卷　东印度——包括菲律宾、法属印度支那、泰国、马来半岛、荷兰所属东印度》　　　　1917 年(大正六年)4 月

各卷约有 350 页，深红色的精装本明显可以看出参考了贝德克出版社的指南书的装帧。撰写后藤传记的作家鹤见祐辅写道："虽然其参考了德国的《贝德克指南》，但他的构想远比贝德克的更为庞大。"[1]实际上，在《官方指南》中，有关哲学、文艺、茶道、舞台艺术的部分占有相当篇幅，甚至比贝德克出版社的指南书更具有地域研究性书籍的性质。刊行英文版的指南书，其目的除了唤起西欧人对于日本以及东亚的关心外，也有吸引外国游客这样的出于经济上的考虑。但是，在这其中，作为东方主义的客体的日本或东亚试图转变为表象的主体，进行自我的对于文化以及社会的表述。针对这点，长坂进行了如下论述：

> 日俄战争之后，不是通过欧美人所编的旅行指南，而是采用自己的立场向海外介绍日本。也就是说，利用日本人的手向全世界宣传真正的日本文化以及日本精神，希望提

---

①　鹤见祐辅：《〈正伝〉後藤新平第五卷鉄道院時代》，东京：藤原书店，2005 年，第 237 页。

　　高日本的国际地位,这是应有的过程①。

　　这里所谓的"宣传真正的日本文化以及日本精神",绝对不是中立性的价值。"日俄战争结束之后的大正初期,使用观光类的修辞学方法来招引外国游客,这里面包含有建立积极性的国民国家及殖民地国家的意图。"②整个系列丛书的副标题是"连接欧亚大陆"(*Trans-Continental Connections between Europe and Asia*),第一卷不是日本篇而是满洲、朝鲜篇,这些都明显表明了这种意图所在。当然从表面上来看,《官方指南》的出版是日本的公共交通网与欧洲相连接,将东亚全体纳入到大众视野之中的旅行指南系列书的产物,但是与贝德克以及默里出版社的旅行指南书的刊行是民间行为的举措不同,《官方指南》的刊行被当作日本的国策。作为经历了两场战争之后与西欧各国平起平坐的近代国民国家,亦可称为殖民主义国家的日本,发行此书是为了塑造日本"官方的"自我形象,并且对外传播在自己影响圈之内的东亚的形象。如果将《日本中西部指南》看作被西欧人的东方主义的凝视所表象的产物,那么《官方指南》可以视为从日本的凝视出发所看到的东亚以及日本的对抗表象(counter-representation)③。

　　《官方指南》的殖民性质,与《游览地指南》相比更为明显。正如

----

　　①　长坂契那:《明治初期の英文旅行ガイドブック観光をめぐる近代日本の表象に関する歴史社会学的研究:探検紀行から旅行ガイドブックへ》,庆应大学博士论文,2015年,第96页。

　　②　同上。

　　③　初版《官方指南》的销售数为738部,中川认为:"这点程度的销售成绩,如果将制作费用以及时间成本考虑进去的话,应该不合算","可以说是具有异常的执着信念"。从这里可以看出,将成本抛之度外来进行《官方指南》的编纂工作,其背后存在着意识形态的意图。不过这一时期贝德克指南书的瑞士篇也只不过出版了3 000部,所以不能断定738部这个数字过少。

上文所述,《游览地指南》既是近代旅行指南书,同时又继承了江户时代的纪行文以及道中记的特点,将作为读者的日本人的地理想象力限定在锁国时代。例如《游览地指南》中,在有关长崎的描述中,将长崎作为"江户时代唯一被西欧文明打开的窗口"的形象前景化①,将其与曾经无比强大的中国的联系放在了次要的地位。这种做法表明了在近代日本实行脱亚入欧政策下,铁道院认为与西欧有关的文化遗产是"具有可看价值的事物";而与中国相关的遗产的价值相对较低。这里应该注意的是,长崎被看作是日本西端"唯一与外国相联系的窗口",然而实际上这个唯一的海港城市只和荷兰及中国存在联系。

对于这点,《官方指南》中对于长崎的说明有以下一段论述:

> 当时(16世纪)不仅大量的贸易船只从葡萄牙、西班牙以及荷兰络绎不绝地来到这个港口,在这之后,九州大名所拥有的船只以及民间船只也开始了驶往中国②、台湾、菲律宾、暹罗等地的长途航海之旅③。

在这里,16世纪的长崎,贸易对象国不仅有西班牙、葡萄牙及荷兰等西欧之国,还列举了中国大陆、台湾、菲律宾及暹罗(泰国)等亚洲诸国家和地区。换言之,这段文字里提及了15世纪存在于东亚的贸易网络以及扩展到彼端的大航海时代的西欧贸易网,其中将海港

---

① "前景化"是文体学中一个常见的术语,它是从绘画方面引进的概念,指画家将其所要表现的艺术形象从其他人或物中凸现出来,以吸引观者的注意,从而达到画家所期望的某种艺术效果。——译者注
② 原文如此——译者注
③ 日本铁道院编:《東アジア公式案内》,1914年,第44页。

城市长崎作为贸易网东端轴心的倾向十分显著。从此处描述中可以得到的信息是,锁国以后,即使幕府将贸易港限定在长崎一处,在唯有荷兰船只和中国船只被许可入港的时期里,长崎实质上仍是近代全球贸易网络的核心。与此形成对比的是,在《游览地指南》一书中长崎仅仅被当作日本西端的"开港城市",舍弃了前者对于以此延伸出的贸易网络的表述,代之以反映锁国时代的空间表象的叙述。

长坂认为"OGEA① 的意图之一是将旅行指南的主导权夺还给日本一方","受到东方主义深刻影响的所谓古老且美好的日本这样的表象,是招揽游客的手段"②。确实,作为东方主义式的凝视对象的日本将这种凝视内面化③,作为自我表象的主体来进行自我主张,这一点可以从《官方指南》中看出。但是从东方主义式的凝视的内面化开始,到以自我主张为基础的囊括亚洲全域的地理表象的这个过程中,各个地域的文化遗产也被带有意识形态色彩的偏见所再诠释和再评价。正如前文所提及的,明治初期的东方主义本质主义性地发现了"古老且美好的日本",这种"古老且美好的日本"的形象反而被放入日文版《官方指南》以及《铁道旅行指南》之中。

这样一本《官方指南》,因为表象的政治,在日本以及东亚方面的表述是不自由的。正如《官方指南》一书的标题所显示的,基于所谓的"全球网络模式",长崎被描述成有关东亚乃至全球的人、物及信息

---

① 长坂对于《官方指南》的简称。

② 长坂契那:《明治初期の英文旅行ガイドブック観光をめぐる近代日本の表象に関する歴史社会学的研究:探検紀行から旅行ガイドブックへ》,庆应大学博士论文,2015 年,第 102 - 103 页。

③ 所谓的"内面化"指的是将社会的价值观和规范当作自我的价值观以及规范来进行接受。通过内面化,集体可以顺利地达成集体目标,而个人也可以顺利地被集体所接受,从而带来稳定的精神结构。——译者注

流通的枢纽。在这种全球性贸易网络中的日本影响圈,被日本的凝视所表象化,其文本就是《官方指南》。采用英语传播的官方东亚图像中的海港城市长崎,其形象是自日俄战争以后,日本谋求在东亚扩大利益、日本殖民主义性的想象力的强烈反映①。

程善善(南京大学历史学硕士)　译

---

① 但是,《官方指南》是基于细致的实地调查写就的具有清晰逻辑的文本,在这方面它超越了贝德克指南书,作为用英文写成的有关日本及东亚的最值得信赖的旅游指南书,甚至在二战之后仍被使用。特别是在中国和"满洲"相关的部分,由于包括贝德克以及默里出版社在内的欧美出版社在指南书的资料收集方面存在缺陷,因此直到 1960 年代,《官方指南》不仅在旅游方面,也在人文地理学上被视为重要的信息源。

洪秀全、洪仁玕与基督教

仓田明子[*]

引　言

　　太平天国运动是以洪秀全创立的拜上帝教信徒集团为主体发动起来的,该运动深受基督教的影响。洪仁玕和洪秀全的关系比较亲近,且均是在开放口岸接触"正统"基督教的知识分子。笔者曾在2001年举办的"纪念太平天国起义150周年国际学术研讨会"上报告过《洪仁玕与基督教》一文。本文是在这篇文章的基础上进一步深入研究、修改、扩充而成。

　　关于太平天国的历史,学界已有很多研究成果问世,但关于太平天国运动初期的研究还不是很充分。有关洪秀全的经历和拜上帝教的创立过程等方面的史料有:1854年在香港出版的韩山明的著作《洪秀全的梦魇》及其蓝本《洪秀全来历》[①]、1862年太平天国发行的《太平

---

　　* 作者系日本亚洲研究中心研究员。

　　①　Theodore Hamberg, *The Visions of Hung-Siu-Tshuen*, *and Origin of the Kwang-si Insurrection*, Hong Kong, 1854.《洪秀全来历》抄本现藏于大英博物馆,1937年刊登于月刊杂志《逸经》第25期(上海:人间书屋),后被收录进中国史学会主编的《中国近代史资料丛刊太平天国Ⅱ》(神州国光社,1952年,第689－691页)。其内容和 *The Chinese and General Missionary Gleaner* (Feb 1853, pp. 67－69)刊登的1852年10月6日罗孝全文章中介绍的内容几乎完全一致,或许《洪秀全来历》就是1852年4月洪仁玕和韩山明见面时,洪仁玕送给后者的那本介绍洪秀全和自己的书。

天日》及洪仁玕行刑前留下的供词①。韩山明的著作是根据洪仁玕的口述编写而成②，《太平天日》也被认为是和洪仁玕有关的文献③，可以说太平天国运动草创时期的情况几乎都是根据洪仁玕的回忆流传

① 1864 年，南京陷落后，洪仁玕被清军逮捕。在受清军将领席宝田审讯后，洪仁玕被押送至南昌府，接受江西巡抚沈葆桢的询问。这次询问的供词现收藏于台北"故宫博物院"，其中有清朝官员记录的供词 5 件（甲午年九月二十九日"本部院提讯逆酋供"、同日 1 件无题供述，九月二十八日"南昌府提讯逆酋供" 2 件，无日期"抄提伪干王洪仁玕亲书供词"）、亲笔供词（以下简称"亲笔供"）1 件、签驳李秀成供词文书（以下简称"驳李秀成供词"）1 件及绝命诗 1 篇。"亲笔供"收录在《中国近代史资料丛刊太平天国Ⅱ》第 846－855 页，其中有若干错误之处，笔者参照的是小岛晋治先生提供的他在"故宫博物院"查阅的原件复印件，在此谨表谢忱。

② The Visions of Hung-Siu-Tshuen 发行前几个月，韩山明向巴色会提交了与该书内容几乎完全相同的冗长报告，"Letter from Hamberg to Inspector"，Jan 1854，Archives of Basel Missionsgesellschaft（以下简称"BM"），A－1－2，China 1852 und 1853，No. 47。韩山明记述"我见到了现在非常有名的洪秀全……的亲戚，也是他多年的好朋友 Hung 或作 Fung（指洪仁玕）"，"我从这个人那里得到了关于他朋友经历的相当准确的叙述，我感觉很重要，特汇报如下"。不过，韩山明的记述和 The Visions of Hung-Siu-Tshuen 的结构有很大不同。该书在论述太平军占领南京之后，又简单介绍了冯云山、杨秀清、萧朝贵（The Visions of Hung-Siu-Tshuen 第 9 章的一部分），最后分析了洪秀全的性格（The Visions of Hung-Siu-Tshuen 第 8 章）。文章后面附加了韩山明的补充和说明，还有洪仁玕在布吉的布教活动（其中论述了洪仁玕接受洗礼，详细介绍了洪仁玕。这部分是 The Visions of Hung-Siu-Tshuen 第 11 章的底本。）。

③ 《太平天日》封面题："此书诏明于戊申（1848）年冬，今于天父天兄天王太平天国壬戌十二（1862）年钦遵"，有学者认为 1848 年该书已经撰写完成，例如周伟驰在《太平天国与启示录》中断定，《太平天日》成书于 1848 年，他还论述了洪秀全受到《新约圣经》"默示录"的影响（第三章"太平天国与启示录"）。然而，此书的实际发行日期是洪仁玕到南京后的 1862 年，内容上也有多处和《洪秀全的梦魇》重复，如把基督称作"天兄基督"，增加了"天兄"二字，和洪仁玕著作有共通之处。笔者认为该书的发行和洪仁玕有关，至少与 1848 年发行版本不完全相同，因此有必要对《太平天日》的作者、成书过程、内容等进行详细考察，但本文对此不展开论述，留待今后做进一步的研究。

下来的。因此，有必要进一步发掘当时的相关史料，来验证洪仁玕的记忆。本文根据新史料《感主恩经历史》①以及其他至今未被详细探讨的西方史料，并结合相关先行研究，对太平天国和基督教的关系、洪仁玕与基督教的接触等问题进行论述。

一、洪秀全和《劝世良言》

1814年，洪秀全出生于广东省花县（现广州市花都区）官禄□村，该村为客家村。洪秀全虽家境贫寒，但天资聪颖，从幼年便开始为科举考试而努力学习。然而，洪秀全虽多次赴试，却连科举第一关的童试②也没通过。《感主恩经历史》中说："洪和秀③（秀全）在县考

---

① 李正高口述，李大楷著：《感主恩经历史》（1921年）。李正高属于清远县回岐司禾谷领村生活的客家李氏家族，该书系李正高次子李大楷（字祥光）所著。正如李大楷在序言中所言，该书原本是李正高生前"每到新年时诵读一次，以记念上帝选召吾人之特恩，此说甚合尔祖之意，即录其一生上帝拯救出诸苦难之事"。因原版散失，后根据李大楷的记忆重新编写，重写本还记录了李大楷自己的经历。标题虽是"李正高口述"，而从整体来看，实系李大楷向自己的子孙们讲述的内容，书中称呼李正高为"尔祖（父）"。从文中推断，应在1921年成书，即李正高去世近40年后重新编写而成，所以很难说细节上都是准确的。但该书内容非常详细，和洪仁玕的论述视角也不同。因是李氏家族代代抄录流传下来的，所以笔者同时查阅了以下三种版本：① 毛笔手写版（共20页，末尾添加了李正高三子李大森的家谱）复印件；② 李大楷之孙李永明于1956年抄写到笔记本上的版本；③ 李大楷曾外孙的英译版本，这三个版本的内容几乎一致。以下引用页码根据①，文字破损处参照②③。①由曾福全先生、②③由李大森曾孙李康仁先生提供。在此谨表谢忱。

② 童试为参加科举考试之资格考试，分为县试、府试、院试三个阶段，通过者入官学成为生员，并取得参加乡试的资格。——译者注

③ 洪秀全的小名是"火秀"（简又文：《游洪秀全故乡所得到的太平天国新史料》，《逸经》第2期，1836年3月）。因为《感主恩经历史》是口述记录，所以写成了发音相似的"和秀"，该书提到洪仁玕的小名是"（亚）美"。

中,常在(上位)五名之内,待之府考则出孙山之外。"洪仁玕的"亲笔供"也提及洪秀全总是考不中童试的第三关——道试(院试、道考)①。花县是广州府辖的一个县,为参加府试和院试,洪秀全经常去广州。据《洪秀全的梦魇》和《洪秀全来历》记载,1836年洪秀全去广州应试时,在考场外得到了梁发的《劝世良言》,后来在该书的影响下,创立了作为太平天国运动原动力的宗教——拜上帝教。在以往关于太平天国史的研究中,"1836年"说几乎已成定论,但也有学者认为洪秀全得到《劝世良言》的时间不是1836年而是1833年②,其根据是1833年至1834年梁发曾向科举考生分发布教书这一事实。一般主张"1833年"说的只是极少数基督教史研究人员,不过笔者也认为"1833年"说比较准确,因该问题关涉洪秀全和基督教最初接触之问题,在此进行简单梳理。

《劝世良言》完成、出版的时间是1832年。初稿完成后,马礼逊进行了修订,之后用伦敦圣教书会(London Religious Tract Society)的资助于同年9月第一次印刷③。因此,洪秀全得到《劝世良言》的时间应当不早于1833年。根据《中国丛报》记载,1833年府试时间是5月,10月则又举行了一次考试,笔者推断应为府试之后的院试。

---

① 清代省下设道,道所举行的考试,谓之"道试",亦称"院试"、"道考"。——译者注

② 关于《劝世良言》的授予时间,有1834(甲午)年和1837(丁酉)年两种说法。但这两年都是举办乡试之年,按照惯例,不会举办洪秀全参加的童试。因此,洪仁玕接受《劝世良言》的时间有可能是1833年或1836年。参见林田芳雄:《華南社会文化史研究》,京都女子大学,1993年,第443页;戴肇辰编修:《光绪广州府志》卷45,《中国地方志集成》,上海:上海书店出版社,2003年(影印版);商衍鎏:《清代科举考试述录》,北京:生活·读书·新知三联弓店,1958年,第2页。

③ Eliza Morrison, ed. , *Memoirs of the Life and Labours of Robert Morrison*, vol. 2, London, 1839, p.473.

以往关于洪秀全参加的究竟是府试还是院试，学界多有讨论，其中比较有代表性的学者有简又文和林田芳雄。① 简氏认为秋天的考试都是乡试，洪秀全在广州参加的是春天举行的府试，从而否定了梁发在秋天发放布教书及与洪秀全的关系；而林田氏认为存在院试，1833年 10 月梁发分发布教书时的考试为院试。在简、林田两位学者分别作为论据使用的麦沾恩《梁发传》②，以及林田引用的日译本《中国丛报》中，关于 1833 年 10 月的考试分别被译为"府试"和"生员（即秀才）参加的考试（乡试）"，这使得研究显得很混乱，而实际上，这些词汇的英语译文既不是"府试"，也不是"乡试"③。

------

① 简又文：《太平天国典制通考》，简氏猛进书屋，1958 年，第 1598－1614 页；林田芳雄：《華南社会文化史研究》，第 441－443 页。

② George Hunter McNeur, *China's First Preacher Liang A-Fa* 1789—1855, The Society for the Diffusion of Christian and General Knowledge Among the Chinese(广学会)，1934. 汉译版本根据麦沾恩的"草稿"翻译而成，1931 年之前已出版文言版本，胡簪云译《梁发传》是 1931 年根据文言文版本出版的白话文版本，（胡簪云译本作为上海广学会重译本《中国最早的布道者梁发》收录在中国社会科学院近代史研究所编：《近代史资料第 39 号》，北京：中华书局，1979 年，第 1－141 页。）该译本增加了大量原著中所没有的汉语史料，翻译时淡化了麦沾恩描写的"梁发的人性弱点"。本文引用的朱心然译《梁发——中国最早的宣教师》，是忠实于麦沾恩原著的译本。

③ 在《中国丛报》1833 年第 10 期的文章中，"府试"被译作"the public examinations in Canton"，另外，被频繁引用的《梁发传》关于马礼逊的报告中"来省考试之生员"译作"the assembled multitudes of students at Canton"("Letter from Morrison to Ellis," 14 Oct 1833, *Council for World Mission*, Archives of the London Missionary Society(以下简称 CWM), South China, 3－2－A)。《中国丛报》1833 年第 5 期"广州府文官考试"译作"The literary examinations in Kwangchow foo"，明确表明是府试。对照包括麦沾恩未引用部分的原文，可以看出讨论该问题时经常被引用的《梁发传》中关于卫三畏的报告讲的不是 1833 年 10 的考试，因此未被提及。参照 Frederick Wells Williams, *The life and letters of Samuel Wells Williams*, Wilmington, 1889, p. 65。

在 1833 年的两次考试中,从传教士的资料可以看出,在 10 月考试时,梁发曾把《劝世良言》、《圣经日课》等布教书分发给考生①。事实上,在此之前,梁发也在广州向科举考生分发过布教书,但并未被传教士记录下来②,因此也有 5 月分发的可能③。10 月院试时,由于分发布教书的数量和规模比较大,所以引起了传教士的注意。

梁发等人于 1833 年 10 月的分发行为并未受到任何干涉,但是次年 8 月,他们再次向科举考生分发时却遭到了清政府的取缔。根据梁发的报告,有几个助手被捕,进行印刷的邻村也被搜查,印刷完成的《圣经日课》和模板都被没收④。结果,梁发在裨治文的帮助下逃亡海外,自此中断了他在广州的亲自布教活动。裨治文在 1835 年 1 月的报告中提到,即使其他地区的中国人愿意领取布教书,"在广州及周边地区已不可能","之后一、两年,梁发及其他任何人,都不能

---

① 《中国丛报》1833 年第 5 期仅记述了在广州举行府试这一事实,同年第 10 期记述了 10 月在广州举行考试时分发了三千多份布教书。(*Chinese Repository*, Vol. II, pp. 47, 286)。马礼逊也记述说"数日前,梁发得到了向聚集到广州的许多学生分发《圣经日课》和他自己写的布教书的好机会"。("Letter from morrison to Ellis", 14 Oct 1833)。

② 例如,伦敦传道会史料中保存了 1830 年 3 月至 11 月梁发所记日记原件(CWM, *South China*, Journal, 1 - 4 - A)。根据日记可以看出,同年 5、6 月,梁发也向高州府和广州府的府试考生分发了自己写的布教书。但是,无论是同年马礼逊的报告还是梁发寄送给伦敦传道会本部的报告中均没有提及此事。

③ 马礼逊在 1833 年年末年度报告中记述道,夏季梁发在澳门跟随马礼逊从事编写活动和制作活字的工作,后来回到广州增印《圣经日课》、《劝世良言》等。5 月份分发了一些,有可能秋季再次增印。"Letter from Morrison to Ellis", 6 Dec 1833, CWM, South China, 3 - 2 - A.

④ Eliza J. Gillett Bridgman, ed., *The pioneer of American missions in China: the life and labors of Elijah Coleman Bridgman*, New York: Anson D. F. Randolph, 1864, p. 93.

分发布教书了"①。

之后,事态进一步恶化。1835 年春,郭士立和美部会传教士史蒂文斯在福建省沿海航行时,赠送给福建省官员的布教书上印着"道光甲午年(1834 年)夏铸"字样,由此官府断定内地有其合作者。于是澳门开始取缔传教,结果有 8 册布教书被没收,屈昂的儿子屈熙被捕。没收的布教书中,有 2 册和赠送给福建官员的完全相同,其余 6 册也是 1832 年至 1834 年印刷的。② 官府对屈熙进行了调查,马儒翰也被带到官府接受审讯③。第二年 4 月,两广总督邓廷桢上奏事件最终报告,当时屈熙还没有被释放,官府认为只有逮捕屈昂和梁发并进行调查后,方可判断屈熙的招供是否属实;马儒翰虽然没有像其父马礼逊那样印制、分发布教书,但他印刷的布教书模板还是被没收销毁了。屈熙被捕后,屈昂逃到马六甲,所雇佣的中国工人都被送到新加坡美部会印刷厂。至此,广州布教书的印刷也完全停止了。

裨治文在 1836 年度的活动报告中说,"由于(郭士立等)在沿海

---

① "Letter from Bridgeman to Anderson", 20 Jan 1835, *Papers of the American Board of Commissioners for Foreign Missions*, Unit3, reel 256.

② "两广总督邓廷桢等:奏报审拟刊刻夷书案情形",道光十六年二月十九日,军机档 70473 号(台湾"故宫博物院"藏),菊池秀明编:《太平天国史料集》第 6 集,2007 年,第 91 - 95 页。当时没收的书籍有①《救世主耶稣基督行论之要略传》、②《正道之论》、③《赎罪之道传》、④《诚崇拜类函》、⑤《赌博名论略讲》、⑥《救世主坐山教训》、⑦《圣经日课》、⑧《圣经袖珍》。其中②、③、④为郭士立著,⑤为米怜著。

③ 同上。关于本次取缔事件,菊池秀明利用邓廷桢的奏书在《清代中国南部社会变化与太平天国》东京:(汲古书院,2008 年,第 233 - 235 页)一书中进行了详细论述。奏书中没有提及谁在分发布教书,从裨治文的报告可以看出,所驾是郭士立和史蒂文斯乘坐的商船(秘密销售鸦片的船只)。*Report of the American Board of Commissioners for Foreign Missions*(ABCFM 年次报告书。以下简称 *Annual Report*),1836, pp. 69 - 70.

地区航海旅行,官府颁布了禁令,在广州,除了(伯驾的)医院,很难对中国人直接进行宗教影响","由于许多间谍和衙役的监视,对中国人来说就是从传教士那里得到书籍也会招致危险"①。也即是说,1834年对梁发的"揭发事件"使中国信徒分发布教书的活动事实上停止了。1835年澳门"揭发事件"后,在广州分发布教书,甚至使接受者都感到很"危险"。到了1836年,在广州,外国人已不可能在科举考场附近堂堂正正地分发基督教布教书了。有学者认为,1836年分发给洪秀全《劝世良言》的人是美部会传教士史蒂文斯②,而根据裨治文所汇报的上述情况,当时史蒂文斯是不可能在考场附近从事布教活动的。

《劝世良言》原本是1832年至1834年在广州郊外印刷的,从模板的管理到印刷都由梁发一人负责,1834年"揭发事件"时有可能模板被没收,且在"揭发事件"后,梁发避难马六甲,从此《劝世良言》不再是汇总成一册发行,而是再版为分散的九编小册子③。实际上,

---

① *Annual Report*, 1837, pp. 87 – 88.

② Jonathan D Spence. , *God's Chinese Son*: *The Taiping Heavenly Kingdom of Hong Xiuquan*, New York, 1996, p. 31. 史景迁论述中认为史蒂文斯是分发者的主要根据是 Wylie, *Memorials of Protestant Missionaries*, p. 84,其中记述说,史蒂文斯之前是 American Seaman's Friend Society 的牧师,1836 年 3 月成为美部会所属的传教士,第二年 5 月《中国丛报》刊登的裨治文关于史蒂文斯的追悼文中写到,史蒂文斯成为美部会传教士以来,最关心的事情是"分发圣经和布教书"(Spence, *God's Chinese Son*, p. 31)。然而,根据美部会的年度报告,史蒂文斯加入美部会是在前一年即 1835 年,Wylie 记述的 1836 年有误。另外,从裨治文的追悼文来看,史蒂文斯"分发圣经和布教书"的事迹很明显是指 1835 年两次在中国沿海分发布教书的旅行。因此,以上资料很难作为 1836 年史蒂文斯在广州从事分发活动的根据。

③ Alexander Wylie, *Memories of Protestant Missionaries to the Chinese*, Shanghai Presbyterian Press, 1867, p. 24.

1835 年福建揭发的布教书和马六甲没收的布教书都不包括《劝世良言》。目前尚未发现 1834 年以后在广州等中国沿海地区有分发完整版《劝世良言》的任何迹象。结合前述广州布教活动的严峻形势来看，仅根据洪仁玕的记忆就断定 1836 年童试时洪秀全得到了《劝世良言》是很勉强的①，相对而言，洪秀全在 1834 年"揭发事件"之前得到《劝世良言》的说法显得更为合理。在 1833 年和 1834 年，梁发等向科举考生分发了布教书，当时分别有童试和乡试。洪秀全参加的是童试，因此只可能是 1833 年。

《劝世良言》从印刷到分发均由梁发一手负责，因此，分发者也极有可能是梁发本人或他的某位助手。但是根据《洪秀全的梦魇》，洪秀全把分发《劝世良言》的人看成是"外国人"，并且清楚记得那位外国人的模样及其对洪秀全的预言，所以关于分发者身份也有许多疑点。《洪秀全的梦魇》记叙说，洪秀全在广州布政司衙门前看到一名外国人和他的随身翻译，他们能说出聚集而来的每个人的愿望并告诉那人说他的愿望肯定能实现，洪秀全也被那位外国人告知他的将来。第二天，洪秀全又在龙藏街遇到了那两个人，后者送给洪《劝世良言》一书②。韩山明在此处加了注，并说明前几天预言将来的"外

---

①　实际上韩山明认为洪秀全接受《劝世良言》是在"1843 年左右"，所以他在给巴色会的报告书中写到是梁发的见解。德语原稿中关于此部分仅有"20 多岁时"这样的记载，没有写具体年代。关于洪秀全接受《劝世良言》的年代，洪仁玕的口述中也没有具体说明（"Letter from Hamberg to Inspector", Jan 1854.）。反映韩山明上述见解的是，*The Visions of Hung-Siu-Tshuen* 中在"1836 年"处专门加了注释"或许比此时还早"。李大楷《感主恩经历史》只简单记述了洪秀全接受《劝世良言》的过程，但是需要注意的是："斯时洋人传道者，不能入内地，是年有天主教以为试期，乃四方士子会洲，故着〔嘱〕一天主教人送书与各出场士子。"（第 4 页）。

②　Hamberg, *The Visions of Hung-Siu-Tshuen*, pp. 8 - 9。

国人"和《劝世良言》的分发者不是同一个人。占卜师似的人物和基督教布教书的分发者不可能相同，这是传教士的见解。另外，值得注意的是，洪仁玕后来关于分发者的记述也发生了一些变化。《洪秀全的梦魇》中说，此人着"明代服装"，不懂汉语，雇当地人作为翻译；而"亲笔供"记载是"长发道袍者"，其"随身翻译"在"亲笔供"中写作"随侍"。后来洪仁玕成为梁发所属的伦敦传道会的助手，他应该有机会了解梁发的作用。并且，写"亲笔供"时，洪仁玕已经注意到这位分发者可能不是当初听说的"外国人"。既然没有其他有效史料，关于分发者就没有定论，即使洪秀全碰到预言他将来的"外国人"是事实，也不能断定那人就是《劝世良言》的分发者，从当时《劝世良言》的分发状况来看，分发者是梁发或他的助手的可能性比较大。

据《洪秀全的梦魇》记载，1843 年年初，洪秀全在李家当教书先生，并在李家青年的劝说下开始研读《劝世良言》。两人丢弃偶像崇拜，开始信奉《劝世良言》的"天神上帝"和耶稣，并自行施洗。后来，洪秀全开始热心向洪仁玕、冯云山及周围的人们传播基督教义。最初的皈依者李家青年（《太平天日》中的"李敬芳"）很有可能是《感主恩经历史》的口述者李正高的同族，因为李正高的母亲冯氏和冯云山是同族，与洪秀全、洪仁玕也有亲戚往来。洪秀全创立上帝教时，正在花县李正高的亲戚家当塾师①。另外，洪仁玕在清远县李正高家

---

① 《感主恩经历史》第 3 页写道："（李）家俱是儒业，家亦小康，与花县冯云山，是太祖母（李正高之母）冯氏之族弟也。洪和秀（注：后改名洪秀全）、洪亚美（注：后改名益谦）此二人俱是通家。"传教士黎力基记述的关于李正高后半生的文章中写到，洪秀全开始传播新宗教思想时，李正高利用成为巴色会传道会牧师的机会，让他住在花县某村（注：德语原文地名难以辨认：Szlyang?）李正高祖父辈（注：因"祖父"是复数，指祖父和同辈亲戚？李正高直系祖辈连续五代住在清远县禾谷领村）的家里。洪秀全在那里被雇为塾师，和清远县（转下页）

当塾师,和李正高的关系亲如结义兄弟①。李正高和他的家人后来都成为拜上帝教的皈依者。

　　当时给洪秀全留下深刻印象的是《劝世良言》中随处可见的对偶像崇拜,尤其是对当时民间普遍流行的各种祭祀和信仰的尖锐批判,这对后来的太平天国运动影响巨大。《劝世良言》强调根植于儒教道德观的奖善罚恶,以及罪恶者不悔改则死后下地狱的恐怖。通过《洪秀全的梦魇》可以看出,洪秀全深受《劝世良言》的影响,而马礼逊译本《圣经》的难懂之处,则使其对其中部分字句的解释过于随意,比如

(接上页)李正高父亲的关系很密切。("Letter from Lechler to Inspector", 20 Apr 1868, BM, A-1-6, Hong Kong 1868, no. 8.)。关于李正高的记述,和 *The Visions of Hung-Siu-Tshuen* 中向洪秀全推荐《劝世良言》,使洪秀全成为上帝教最早的皈依者的 Li 是洪秀全被雇为塾师的"Water-lily"的 Li 家青年的"堂兄弟"之记述(p. 14)相对应。Lutz 参照黎力基的报告书,把李正高四儿子李大才(字承恩)后来记述的《李正高传记》("Das Leben des Seligheimgegangenen Diakon Li Tschin-kau", BM, A-1-19, Hong Kong 1885, no. 38.)译成英文,他推测李敬芳是李正高的亲戚(Jessie G. Lutz and Rolland Ray Lutz, *Hakka Chinese Confront Protestant Christianity*, 1850—1900, M. E. Sharpe, 1998, p. 123.)。然而,《太平天日》中李敬芳的居住地"莲花塘"和"Szlyang"不一致。笔者认为,李正高家族族谱中没有记载任何族人住在花县,也没有叫作"李敬芳"的人。因此,不能断定李正高和李敬芳是同族。这份族谱是李正高三儿子李大森传给子孙的手写族谱,由李大森的曾孙李康仁先生提供,在此谨表谢忱。关于李大才的《李正高传记》,以下主要参照 Lutz 的英译本(Ibid., pp. 121-144)。

　　① 李大楷:《感主恩经历史》,第 3 页。*The Visions of Hung-Siu-Tshuen* 中记载最初向洪秀全借读《劝世良言》的是 Li,而《感主恩经历史》则记载是冯云山。

把"全"解释为"洪秀全"。①

后来,洪秀全和冯云山一起到广西布教,由于冯云山的才华和努力,他们在桂平县紫荆山形成了新的信徒集团,这就是太平天国运动的雏形。另外在当地发生了和当地民间信仰相融合的"天父天兄下凡",洪秀全的拜上帝教呈现出不同于梁发所传播的基督教的独特形式。

二、洪仁玕和伦敦会

洪秀全的族弟洪仁玕出生于 1822 年,同为官禄□村人。洪仁玕也曾以科举为业,但和洪秀全一样,始终没能通过童试。洪仁玕和洪秀全关系亲密,当洪秀全受到《劝世良言》的感化开始宣扬上帝崇拜时,洪仁玕也最早皈依了上帝②。然而,后来洪仁玕并没有参加洪秀全在广西进行的布教活动及发展拜上帝教徒的过程。1850 年 6 月,洪秀全酝酿起义时,曾把亲戚朋友都召至广西,当时洪仁玕在清远县禾谷领村当塾师,被该村的一位朋友挽留,最终没去广西。起兵之后,洪秀全曾两次派使者希望将洪姓、冯姓族人召至广西,但均告失败。洪仁玕虽成功逃脱清兵的追捕,却不得不四处逃亡,最后辗转来到香港,见到了巴色会的韩山明,成为一名基督徒。关于洪仁玕和巴

① Hamberg, *The Visions of Hung-Siu-Tshuen*, pp. 22 - 23.

② 以下关于洪仁玕的经历参考 Hamberg, *The Visions of Hung-Siu-Tshuen*, pp. 58 - 62. Carl T. Smith, *Chinese Christians: Elites, Middlemen, and the Church in Hong Kong*, Hong Kong University Press, 1985, p. 77. 以及李大楷:《感主恩经历史》,第 8 页。

色会的关系,笔者已发表专文论述①,本文主要研究皈依基督教后的洪仁玕,以洪仁玕和伦敦传道会的关系为重点。

1. 南京汇合的初次尝试

1853年3月,太平军占领南京后,关于太平军叛乱起源及其具有基督教色彩的相关信息开始传入上海。同年5月,英国特使文翰为了调查太平天国的具体情况,传达英国的"中立"立场而往访南京。由此,他获得了太平天国发行的刊物和书籍,并把更多关于太平天国的信息带到了上海。当时传教士们最为重视的问题是太平天国的拜上帝教是否受到了基督教的影响。《北华捷报》的主编曾评论说,"只要不发生(太平天国的)某些主要领导者无法预测的致命事件"、"只要他们在全知全能的上帝的指引下,我相信不久他们就会统治整个中国。这个备受关注的运动是从对基督教教义的迫害开始的,该运动以破竹之势占领南京后继续向北方进攻,因此,该运动的创立者肯定是最后的胜利者"②。尽管开往北京的北伐军意气昂扬,但是可以看出,太平天国运动是一场"受上帝指引的"叛乱的说法不只在传教士当中,甚至在居住于上海的欧美人当中也很盛行。随后,太平天国的信息也传到了香港,《北华捷报》刊登的关于太平天国动向的报道和麦都思翻译的太平天国文书都被香港的报纸全文转载,可见香港也非常关注太平天国运动。

洪仁玕受洗后,在香港向韩山明学习基督教教义③。1854年夏,韩山明根据寄送给巴色会的关于洪秀全和洪仁玕的报告编写完

---

① 仓田明子:《从巴色会档案中发现的有关洪仁玕的若干新史实》,宋德华编:《太平天国与中国近代社会:纪念太平天国起义160周年学术研讨会论文集》下册,广东:广东人民出版社,2012年,第613-624页。

② *The North China Herald*, 15 Oct 1853.

③ Smith, *Chinese Christians*, p. 79.

成了英语版的《洪秀全的梦魇》。韩山明教授洪仁玕圣经知识,并让洪仁玕去南京,希望"能够(把洪秀全作为真正的基督徒——引者注)为他庆祝",并认为通过发行该书,可以得到对洪仁玕、洪仁玕朋友和家人的资金支持。

其他的传教士为了和太平天国建立联系已经开始行动。其中,在太平军占领南京后,罗孝全收到了洪秀全寄来的邀请函,因为是受到洪秀全主动邀请,罗孝全很积极地准备着去南京①。虽然传教士和上海商人对太平天国的期待很高,但英国和美国政府却宣布对中国的内战采取"中立"态度,反对传教士去南京传教。驻上海美国公使马沙利严词拒绝了罗孝全前去南京的请求,并表示去南京违反美国政府的中立政策,等于死罪。尽管如此,1853 年 7 月,为了去南京,罗孝全还是带着冯云山的次子和外甥从广州来到上海,虽然最终失败了,但他们曾尝试沿长江逆流而上②。

伦敦会香港支部的理雅各也期待太平天国运动取得成功,以改

①　Margaret M Coughlin, Ph. D. , *Strangers in the House*: *J. Lewis Shuck and Issachar Roberts*, *First American Baptist Missionaries to China*, University of Virginia, 1972, pp. 264 - 265. 当时罗孝全在广州的布教活动陷入僵局,收到邀请后,罗孝全把这份邀请看作新约圣经《使徒行传》第 16 章的故事(圣徒保罗看到马其顿人向他求助的异象,马上去了马其顿开始布教),热切希望去南京。(*The China Mail*, 7 Jul 1853.)美国长老会传教士哈巴安德(Andrew Patton Happer)的文章中记述了洪秀全的使者带着天王给罗孝全的信拜访自己的经过,以及从那位使者那里得到的关于太平天国的消息。

②　茅家琦:《郭著〈太平天国史事日志〉校补》,台湾:商务印书馆,2001 年,第 51 - 52 页;Coughlin, *Strangers in the House*, pp. 267 - 268. 马沙利对在镇江和太平军接触的美以美会传教士戴作士(Charles Taylor)态度严厉,他要求戴作士把路上的经历做详细汇报,并警告戴作士不许发表任何体验之谈。(茅家琦:《郭著〈太平天国史事日志〉校补》,第 53 页。)冯云山的外甥当时 21 岁,1853 年 9 月在上海接受洗礼。("Letter from Hamberg to Inspector", *Jan* 1854)。

善传教士和中国人的关系，"提高中国人的品德"，并期待"如果现在持续发展的叛乱能像我们期待的那样在中国建立基督教王朝的话，传教士和中国人的关系会改变，传教士去内地的机会也会增加"①。为了和太平天国建立联系，1853 年 6 月，理雅各派遣助手屈昂和吴文秀到达上海。他们在墨海书馆（伦敦会上海支部）的医院里担任助手，等待去南京的机会。同年夏天，英国教会维多利亚主教史密斯为了调查拜上帝教和基督教的关系，带领陈大光和罗深源两位助手从香港来到上海②。然而，屈昂、吴文秀、陈大光和罗深源都没能到达南京。

1853 年 9 月，受太平天国运动影响，在福建省起义的小刀会占领了上海县城。但是战火并没有影响传教士进城，他们甚至积极地在交战双方中传教。③

1854 年，洪仁玕、李正高和另外一个朋友被韩山明派到上海。韩山明让他们带去"旧约圣经、三种不同译本的新约圣经、巴思的《圣经历史》、叶纳清的《圣会大学——大学问答（catechism）》、日历和其他书籍，以及汉语版世界地图、中国地图、巴勒斯坦地区地图。另外，还带去了铜制打孔机、铜模板、一般活字、望远镜、圆规、温度计、小刀等"④，计划从上海沿长江逆流而上去南京。5 月 4 日，他们从香港出发，但是仅仅 9 天后，韩山明突发急病去世。洪仁玕等人的上海之旅在前途未卜之际便失去了最大的支援者。

---

① "Letter from Legge to Tidman", 25 Jan 1854, CWM, *South China*, 5-3-D.

② Smith, *Chinese Christians*, p. 136.

③ "Letter from Medhurst to Tidman", 11 Oct 1854, CWM, Central China, 1-4-C.

④ "Letter from Hamberg to Inspector", 4 May 1854.

　　根据《感主恩经历史》记载,洪仁玕等到达上海后曾尝试和占领上海县城的小刀会接触,而小刀会根本未予理会①。但冯云山次子被罗孝全带到上海后,受到小刀会的热烈欢迎,骑高头大马在上海城内游行,两者真是天壤之别②。小刀会对上海县城的占领在第二年也土崩瓦解,最后,洪仁玕没能和他们一起去南京。

　　后来,洪仁玕一行拜访了伦敦传道会的麦都思,他们和屈昂一起被安排住在医院的病房里,伺机去南京③。当时,传教士和太平天国的接触依然很困难。根据后来洪仁玕"亲笔供"记载,"洋人不肯送予进南京"。实际上1854年5月至6月,即洪仁玕一行刚到上海时,美国和英国相继派公使去南京。然而因为是采取中立政策政府的正式使节团,不可能让和太平天国有关系的人同行,英国政府也不允许传教士单独去南京④。

　　英美公使拜访南京,大大削弱了居住在上海的欧美人对太平天

---

　　① 李大楷:《感主恩经历史》,第9页。"在后洪秀全之兵,打至上海"、"尔祖〔李正高〕则辞韩山明牧师,与洪益谦(即洪亚美,尔祖与之结为异姓兄弟者)同往上海,韩山明亦有信与之,但至上海洪兵退去清军把守极严,凡生面异言异服之人,捉而杀之"。后来,他们拜访了墨海书馆(文中的仁济医院)。"亲笔供"中记述道:"其上海城内红兵不信予为天王之弟。"

　　② 罗尔纲:《太平天国史第四册》"冯云山传",北京:中华书局,1991年,第17－18页。结尾处提到冯云山次子在小刀会退出上海城时被清军杀害。而冯云山的外甥得知不能去南京后患了精神疾病回到香港,据说曾就读于南部浸信会同盟在广东开办的学校,也有的说他病逝了。Coughlin, *Strangers in the House*, p. 267.

　　③ Lutz, *Hakka Chinese*, p. 126.

　　④ "Letter from Muirhead to Tidman", 5 Apr 1855, CWM, Central China, 2－1－A. 麦都思为了和太平天国领袖接触,曾两次计划去南京,但都被英国政府拒绝了。罗孝全带着冯云山的次子和外甥,也希望与美国公使同行,也被拒绝了。

国的期待。外交方面,太平天国领袖称欧美为"夷国",不和欧美进行互相贸易,而是要求他们"进贡",二者不可能缔结平等的友好关系。商业方面,太平天国也不允许欧美在长江流域发展贸易。即使当初寄予很大期待的基督教方面,"天父下凡"的真正意图也越来越明显。洪秀全被当作和基督并列的"第二个儿子",杨秀清被看作"圣灵",很明显和正统的基督教相去甚远。尤其是美国公使拜访南京时,带回了新的《天父下凡诏书》第二部,人们更清楚地理解了太平天国①。《北华捷报》论述道:"这是我们能列举的最亵渎、最愚蠢、最荒唐的故事",该书论述的"毫无掩饰的谬误、傲慢、厚颜无耻混合物"的拜上帝教"恐怕会麻痹传教的作用和今后扩大基督教的希望"②。裨治文曾作为翻译与美国公使同行,他根据自己在南京的见闻总结了太平天国的现状,这份报告被刊登在《北华捷报》。他说到,太平天国发行了新旧约圣经,且人手一本,由此可见,"在某种意义上,他们是理解基督教教义的"。但是,他们的理解是不完全的,他们完全无视基督和上帝是一体的这一重要教义③。另外,英国公使随行官员提交给政府的报告书中也认为,北伐军以失败告终,太平天国占领南京后没有取得任何实质性的成果,从现状来看,今后他们"能否取得最终成功,是否能够保全自己,这让人怀疑",他甚至怀疑太平天国的实力④。

洪仁玕得知了韩山明去世的消息。没有了后盾,即使待在上海

---

① 1854年7月29日开始在《北华捷报》连载,麦都思翻译。

② *The North China Herald*,15 Jul 1854,即《天父下凡诏书》第二部翻译及下列裨治文报告刊登之际,作为引言而作的文章。

③ *The North China Herald*,22th Jul 1854.

④ "A Report by W. H. Medhust and Lewin Bowring" (FO 17/214, no. 85),Prescott Clarke and J. S. Gregory,*Western Reports on Taipings*,*Canberra*,1982,p. 159. 报告人之一 W. H. Medhurst 是伦敦传道会传教士麦都思的儿子,上海领事馆翻译。

也不可能去南京,因此他决定放弃去南京的想法。从 1854 年夏洪仁
玕写给香港的黎力基的书信可以看出,这时麦都思"每天和洪仁玕一
起读一章(圣经),(口头)说明后洪仁玕写成文章",在此工作过程中,
洪仁玕加深了对圣经的理解,并且使麦都思也知晓了他的才华①。
后来艾约瑟也提到了洪仁玕在上海的经历,"接连几个月每天早饭前
一个小时,他和麦都思一起读新约圣经,同时协助麦都思,并执笔了
一部分圣经注解"②。洪仁玕信中说的工作即执笔圣经注解。当时,
洪仁玕也参与了传教士进行的赞美歌集《养心神诗》的修订工作。麦
都思很赏识洪仁玕,他不仅负担了洪仁玕的生活费,还挽留洪仁玕待
在上海。结果,洪仁玕在上海停留了几个月后,于 1855 年春回到了
香港③。

2. 作为伦敦传道会助手

洪仁玕回到香港后,即被雇为伦敦会的传教士。洪仁玕本属于
巴色会,但他是被朝廷追捕的逃犯,而巴色会最初主要在内地传教,
以洪仁玕的身份很难在内地传教。洪仁玕在去上海前已经和伦敦会

---

① "Letter from Lechler to Inspector", 18 Aug 1854, BM, A - 1 - 3,
China 1853 bis 1856, no. 22.

② "Letter from Edkins to Tidman", 16 Jul 1860, CWM, Central China,
2 - 2 - D. 注释书指 1857 年墨海书馆出版的《罗马书注释》。该书可在澳大利亚
国立图书馆的官方网站阅览,http://catalogue. nla. gov. au/。

③ "1855 年春"的说法是根据理雅各的回忆。(James Legge, "资政新篇
太平天国 Aids to Government; a New Collection of Essays. From the Heavenly
Kingdom of Great Peace", *The Overland Register and Price Current*, 25 Aug
1860)。洪仁玕在"亲笔供"中记述是甲寅年冬回到了香港。甲寅年底,按照西
历是 1855 年 2 月下旬。

的理雅各认识①，后来理雅各又听闻麦都思对洪仁玕的高度评价，热切期望接收洪仁玕②。因此，洪仁玕就以巴色会派遣的形式在伦敦会供职③。

1850年代前期，香港还没有像上海那样受到太平天国的直接影响。太平天国运动后，广东省战乱频发，广东省的有钱人都逃到了香港。当时，香港和旧金山贸易活跃，在旧金山的香港人口剧增。旧金山和澳大利亚的移民也经由香港流出，使得香港的社会流动性很大，并开始充满活力。

在此背景下，香港的伦敦传道会取得了长足的发展：教会信徒不断增加，④印刷所也在湛约翰、黄胜等人的主持下运转正常。但是曾被香港伦敦传道会主要负责人理雅各寄予厚望的吴文秀因"流于世俗"被驱逐出教会。还有一位同样被寄予厚望的神学生 A-cheung 也被认为"没有成为牧师的资格"。另外，曾和吴文秀一起在苏格兰留学的 Le Kim-lin 也在一年前去世了。结果，1855年年底，理雅各花费十几年培养的神学生没有一人成为牧师，都离开了理雅各。

在广州，合信和梁发一起以医疗活动为中心进行传教，虽然惠爱

---

①　理雅各的女儿海伦记述到，1854年"一位瑞典人传教士"把洪仁玕介绍给理雅各，并拜托其给洪氏介绍一份工作。Helen Edith Legge, James Legge: *Missionary and Scholar*, London: Religious Tract Society, 1905, p. 91.《感主恩经历史》记载："洪益谦在香港时，英华书院之先生。"（第10页）

②　Legge，"资政新篇太平天国"。

③　巴色传道会1855年年度报告书中称，有一名信徒提及洪仁玕，说洪仁玕在香港理雅各身边做助手（Lechler and Winnes, "Jahresbericht pro 1855", 12 Jan 1856, BM, 1853-56, No. 47.）。1857年伦敦传道会向巴色传道会提交了聘任洪仁玕的信函，由此可以看出洪仁玕作为信徒的最终归属是巴色传道会。"'Testimoney' from Chalmers to Lechler", 24 Dec 1857, BM, 1858, No. 1b.

④　"Letter from Legge and Chalmers to Tidman", 12 Jan 1855, CWM, South China, 5-4-B.

医院的医疗活动受到很多人的欢迎，但是任凭梁发每天在医院进行说教，成为信徒的中国人依然很少。根据 1854 年 2 月的报告，一年中信徒的数量从 11 人减少到 6 人，过去三年里没有获得一位新信徒①，因此梁发受到了其他传教士的批判。和梁发一起传教的合信虽然一直很信赖他，但是合信也感觉梁发的说教过度强调严厉的戒律和刑罚②。梁发获得的信徒非常少，至其晚年，传教士中几乎无人相信梁发。1854 年 4 月，67 岁的梁发因病去世，常驻广州的传教士只剩合信一人了③。本来伦敦传道会的传教士就很重视"内地"布教，他们认为布教的重点应该在广州，而不是香港。1850 年和 1855 年他们两次试探总部要求把香港支部组织机构全部搬到广州，但是总部担心安全问题，一直没有答应④。

　　这时，洪仁玕和香港伦敦传道会建立了联系。伦敦会史料中首次出现洪仁玕是在 1856 年的年度报告书中，报告书中写道："一周三次的礼拜由理雅各、（何）进善，还有一个叫洪仁（玕）的人来执行。洪仁是叛军领袖的同族，最初被雇为湛约翰的老师，受雇传道会后成为得力助手，是位诚实、乐于奉献的人。去年下半年，他每个星期日赴监狱探访中国囚犯。在监牢举行简短的礼拜之后，由教会成员分发

---

①　"Letter from Hobson to Tidman"，12 Feb 1854，CWM，South China，5‑4‑B.

②　上海广学会重译《中国最早的布道者梁发》《近代史资料第 39 号》，第 212 页。合信的这份证言在麦沾恩的《梁发传》中是没有的，只存在于对原稿进行修正添加的汉译版本中。

③　"Letter from Hobson to Tidman"，13 Apr 1855，CWM，South China，5‑4‑B.

④　"Letter from Legge to Tidman"，20 Mar 1850，CWM，South China，5‑1‑C. s "Letter from Legge to Tidman"，30 Oct 1850. Ibid，5‑1‑D，"Letter from Chalmers to Tidman"，14 Apr 1856，Ibid，5‑4‑C，Legge，12 Jan 1855.

传道书,他用浅显易懂的语言传播福音。"①

　　十多年来,香港支部的教会几乎只有理雅各和何进善两人,理雅各努力培养的下一代牧师还没有成材。这时,洪仁玕很快成为仅次于牧师并能发挥重要作用的人才,因此受到了伦敦传道会的高度评价。理雅各的女儿海伦评论洪仁玕说:"他有种特别的性格魅力,他很快受到英国人、中国人及所有人的喜欢。他的圣经知识非常丰富,成为伦敦传道会的出色助手。"②另外,湛约翰写给黎力基的关于洪仁玕的信中也提到:"他的言行举止都符合基督的教诲。分配给他的工作,他总能很出色地完成,并且,他还非常热心地传播基督教教义。我衷心希望今后他能顺利地向他的同胞传播基督教教义。"③理雅各在回忆录中也写道:"他(洪仁轩)很快得到了传教士和中国人基督徒的信赖和尊敬。他的文学素养很高,对人和蔼,性格温和,是中国人中具有杰出才华的人。他关于基督教教义的知识突飞猛进,他对教义的忠诚毫无怀疑之处。他和中国人信徒的交流只有'启发'这个词最合适,他总是让他们的灵魂更纯洁,不断鼓舞他们的热情。和不是信徒的中国人相处时,他是他们的引路人,毫无畏惧地指出他们的过错,他们悔改后还热心地训诫他们相信福音。尤其对年轻人,他也给予了良好的影响。实际上,不管对方是年轻人还是老年人,正如湛约翰牧师评价的那样,'和洪仁(玕)长期亲密交往的话,我想在那人的内心肯定会有良好的影响'。"④尤其是理雅各,不仅在信仰方面,在人格方面也非常信赖洪仁玕,甚至对洪仁玕拥有"除洪仁玕外,对其

————————

　　①　"Letter from Legge and Chalmers to Tidman", 14, Jan, 1857, CWM, South China, 6 - 1 - A.

　　②　Legge, *James Legge*, p. 92.

　　③　"'Testimony' from Chalmers to Lechler", 24 Dec 1857.

　　④　Legge,"资政新篇太平天国"。

他人不可能有的好感和尊敬之情"①。但是,理雅各对太平天国运动持批评意见,他对洪仁玕也没有隐藏自己对太平天国的不信任。海伦·理雅写道:"他(洪仁玕)乃天王胞弟之事很快在整个香港传播开来。许多人跑来请求他带自己去内地,和南京的天王合流。但是,理雅各禁止和叛乱者一起活动,还忠告洪仁玕应该感谢能够逃脱出来。因为理雅各从一开始就对太平天国领袖的某些让人非难的主义抱有不信任感和批判的态度。"②

除了布教活动,洪仁玕还在英华书院教授中国孩子汉语③。据1854年年初报告记载,在英华书院,理雅各每天教3小时英文和汉语,湛约翰每周2天教授算术和几何学课程。其他时间都是何进善等中国人教师教授汉文④。洪仁玕也是这些中国人教师中的一员。

理雅各对中国古典有特别的感情。1861年以降,他计划陆续出版中国古代经典的翻译,实际上,1858年上半年他就已经开始计划了。1858年6月的报告书中,理雅各写到"自从1840年我在马六甲担任传教士以来,之所以能顺利发展(向中国人的布教活动),并拥有了稳定的基础,我想中国古典知识是不可或缺的"⑤,并且主张为了

---

① "Letter from Legge to Tidman", 28 Jan 1860, CWM, South China, 6 - 2 - C.

② Legge, *James Legge*, p. 92.

③ 洪仁玕在《南昌府提讯逆酋供》中供述,"小的到香港本为避祸隐身并用意在夷人风土,并不为名利计。小的在夷馆中教中华小孩系读唐书,那教夷人小孩则听夷长教读番书"。

④ Legge, 25 Jan 1854.

⑤ "Letter from Legge to Tidman", 17 Jun 1858, CWM, South China, 6 - 1 - B.

理解中国人的思想和习惯,传教士需要学习中国古典①。理雅各认为何进善作为中国知识分子和翻译家拥有很高的素养,尽管何进善作为牧师很忙,但他仍坚持在英华书院任教②。在中国古典知识方面,可以说洪仁玕不逊于何进善。

1856年,英国又派了一位新的医师到香港支部,他就是黄宽。黄宽是和黄胜、容闳一起去美国的马礼逊纪念学校的学生,在马萨诸塞州的孟松学校学习了两年后,又在香港医药传道会的资助下去了英国,升入爱丁堡大学医学院。在此期间,他加入了伦敦会,毕业后取得医师资格,被伦敦会派回中国③。1856年秋,黄宽到达香港,后来直接到广州从事医疗活动。黄宽到任的同时,湛约翰也决定迁到广州。

1856年10月,以"亚罗号事件"为起因,爆发了第二次鸦片战争。战争加剧了广州人对外国人的敌意,惠爱医院也不得不关门,后来遭遇火灾被完全烧光了。1856年年底,合信一家和黄宽被迫到香港避难。于是黄宽在香港开设了诊所,等待广州局势平息④。根据黄宽1857年5月的报告,诊所每天有60多名患者,年末增加至100人左右。黄宽在诊所通过说教、分发布教书籍等形式从事布教活动,

---

① 1853年理雅各加入香港政府教育委员会,他提议为了振兴政府认可的中国人学校,每半年根据学生的成绩授予奖金。在此提案中,"四书知识"和"圣经知识"、"英语能力"一同成为获奖标准,表现了理雅各重视古典的态度。E. J. Eitel, "Materials for a History of Education in Hong Kong", *The China Review*, Vol. XIX No. 5(1891), p. 321.

② Legge, 19 Feb 1849.

③ 苏精:《黄宽与黄胜》,《传记文学》第46卷第2期(1972年6月),第71-72页。

④ "Letter from Chalmers to Tidman", 29 Jan 1857, CWM, South China, 6-1-A.

当时的负责人是洪仁玕和合信。黄宽在报告中说到"有两个当地人传教士每天来诊所,向人们分发布教书、进行说教。其中姓洪的一个男的是占领南京的叛军领袖的同族,非常聪明,能言善辩。一般说教几乎都由他进行"①。1856 年上半年,刚从美国留学归国的容闳在香港从事翻译工作的同时,为成为律师而继续学习。容闳参加伦敦会教堂的礼拜时认识了洪仁玕,两人约定在南京见②。

1857 年 12 月,英法联军占领广州,战乱暂时平息了。占领广州对理雅各等传教士来说是期待已久的结果。理雅各在 1857 年 4 月的报告中写道,"我们相信年内广州会被英军占领,重新建立新秩序。这种新秩序在不断发展过程中,布教活动、商业活动也会扩展至全省。这时,我们作为传教士应该采取何种行动呢? 如果没有先见之明不能继续前进的话,我们还是就地收手比较好","依我之见,应该一有机会就马上回到广州,夺回合信医师的家",理雅各全面支持英国的政策③。合信在黄宽、洪仁玕的陪同下,和大英循道会传教士觉士(郭修理)一起来到广州,再次开设了医院和礼拜堂。礼拜堂设在广州城内,最初的礼拜由理雅各和洪仁玕两人进行④。理雅各叙述到,"这是第一次公开地、正式用汉语在这个城市传播福音"。后来传教士们暂时回到香港,洪仁玕留在了广州的礼拜堂⑤。3 月末,理雅

① Wong Fun, 8 May 1857, CWM, South China, 6 - 1 - A.

② Yung Win, *My life in China and America*, New York, 1909, pp. 59 - 63, 108.

③ "Letter from Legge to Tidman", 13 Apr 1857, CWM, South China, 6 - 1 - A.

④ "James Legge, The Colony of Hong Kong", from a lecture by the James Legge Rev, Nov5, 1872, *The China Review*, Vol. 1(July 1872-June 1873), p. 172.

⑤ Legge,"资政新篇太平天国"。

各暂时回国,后来"(其他的)传教士回到那里(广州)时,有传教士担心洪仁玕之前的事情如被官府知道,会不利于布教活动",他们催促洪仁玕回到香港。但后来洪仁玕决定去南京。①

结　语

综上所述,洪仁玕虽是拜上帝教的最早信徒,但他实际上却热衷于基督教教义。不仅如此,受礼后,他还积极从事传播基督教的活动,受到多位传教士的青睐。后来,洪仁玕到南京后编写了《资政新篇》,其中的改革方案具有浓厚的基督教色彩。这是因为洪仁玕通过传教士了解了西方知识,传教士为了传播基督教,介绍各种西方知识,于是西方知识就和基督教一起传到了中国。洪仁玕作为基督教的传播者,他在信仰基督教的同时也接受了这些西方知识。《资政新篇》就是为实现基督教和西方知识紧密结合而描绘的理想蓝图。要正确评价《资政新篇》在太平天国的作用,就必须首先理解洪仁玕和基督教的关系。

杨秀云译

---

① Ibid. 黄宽的医院在2月再次营业,并从5月开始得到考克斯的协助。或许,催促洪仁玕返回香港的也是考克斯。医院和礼拜堂在同年6月又不得不暂时关闭,黄宽和考克斯也流亡澳门。10月,医院再度营业。"Letter from Wong Fun to Tidman", 3 May 1858, 4 May 1858, 11 Oct 1858, CWM, South China, 6-1-B.

统　合

民国初年约法体制中的《清室优待条件》

村田雄二郎 *

——"中国革命是以种族思想争来的，不是以共和思想争来的。所以皇帝虽退位，而人人脑中的皇帝尚未退位。"(高一涵《非"君师主义"》，《新青年》第 5 卷第 6 号，1918 年 12 月 15 日)

1912 年 1 月中旬，武昌起义后一直对峙的南北两军就国体问题进行交涉，在清帝退位与建立共和政府的问题上终于达成"大妥协"。当时留下的最后悬案就是在皇帝退位后如何移交统治权的问题。南方已言明革命成功后，孙中山将临时大总统的位置让于袁世凯，基本上解决了双方权力移交的实质问题。但是，南北方在关于清政府向民国政府移交权力的方式和如何解释统治权性质的问题上却出现了分歧。1 月 19 日，袁世凯就此问题向隆裕皇太后表达了在清帝退位诏书下达之际取消清政府和南京临时政府，另在天津建立临时统一政府的想法。次日，袁世凯又向上海的伍廷芳提出了清帝退位后两日内南京临时政府自行解散的要求。

这些要求当然不会被以孙中山为首的南京临时政府所接受。孙中山辞职的条件是当选为新总统的袁世凯必须在南京就任。如此则会拖延唐绍仪和伍廷芳之间已达成合意的《退位诏书》的发布。伍廷芳在致南京孙中山的电文中，陈述以上内情，并提出了解决问题的

---

* 作者系日本东京大学大学院综合文化研究科教授。

建议：

　　　　日来与袁内阁切实磋商清帝退位办法,本定于初三日
(1月21日)即发表清帝退位之谕旨,后因发生难问,以致
稍滞。此难问之发生在清帝退位后对于北方如何处置。清
帝统治权已经消灭,而我临时政府事实上尚不能直接统辖
北方,则北方将陷于无政府之状态。据日下情形是北方各
官吏将士赞同共和,对于组织统一全国之政府宜得其同意。
故廷芳以为清帝退位宜由袁世凯君与南京临时政府协商,
以两方同意组织统一全国之政府。如此则统一政府成立之
后,于内必能统一全国之秩序,于外必能得各国之承认①。

但孙中山并未采纳伍廷芳的建议,还公开发出警告,称自己愿意主动
将临时大总统让位于袁世凯的前提是袁"与满洲政府断绝一切关系,
变为民国国民",如果袁擅自取消民国政府(南京临时政府),在北京
另设临时政府,则南京方面不但无法履行"所有优待皇室八旗条件",
甚至不惜采取战争②。

　　即将建立的新政府之"合法性"或"法统"是直接基于南京临时政
府,还是源于清朝皇帝(满洲政府)主动授权袁世凯,在由国民会议决
定国体的方案受到挫折后,此问题成为双方为争夺新政府实权展开
角逐的关键所在。几经交涉,双方最后达成协议,清帝退位后袁世凯

---

　　①　伍廷芳:《致南京孙文电》(1月21日),观渡庐(伍廷芳)编:《共和关键
录》,《近代中国史料丛刊续编》第一编,台北:文海出版社,1981年,第83页。
　　②　孙中山:《致伍廷芳及各报馆电》(1月22日),中国社会科学院近代史
研究所中华民国史研究室等合编:《孙中山全集》第2卷,北京:中华书局,1982
年,第34-35页。

表示赞同共和,而南京临时政府则选举袁世凯为临时大总统。虽然如此,袁世凯掌权的合法性(法统)问题直到革命之后仍然较为模糊,给各种政治势力留下了做出不同解释的余地①。其中最有争议的则是《退位诏书》中著名的此节:

> 当兹新旧代谢之际,宜有南北统一之力,即由袁世凯以全权组织临时共和政府,与民军协商统一办法②。

就《退位诏书》中这一至关重要的内容,一般认为这部分是袁世凯伪造或者篡改的。然而,考虑到起草《退位诏书》的经过及当时的实际情况,很难断言其为袁世凯一人独断专行所致。当然不可否认,《退位诏书》是袁世凯一面努力和以伍廷芳为代表的南方革命派达成妥协,一面试图获得清朝皇室批准而完成的最终产物③。因为《退位诏书》的文字是在袁世凯主导下确定的,所以袁可以对部分文字加以修改。如从图 1、2 展示的《退位诏书》草稿的一部分可以看出"即由袁世凯以全权与民军组织临时共和政府,协商统一办法"一文在最后一阶段由袁自己对统治权主体部分进行了重要修正,改为"即由袁世凯以全权组织临时共和政府,与民军协商统一办法"。这些改动可以说为日后袁世凯在北京就职埋下了伏笔④。

---

① 章永乐:《旧邦新造 1911—1917》,第二章《1911—1912 年的"大妥协":过程、意义与局限》,北京:北京大学出版社,2011 年。

② 刘路生、骆宝善、村田雄二郎编:《辛亥时期袁世凯密牍(静嘉堂文库藏档)》,北京:中华书局,2014 年,第 68 页。

③ 关于《退位诏书》成文的过程,请参看杨昂:《清帝〈逊位诏书〉在中华民族统一上的法律意义》,《环球法律评论》2011 年第 5 期。

④ 刘路生、骆宝善、村田雄二郎编:《辛亥时期袁世凯密牍(静嘉堂文库藏档)》,北京:中华书局,2014 年,第 66 页。

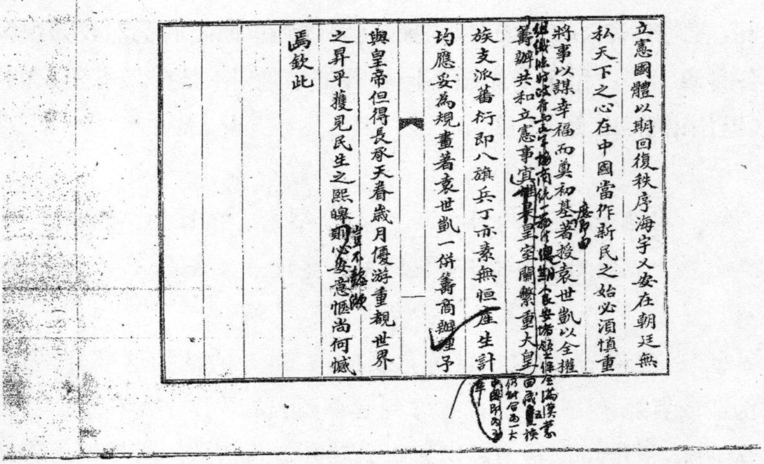

立憲國體以期回復秩序海宇乂安在朝廷無
私天下之心在中國當作新民之始必須慎重
將事以謀幸福而奠基著袁世凱以全權
籌辦共和立憲事宜
族支派舊行即八旗兵丁亦素無恒産生計
均應安為規畫著袁世凱一併籌商辦予
與皇帝但得長承天春歲月優游重觀世界
之昇平獲見民生之熙皞則心安意愜尚何憾
焉
馬欽此

图 1　《退位诏书》最后草案之一

资料来源：刘路生、骆宝善、村田雄二郎编《辛亥时期袁世凯密牍（静嘉堂文库藏档）》，北京：中华书局，2014 年，第 64 页。

為共和立憲國體近慰海內厭亂望治
之心遠協古聖天下為公之義袁世凱
前經資政院選舉為總理大臣當茲新
舊代謝之際宜有南北統一之方即由
袁世凱以全權組織臨時共和
政府與民軍協商統一辦法總期人民安堵海
宇乂安仍合滿漢蒙回藏五族完
華民國予與皇帝得以退處寬閒優游
歲月長受國民之優禮親見郅治之告
成豈不懿歟

图 2　《退位诏书》最后草案之二

资料来源：刘路生、骆宝善、村田雄二郎编《辛亥时期袁世凯密牍（静嘉堂文库藏档）》，北京：中华书局，2014 年，第 66 页。

总之，从《退位诏书》的形式和内容来看，即使在当时，南北对《退位诏书》的看法也有所不同。正如后来有贺长雄在《革命时统治权移转之本末》①中所说，清廷和北洋集团都认为袁是直接继承清朝皇帝的统治权而组织了民国政府②。民国成立后，以袁世凯为首的北洋集团并未将1912年的政权交替看作"革命"，而是称其为"改政"，其理由亦缘于此③。

《退位诏书》是一份带有"政治契约"④色彩的公文，各方面对此契约的认识不一，权力交替的具体办法也写得有些暧昧。从与《退位诏书》同时发布的《清室优待条件》中，亦可发现同样的政治色彩。以下，笔者将围绕尚未充分得到重视的《清室优待条件》的成立过程进行分析，并简述其在民国政治中发挥的政治功能和当时法学界的相关讨论。

一、南北议和与《清室优待条件》

本文所谓《清室优待条件》是1912年2月12日与清帝《退位诏书》同时下达的《关于大清皇帝辞位后之优待条件》、《关于清皇族待遇之条件》和《关于满蒙回藏各族优待条件》（以下统称《优待条件》）。作为清帝退位的交换条件，南京临时政府同意发布这一公文，以保证

① 《法学会杂志》第1卷第8号，1913年10月15日。现据王健主编：《西法东渐：外国人与中国法的近代变革》，北京：中国政法大学出版社，2001年。
② 松井直之：《清末民初期の中国における立憲主義の継受——有賀長雄の天皇機関説に着目して》，载高桥和之编：《日中における西欧立憲主義の継受と変容》，东京：岩波书店，2014年。
③ 唐启华：《北洋派与辛亥革命》，载辛亥革命百周年纪念论集编辑委员会编：《综合研究辛亥革命》，东京：岩波书店，2012年。
④ 章永乐上引书，第66页。

清朝皇帝、皇族、满蒙王公等继续享受原有地位和权利。与此同时，为确保公文生效，南北双方代表照会各国驻京公使，并向各国政府传达了公文内容，使其成为某种意义上的"国际公约"。

关于《优待条件》的历史意义，中国史学界的主流观点是"国内外的野心家留下一个制造中国变乱的傀儡工具"①，向来持批判态度。但是喻大华早在 20 世纪 90 年代即对此提出了挑战。他指出，《优待条件》并非袁世凯编造，而是南北议和会议初期由伍廷芳起草，是辛亥革命时期南北政权相互让步与妥协的产物②。笔者所持观点基本上与喻大华相同，认为应对《优待条件》给予积极的历史评价。

《优待条件》是 1911 年 12 月 18 日于上海开始的南北议和经历数次波折后，由南方的伍廷芳等人于 1912 年 1 月中旬提出，旨在于建立共和政府和清帝退位之间寻求平衡点的产物。实际上，在南北议和前，革命军在汇集各方势力的上海各省代表联合会上，确立了"一推翻满清，二优礼皇室，三厚待满人，四统一各省"③的原则。为了走向共和，革命阵营内部对保证皇帝、皇室继续享受相应权利的问题达成共识，向北方提出了《优待条件》草案，作为实现和平的交换条件。在上海进行南北谈判之际，袁世凯的亲信靳云鹏又派廖宇春到南京，与黄兴的密使顾忠琛暗中进行和平交涉，双方商议的五项条款中也有"二优待清皇室"一项④。

① 陶菊隐：《北洋军阀统治时期史话》上册，北京：生活·读书·新知三联书店，1983 年，第 131 页。
② 喻大华：《〈清室优待条件〉新论：兼探讨溥仪潜往东北的一个原因》，《近代史研究》1994 年第 1 期。
③ 《外务部司院曾宗鉴为报南方代表已赴沪等事致外务部丞参电》，中国第一历史档案馆编：《宣统三年清室退位档案》，《历史档案》2011 年第 3 期。
④ 刘泱泱编：《黄兴集》，长沙：湖南人民出版社，2008 年，第 159 页。

在许多历史文献中,《优待条件》的实际起草者被认为是汪精卫,但没有确切的史料可以证明。1911 年 11 月 15 日,在"君主立宪党"(杨度)和"民主立宪党"(汪精卫)的合作下成立了国事共济会,《宣言书》中称:"以保一君主为目的,而使全国流血,君主立宪党所不忍出也;以去一君主为目的,而使全国流血,民主立宪党所不忍出也。设更不幸而二十二行省中有南北分立之事,又不幸而汉人团为一国,蒙回藏遂以解纽,以内部离立之原因,成外部瓜分之结果,则亡国之责两党不能不分担之矣,岂救国之本意哉?"[1]呼吁对立两派的妥协与合作。有鉴于此,不难想象在提出《优待条件》草案时,汪精卫的意向发挥了重要的作用。

在南北议和中,伍廷芳也和汪精卫一样,怀有相同的顾虑和担忧。他认为如果南北对立的问题一日不能解决,分裂状况将一直持续下去,最终可能会招致边疆民族的背离。如伍廷芳在《复内外蒙古王公电》(1912 年 1 月 14 日)中称"民军起义之目的欲合汉满蒙回藏为一大共和国,此举并非为汉人自私自利起见,乃欲与满蒙回藏同脱专制之苦,而享共和兄弟之乐"[2],他还曾在致孙中山和黄兴函中称,"且蒙古、伊犁、呼伦贝尔等处纷纷独立,呼伦贝尔且声明排汉扶清。我辈于南北合一之后,有此一大问题不易解决,不知当如何费力,更不知能否挽回。姑留大清虚号,尚可藉此操纵,希冀满蒙离而复

---

[1]　《国事共济会宣言书附简章》,刘晴波主编:《杨度集》,长沙:湖南人民出版社,2008 年,第 537－538 页。关于国事共济会和袁世凯的密切关系,请参看李守孔《南京临时政府成立前后清帝退位之交涉》(中华文化复兴运动推进委员会编:《中国近现代史论集》,台北:台湾商务印书馆,1986 年,第 1495－1499 页)。

[2]　丁贤俊、喻作风编:《伍廷芳集》下册,北京:中华书局,1993 年,第 441 页。

合"①,对目前边疆动荡的情况表述了自己的观点。

伍廷芳在1911年年底将《优待条件》的草案提交给袁世凯,此时他和唐绍仪还在进行南北议和会谈②。然而此后不久,唐绍仪便被袁世凯罢免,导致在上海举行的南北议和会议突然中断,因此关于《优待条件》的交涉也一度受挫。袁世凯虽然继续和伍廷芳直接交涉,但是似乎没有就《优待条件》进行磋商。对袁世凯来说,此时亟待解决的不是包含《优待条件》在内的清帝退位的问题,而是清帝退位后召开"国民会议"的场所、召集方法、选举法等一系列和权力移交相关的问题③。

1912年1月南北停战协定成立,总体趋势倾向于共和,伍廷芳和袁世凯就开始围绕《优待条件》的条文展开交涉。当时南北实际上已经暗地里在清朝退位和将权力委让给袁世凯的问题上达成了一致。但是,在这次对话中,又出现了"在清帝退位后对于北方如何处置"的难题,亦即,袁世凯和南京临时政府为了避免"北方将陷于无政府之状态","以两方同意组织统一全国之政府"④,面临着如何和平转让权力的具体策略问题。当然,双方都想要写出一个有利于自己的剧本。南京临时政府在和议成立后组织新政府的问题上,意见并非一致,因而很难让步于北方。最令孙中山方面担心的是清帝退位后北京出现另立临时政府的局面。正在这一时期,对于打消此种顾虑、促成南北双方妥协,围绕《优待条件》的南北交涉发挥了非常重要

　　①　伍廷芳:《致孙文、黄兴电》(1912年1月19日),见《伍廷芳集》,第445页。

　　②　伍廷芳:《致袁世凯电》(1912年1月26日),同上,第457页。

　　③　《北京袁世凯来》(1912年1月24日,1月26日),《共和关键录》第一编,第84-86页。

　　④　伍廷芳:《致孙文、国务各总长、参议院长电》(1912年1月21日),《伍廷芳集》,第450-451页。

的作用。

在伍廷芳向袁世凯提出《优待条件》之前,革命派阵营内部必须先获得统一见解。据目前史料看来,最初的《优待条件》草案出现于1912年1月18日伍廷芳发致南京孙中山、黄兴的电文中①。在此阶段,《优待条件》分为《优待皇室条件》和《优待满蒙回藏人条件》两部分。其中争议极大的是关于清朝皇帝退位后的称号及其居所的问题。关于前者,伍案第一条称"大清皇帝改称让皇帝,相承不废,以外国君主之礼待之"。此句是在原语"世世相承"的基础上,经由孙中山等批判后修改而成的。第二条中关于退位后的清朝皇帝"仍居宫禁"的相关规定,也受到了南京方面的强烈否决。黄兴批评《优待条件》保留"大清皇帝"的称号让其"世世相存"乃"无耻之极",而若接受第二条的"仍居宫禁",则"与未退位无异",表示极度反感②。然而,伍廷芳以若是删除条文则难免引起清朝更多不满为由,保留了原有内容。另外,伍案条文中还认可了除岁费以外民国政府还需承担修建光绪帝陵墓(崇陵)的工事费用。这虽然也遭到了南京方面的否定,但是伍廷芳顾及清朝政府方面的诸多因素,始终坚持在原案基础上不做大的变更。关于岁费的数额,袁世凯的初案中原为"大清皇帝岁用,每岁至少不得短于五百万两,以备特别典礼之用,永不得减额。如有特别大典,由民国经费担任"。但在最终案中改为"大清皇帝辞位之后,岁用四百万两,俟改铸新币后,改为四百万元,此款由中华民国拨用"(图3)③。

总之,革命派内部围绕《优待草案》产生的争议集中于以下三点:

---

① 伍廷芳:《致孙文黄兴》(1912年1月18日),《共和关键录》第一编,第72-74页。

② 《陆军部黄兴来》(1912年1月19日),《共和关键录》第一编,第77页。

③ 前引《辛亥时期袁世凯密牍(静嘉堂文库藏档)》。

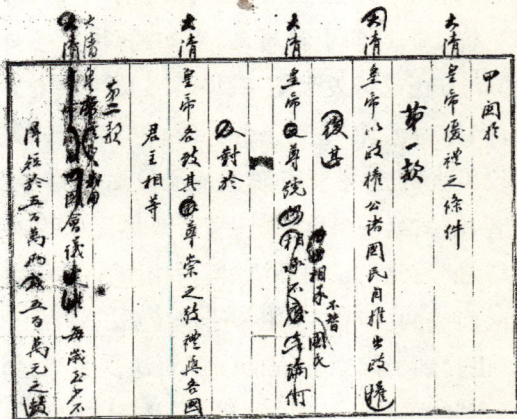

图 3　《清室优待条件》袁案草稿

资料来源:刘路生、骆宝善、村田雄二郎编《辛亥时期袁世凯密牍(静嘉堂文库藏档)》,北京:中华书局,2014 年,第 33 页。

(1) 是否继续承认清帝退位后的"大清皇帝"尊号;(2) 清帝是否可以继续居住于宫殿中;(3) 民国政府对清王室应给与多少数额的财政支援。然而,关于争议最大的第一点,就伍廷芳看来,"初谓宜称让帝,继因磋商仍许称清帝,既有以待外国君主之礼待之一语,则此空名,直与王公世爵等,同为废物,似不必重视"①。如此一来,在和唐绍仪共同推动的上海南北议和的基础上,南北双方最终就《优待条件》草案达成一致。就此意义来说,伍廷芳是南北和议,或者至少是《优待条件》成立的最大功劳者。

————————

① 伍廷芳:《致孙文、黄兴电》(1912 年 1 月 19 日),《伍廷芳集》,第 447 页。

二、围绕《优待条件》的攻防

针对伍廷芳提出的《优待皇室条件》、《优待满蒙回藏人条件》草案，袁世凯内阁磋商两周之后，至2月4日才向南方送交修正案。这是袁内阁对于南方数次提交的《优待条件》草案的首次正式回应，其内容由《甲、关于大清皇帝优礼之条件》、《乙、关于皇族待遇之条件》和《丙、关于满蒙回藏各族待遇之条件》组成。为便于和2月12日以上谕下达的最终版进行比较，以下引用《甲、关于大清皇帝优礼之条件》的全文①。（[ ]内为上谕本文。）

甲、关于大清皇帝[辞位之后]<u>优礼</u>[优待]之条件。

第一款　大清皇帝[辞位之后]尊号<u>相承不替</u>，国民对于大清皇帝各致其尊荣之敬礼[仍存不废]，<u>与各国君主相等</u>[中华民国以待各外国君主之礼相待]。

第二款　大清皇帝[辞位之后]岁用<u>每岁至少不得短于四百万两</u>[四百万两，俟改铸新币后，改为四百万圆]，<u>永不得减额</u>。<u>如有特别大典</u>，经费由民国担任[此款由中华民国拨用]。

第三款　[大清皇帝辞位之后]<u>大内宫殿或颐和园由大清皇帝随意居住</u>[暂居宫禁，日后移居颐和园]，<u>宫内侍卫护军官兵</u>[侍卫人等]照常留用。

第四款　[大清皇帝辞位之后]宗庙陵寝永远奉祀，由民国妥慎保护，负其责任，并设守卫官兵。如遇大清皇

---

① 《共和关键录》第一编，第94-96页。

　　　　帝恭谒陵寝,沿途所需费用由民国担任[由中华民
　　　　国酌设卫兵妥慎保护]。

第五款　德宗崇陵未完工程,如制敬谨妥修[如制妥修]。
　　　　其奉安典礼,仍如旧制。所有经费,均由民国担任
　　　　[所有实用经费,均由中华民国支出]。

第六款　[以前]官内所用各项执事人员,由大清皇帝留用
　　　　[可照常留用,惟以后不得再招阉人]。

第七款　凡属大清皇帝[大清皇帝辞位之后][其]原有之私
　　　　产[由中华民国]特别保护。

第八款　大清皇帝有大典礼,国民得以称庆。[删掉]

第九款　[第八款][原有之]禁卫军,名额俸饷[归中华民国
　　　　陆军部编制,额数俸饷]仍如其旧。

　　袁方草案的最大特点在于形式。与南方提出的由《优待皇室条
件》和《优待满蒙回藏条件》两部分构成的伍案相比,袁案将其分为三
部分,即将前者分为《甲、关于大清皇帝优礼之条件》、《乙、关于皇族
待遇之条件》,将后者改称为《丙、关于满蒙回藏各族待遇之条件》。
其内容如上文所示,袁世凯要求南京临时政府尽最大努力保证清朝
皇帝的地位和体面,同时尽可能满足维持宫廷的开支需要。几乎与
此同时,段祺瑞等北洋派军人、阿穆尔灵圭和那彦图等驻京蒙古亲王
们也向伍廷芳传达了《优待条件》的各项内容①。

　　伍廷芳接到北京的修正案后,派汪精卫和唐绍仪前往南京,请孙

---

　　①　《北京阿王那王等来》(1912 年 2 月 5 日)、《北方各将领来》(1912 年 2
月 5 日),《共和关键录》第一编,第 128－130 页,第 132－134 页。

中山检查草案的修正部分①。2月5日，《优待条件》被提交到南京临时政府参议院进行讨论，对袁的修正案分别按照《甲、关于皇帝逊位后优待之条件》、《乙、关于清皇族待遇之条件》和《丙、关于满蒙回藏各族待遇之条件》提出了再修正案，进而逐条讨论并表决通过，最后送交袁世凯②。在参议院审议时，伍廷芳、汪精卫和胡汉民对修正案进行了说明③。伍廷芳认为，袁内阁案比当初南方提出的草案对清朝"更为优渥"，参议院的修正案与袁内阁案差别不大，清朝方面亦应可以赞同。重要的是即刻促使清帝"逊位"，这样可加快解决1月中旬以来迟迟未能实现的清帝退位问题④。伍廷芳称"此次修正案一面优礼清皇室，俾逊位之后不失尊荣；一面巩固共和国体，俾民国基础不致动摇"⑤，正如他所说，修正后的《优待条件》是在顾及南北双方态度的基础上拟定的，最大限度照顾了清朝政府、北洋派以及蒙古王公等北方势力。至此，南北之间就《优待条件》基本上达成了一致。

然而，此案在南方却引起了出乎意料的反响。针对参议院通过的《优待条件》，革命阵营称其违背共和精神，对此表示强烈的不满。例如，作为"北面招讨使"，血战于南北两军最前线的谭人凤强烈指责

---

① 伍廷芳：《致孙文电》(1912年2月4日)，《伍廷芳集》，第475页。

② 伍廷芳：《致袁世凯电》(1912年2月6日)，《伍廷芳集》，第477－478页。

③ 郭孝成编：《中国革命纪事本末》第三编，上海：商务印书馆，1912年，第261页。

④ 伍廷芳：《致孙文、国务各总长、参议院长电一》(1912年2月6日)，《伍廷芳集》，第479页。

⑤ 伍廷芳：《致孙文、国务各总长、参议院长电二》(1912年2月6日)，《伍廷芳集》，第480页。

在民主国体下保留"帝号"荒谬绝伦①。广东省的反对运动尤为激烈。广东省议会强烈批判议和代表提出的条件中允许清帝居住北京、保留帝号、王公封爵以及禁卫军等内容，称其将导致一个"不伦不类共和国"，给他国以笑柄并贻害于将来②。广东都督陈炯明也对参议院表决通过的《优待条件》表示了强烈的不满，称"此次和议内有清帝仍居北京，不去帝号，王公仍旧袭爵，此耗传来，全粤愤懑"③。但在伍廷芳和汪精卫等人的竭力解释和反复劝说下，此次反对运动未进一步扩大④。

袁世凯接到南京方面提出的修正案后，逐条进行斟酌，于2月9日将再修正案送回给伍廷芳⑤。袁表示，就参议院案中"清帝逊位"的说法，北方军民有强烈异议，应将其改为"致政"或是"辞政"。此外，袁案条文中关于岁费之外"特别大典"的经费负担及退位后皇帝的"护军"等内容亦应予以保留。伍廷芳再次修改了袁世凯的修正案

---

① 伍廷芳：《致孙大总统、黄陆军长、参议院议员诸公》（1912年2月8日），《南京临时政府公报》第十三号，刘萍、李学通主编：《辛亥革命资料选编》第4卷下册，北京：社会科学文献出版社，2012年，第632－633页。

② 《广东省议会来》（1912年2月12日），《共和关键录》第一编，第127－128页。清帝退位后，陈炯明还反复表达对《优待条件》的不满之意（《广州陈炯明来》，《共和关键录》第一编，第128－129页）。

③ 伍廷芳：《致孙文、黎元洪及各省都督电》（1912年2月9日），《伍廷芳集》，第486页。

④ "夏君清贻来函云：此次优待皇室各款，皆委曲以求和平，人所共谅，而粤军独极端反对，经伍秩庸、汪精卫两君，竭力解释，调停其间，始克就绪。"引自廖少游：《新中国武装解决和平记》，中国社会科学院近代史研究所近代史资料编辑组：《近代史资料专刊辛亥革命资料类编》，北京：中国社会科学出版社，1981年，第397页。

⑤ 《北京袁世凯来》（1912年2月9日），《共和关键录》第一编，第109－111页。

后致电北京。南方表示因 5 日的伍廷芳案已经由参议院议决,碍难再做修改,但对其中将"逊位"改为"辞位"等若干字句的微调予以接受。至此,围绕《优待条件》的南北对立局面终于结束①。

1912 年 2 月 12 日,《优待条件》与《退位诏书》同时以上谕的形式诏告天下,并作为正式公文照会各国驻京公使,使其转达各自政府。虽然在最后阶段,南方接受了清廷将"逊位"改为"致政"或"辞政"的要求,但既然清帝"辞位"②了,在奔向共和的巨大潮流席卷全国之际,这些字句的改动并未引起纠纷,南北政权终于和平地达成了历史性的"大妥协"。

之后,为了打消广东等南方各省的疑虑和担忧,伍廷芳对《优待条件》进行了自我概括:

> 案清帝辞位问题,筹商一月有余。关于辞位以后优待条件,尤费筹画。民国政府宗旨,在合汉、满、蒙、回、藏各民族,以建中华民国,已屡次剀切宣明。而所定满、蒙、回、藏各民族赞成共和之待遇条件,于平等大同之义,委曲调护之心,皆已周至。然满、蒙王公所注目者,不仅在本族之位置,尤在清帝辞位待遇之厚薄。果使清帝辞位得蒙优待,则皆以为清帝且如此,满、蒙诸族更何所虑。设其不然,则皆以为清帝犹不免如此,满、蒙诸族更无待言。此种存心骤难解说,前因优待条件久未商定,大起恐慌,谓既不见容于汉人,不如托庇于外国③。

---

① 《复北京袁世凯》(2 月 9 日),《共和关键录》第一编,第 113 - 114 页。

② 郭孝成编:《中国革命纪事本末》第三编,第 267 页。

③ 伍廷芳:《致孙文、黎元洪、各省都督电》(1912 年 2 月 17 日),《伍廷芳集》,第 498 页。

　　笔者认为,此番话是革命党人对《优待条件》进行的一个很好的概括,只有经验丰富的政治家才能做出如此饶有洞见的总结。最后一句甚至暗示了溥仪在 1924 年被迫出宫后的"复辟"言行。

三、民国以后的《清室优待条件》

　　清帝退位后,袁世凯就任临时大总统,与国民党占据多数的国会渐成对立之势。1913 年 11 月,袁世凯命令解散国民党,使国会陷入停滞状态。1914 年 3 月,袁又新设约法会议,命其起草新的最高法规,以替代赋予议会大权的《临时约法》。5 月,《中华民国约法》公布。新《约法》附则第六十五条规定:"中华民国元年二月十二日所宣布之《大清皇帝辞位后优待条件》、《清皇族待遇条件》、《满蒙回藏各族待遇条件》永不变更其效力。其与《待遇条件》有关系之《蒙古待遇条件》,仍继续保有其效力。非依法律,不得变更之。"①这是《优待条件》第一次也是最后一次在民国宪法(《约法》)体系中获得一席之地。1916 年 6 月袁世凯死后,大总统黎元洪宣布恢复《临时约法》,《中华民国约法》因而废止。

　　《优待条件》写入《中华民国约法》,是袁世凯强硬意向的反映。袁世凯曾表示:"所有《优待》各节,无论何时,断乎不许变更。容当列入宪法。"可见,他无疑将《优待条件》视为与宪法条文同等重要的法律规范。此外,庆亲王奕劻对袁世凯的鼓动也对《优待条件》写入新

---

　　① 袁世凯:《手题〈清室优待条件〉》(1915 年孟冬),骆宝善、刘路生主编:《袁世凯全集》第 33 卷,郑州:河南大学出版社,2013 年,第 274 页。袁在《所有满蒙回藏待遇条件继续有效令》中亦表示应将《优待条件》写入宪法(同上书,第 640 页)。

《约法》起到了一定的作用①。

曾在民国成立后的"小朝廷"里担任溥仪家庭教师的庄士敦,在其回忆录《紫禁城的黄昏》中专门分出一节讨论《优待条件》,指出其受重视程度不亚于国家宪法,即《中华民国临时约法》。的确,1913年编纂的中华民国的法令集中,《约法》后附有《优待条件》,可知《优待条件》在民国的法律体系中实际上被定为"准宪法"②。而在同年北洋政府刊行的《法令全书》中,《临时约法》的附录里亦有《优待条件》。这表明在民国的法律体系中,《优待条件》所受到的待遇类同宪法。袁世凯和庄士敦对《优待条件》的重视,源于如下认识:《优待条件》是促成清帝"辞位"、南北和解的基本条件,是一种有拘束力的法规。庄士敦做出了如下解释:

> 尽管所有的反对意见都直接把矛头指向"优待条件",然而事实上,"优待条件"是解决革命问题的不可缺少的部分。如果共和派不赞同"优待条件",也许从来就不会产生民国。无疑,一旦共和派和君主派正式签署了"优待条件",他们便被永久地束缚到了一起。"优待条件"非经共同协商,不许更变,并由双方代表照会各国驻北京公使,转达各该政府,以便载于盟府,永久记录在案③。

庄士敦以清朝皇族和遗臣代言人的身份,强调《优待条件》在法

---

① 《优待条件加入约法之问题》,《大同报》(上海)第 20 卷第 15 期,1914年。

② (中华民国)印铸局编纂处编:《法令全书》,出版地不详,1913 年。

③ 庄士敦著,陈时伟等译,马小军校:《紫禁城的黄昏》,北京:求实出版社,1989 年,第 71 页。(原书出版于 1934 年。)

理上的重要性。然而，在手握大权的袁世凯眼中，这份文书则有着更为重要的政治意义。《优待条件》与《退位诏书》一样，都是证明其权力来源合法性的无可替代的证据，面对国民党等议会反对势力的冲击，对《优待条件》的切实履行与遵守亦构成了一道权力的防波堤。

当时，袁世凯招聘的法律顾问有贺长雄曾发表议论，称清帝退位导致的政权交替并非革命，而是清室将统治权移交给民国政府的过程。有贺认为："从前清朝皇帝凌驾于人民之上，拥有统治权。清帝运用其统治权赞成并承认共和政体，以与外国君主受到共和政体的同样优待为条件，移交了统治权。正因如此，民国的共和政体才得以成为统治全国的有效的政体。"基于这种认识，有贺向袁世凯建议，中华民国不是本于民意的共和政体，亦不必举行普选、召开国会①。这对于企图强化权力的袁世凯来说，自然是值得欢迎的妙论。有贺的"统治权移交"论为袁世凯将《优待条件》写入《约法》乃至未曾实现的《洪宪宪法》提供了法理依据，起到了推波助澜的作用。

此外，袁世凯对《优待条件》的重视，还源于他的对蒙政策。辛亥革命时期，蒙古、新疆等地呼应南方各省的独立，希望从清朝中独立出来，其政治发生了巨变。然而，与宣布独立的西藏、外蒙古不同，内蒙古地区响应五族共和的口号，欲在中华民国的统合之下寻求蒙古的自立自治。如哲里木盟科尔沁左旗的阿穆尔灵圭就是王公中的"亲中派"②。

橘诚的研究指出，辛亥革命爆发之际，原本没有"中国"国家概念的蒙古内部并非铁板一块。除试图从清朝分裂、独立的动向之外，驻

---

① 前引松井论文，第110页。

② 《内蒙古王公阿穆尔灵圭等致袁世凯函》（1912年3月1日），黄彦、李伯新选编：《孙中山藏档选编（辛亥革命前后）》，北京：中华书局，1986年，第144页。

京蒙古王公中亦有支持臣服清朝的势力。而革命后，内蒙古更面临着究竟应归属哲布尊丹巴政府还是中华民国的政治选择，情势更显复杂，难以用非敌即友的二分法概括。值得注意的是，昭乌达盟克什克腾旗的札萨克布和济雅曾归顺于哲布尊丹巴政府，毫不掩饰对五族共和的戒心，认为中华民国是民人（汉人）灭亡了清朝而建立的国家，对蒙藏实行同化政策。然而，在哲布尊丹巴政府与民国军展开激战时，布和济雅却站到了民国一方①。由此可见，袁世凯的对蒙政策发挥了一定的作用。

辛亥革命后，那彦图、阿穆尔灵圭等驻京蒙古王公结成了蒙古联合会，向新政府请愿，寻求保护和优待。1912 年 3 月民国政府公布的《蒙古待遇条例》就是请愿活动的成果。该条例规定，中央不将蒙古视为"藩属"，与内地同等对待，蒙古王公原有之管辖权、特权、爵位、封号及俸饷等仍受保护，堪称《优待条件》的蒙古版。1912 年 11 月 23 日，袁世凯命国务院刊刻《优待蒙回藏各族条件》与《蒙古待遇条例》，并向蒙古各旗颁发。

综上可知，袁世凯重视《优待条件》，并特意在新《约法》中加入"其与《待遇条件》有关之《蒙古待遇条例》，仍继续保有其效力。非依法律，不得变更之"等规定，实则出于防止蒙古人背离，维系蒙古地区与中华民国的联系之政治目的。从继续"活用"清朝对蒙古的影响力这一层面来说，履行《优待条件》亦是民国政府民族政策的重要环节。

1914 年 12 月 26 日，北洋政府公布了《善后办法七条》。袁世凯解散国会后，北京市面上流传着清朝旧势力正策划复辟，意欲变更国体、还政清室的传闻。萧政史、夏寿康等人对此感到忧虑，要求政府予以取缔。政府因之提出《善后办法》。该办法要求：清皇室应尊重

---

① 橘诚：《辛亥革命与蒙古》，前引《総合研究辛亥革命》，第 312 - 313 页。

中华民国;文书应使用民国纪年,不用大清年号;废止所有赐谥及其他荣典;内厅警职务由护军长官负责,宫内执事人役及太监等犯罪应送司法官厅办理等。由此可见,《善后办法》旨在牵制、清除清朝遗臣等旧势力,消灭其在民国时代延续清室旧有特权、惯习的企图。而袁世凯本人亦鉴于社会上对复辟势力的疑虑与排斥,无意给予"小朝廷"超出《优待条件》范围的特殊待遇,故在《善后办法》第一条明确表示"清皇室应尊重中华民国国家统治权,除《优待条件》特有规定外,凡一切行为与现行法令抵触者,概行废止"。

　　然而,在袁世凯死后,有关《优待条件》定位问题的攻防仍未停歇。1917 年 7 月张勋复辟前夕,清朝遗臣发起请愿运动,要求将《优待条件》写入新宪法。对此,内务总长范源濂予以驳回,称:"本年四月二十日宪法会议第四十八次会议,经主席以关于清皇帝优待条件及待遇蒙满回藏各条件,本属缔结条约性质,曾经临时参议院议决,当然永远发生效力,其加入宪法与否,效力均属相等,不必再议。"①尽管如此,清朝遗臣及复辟势力仍三番五次地要求《优待条件》入宪,其原因之一在于,《优待条件》的法律定位模糊不清,新旧势力始终担忧其是否能得到履行。但在民国政府看来,《优待条件》升格为宪法条文,可能导致民国法统的破坏,这是难以接受的。概括而言,民国政府一方面出于利用旧皇室的影响力,获取满蒙王公贵族的信赖的目的,不得不履行《优待条件》;另一方面则鉴于社会的强烈反对,避免给予"小朝廷"更多的待遇和特权,在《优待条件》升格的问题上采取了慎重的态度。

　　这里附带谈一谈履行《优待条件》的关键问题——岁费的拨发情况。出乎意料的是,尽管民国政府常年财源枯竭,却仍在竭力依照

---

① 　秦国经:《逊清皇室轶事》,北京:紫禁城出版社,1985 年,第 28 页。

《优待条件》的规定，向清室支付岁费，其金额折合为银元约有 600 万之多。最初的两年（1912 年、1913 年）均全额拨发，而 1914 年仅发给 476 余万元，1915 年减额为 400 万元，实际支付数额更在此之下①。由于"小朝廷"的支出与清朝时代无异，仅靠民国政府拨发的岁费难以支撑。众所周知，少年溥仪对宫中的铺张十分不满，着手改革"小朝廷"的财政，为削减经费，遣散了大量太监，结果造成了宫中的一场混乱。

四、北京政变与《清室优待条件》论争

如上所述，民国初年，《优待条件》的定位是类同于约法的法规，至少在袁世凯制定的《中华民国约法》（新约法）中就是如此。然而，这一认识在社会上从未得到过广泛认同。尤其在北京之外的地区，人们仍深怀戒心，认为将《优待条件》视作准宪法，不过是助长复辟势力的气焰。

1913 年王宠惠所作《中华民国宪法刍议·宪法草案》第六十四条为："大总统得于中华民国元年二月十二日颁布之优待条件范围内，颁给勋章及其他荣典。"根据他的解释，"民国人民一律平等，本不应有特别殊异之称号及标识"，"如使此等制度再存留于民国，则人民之间又生阶级，与共和之理，实属相背"，然而"至对于前清议定优待条件，乃立国之始，力保和平，不得已之办法，是为仅有之例外，绝不可援以为例者也"②。王宠惠认为《优待条件》乃是一种例外的法规，

---

① 陈肖寒：《民国初年逊清岁费问题初探（1912—1916）》，《西南农业大学学报（社会科学版）》2009 年第 4 期。

② 王宠惠：《中华民国宪法刍议》，夏新华等整理：《近代中国宪政历程——史料荟萃》，北京：中国政法大学出版社，2004 年，第 304 页。

应尽可能限制其适用范围。这不仅是法学家王宠惠的看法,也是当时政界的普遍认识。

甚至溥仪也在自传中写道,自己曾一度主动要求取消《优待条件》。随着年龄的增长,溥仪对故态依旧的小朝廷产生了反感,希望出洋留学,却因遭到周围的反对而未果。袁世凯死后,民国政局风云变幻,溥仪听说一部分国会议员要求取消对清室的优待,于是表示不如干脆不要优待,奔向海外①。这显然是血气方刚的年轻人的冲动想法。溥仪此处所说的国会议员的发言,可能是指1922年7月众议院议员李庆芳请求撤销溥仪帝号、修改优待条件的意见书②,或是1923年1月众议院议员李燮阳等人提出的取消《优待条件》的议案③,然而这些提案在当时并未引起太大反响。李燮阳在1924年2月末再次向国会提出了《取消优待条件》决议案④,这实则反映了视"小朝廷"为眼中钉的直系军阀吴佩孚等人的意向。1922年6月,吴佩孚取得第一次直奉战争的胜利,在将张作霖军驱逐出京后,立刻向大总统黎元洪提议取消《清室优待条件》⑤。北京社会对于"小朝廷"无视《大清皇帝辞位后优待条件》第三条规定,仍居住在紫禁城,迟迟不移居颐和园的不满,在民国成立十年之后日渐加剧了。

1924年10月,北京政变爆发,情势急转直下。冯玉祥率领的国民军击败吴佩孚的直隶军、占领北京后,首先命曹锟辞去大总统职务,继而将溥仪赶出了紫禁城。11月5日,冯玉祥军公布了《修正优

---

① 爱新觉罗·溥仪:《我的前半生(全本)》,北京:群众出版社,2007年,第100页。

② 《李庆芳议撤清室帝号》,《申报》1922年7月30日。

③ 《众议员取消清室优待条件》,《申报》1923年1月15日。

④ 《李燮阳再提取消优待条件》,《申报》1924年3月1日。

⑤ 《清室优待条件有将取消说》,《申报》1922年6月28日。

待条件》，以"代理大总统黄郛"的名义知会清室。该条件共五条：①

第一条　大清宣统帝从即日起永远废除皇帝尊号，与中华民国[国民]在法律上享有同等一切之权利。

第二条　自本条件修正后，民国政府每年补助清室家用五十万元，并特支出二百万元开办北京贫民工厂，尽先收容旗籍贫民。

第三条　清室应按照原优待条件第三条，即日移出宫禁，以后得自由选择住居，但民国政府仍负保护责任。

第四条　清室之宗庙陵寝永远奉祀，由民国酌设卫兵，妥为保护。

第五条　清室私产归清室完全享有，民国政府当为特别保护。其一切公产，应归民国政府所有。

观其内容可知，《修正优待条件》将原有《优待条件》所规定的尊号与特权几乎剥夺殆尽，从事实上瓦解了溥仪的"小朝廷"，等同于一份最后通牒。众所周知，遵照这份通牒，溥仪等一行人先移居到其父摄政王醇亲王府邸，后经日本公使馆转到天津日租界居住，逐渐加深了与关东军的联系。

冯玉祥军的《修正优待条件》通牒与溥仪"出宫"，从事实上宣告了自民国成立以来始终有效的《优待条件》的结束。对此，多数市民表示欢迎，但其中也不乏怀疑者。特别是一些在辛亥革命之际参加过南北议和的北洋政治家与军人，指责冯玉祥军单方面将溥仪"驱

---

① 中国第一历史档案馆：《溥仪出宫后图谋恢复优待条件史料》，《历史档案》2000 年第 1 期。

逐"出宫。曾被袁世凯委任为北方代表,参与了南北议和的唐绍仪就是如此。他在上海的英文报纸《字林西报》发表了谈话,批判《优待条件》的"修正",称《优待条件》是经过南北双方"严肃协议(solemn agreement)"的成果,撕毁该条件实为"一个反道德的行为(an immoral, unethical act)"①。北洋军阀段祺瑞也对单方面更改《优待条件》表示了怀疑,他在给新任国务总理黄郛的通电中称,该条件与清帝退位一事同时知会各国公使,具有"国际的关系",是一份具备条约性质的文书。而借北京政变之机重回中央政权的奉系军阀张作霖亦与段祺瑞持相同见解②。康有为对段祺瑞的通电反应迅速,他提出清帝居故宫、享尊号,正如意大利优待教皇,并称"六十年来未闻有改其优待条件,逐教皇而废其尊号,劫教皇宫而夺其财宝者"③,强烈指责冯玉祥驱逐溥仪出宫的行为。

然而,上述异见终究只是一小部分,要求维持《优待条件》的只有康有为等君主制拥护者,以及唐绍仪、段祺瑞等原袁世凯一派的政治家与军人。周作人就溥仪出宫后,北京总商会向政府请求恢复《优待条件》一事,在《京报副刊》发表文章,辛辣地讽刺"北京市民是中国人中家奴气最十足而人气最少的东西"④。北京高等师范学校学生班

① "Feng Yu-Hsiang Conduct towards Emperor Denounced by Mr. Tong [sic.] Shao-Yi," *The North China Herald*, November 8, 1924.《国闻周报》第1卷第16期(1924年11月8日)刊登的《修改优待条件之经过》亦介绍了唐绍仪的谈话,即《优待条件》的存废"乃道德问题,决非政治问题"。

② 有关段祺瑞、张作霖对溥仪"出宫"的态度,详见李坤睿:《王孙归不归?——溥仪出宫与北洋朝野局势的变化》,《南京大学学报》(哲学·人文科学·社会科学)2012年第5期。

③ 康有为:《致段祺瑞书》(1924年11月),姜义华、张荣华编校:《康有为全集》第11集,北京:中国人民大学出版社,2007年,第358-359页。

④ 周作人:《说商会要皇帝》,《京报副刊》第23号,1924年11月29日。

延兆投稿对周文进行了批判，由此引发了 1924 年年末至 1925 年年初《京报副刊》上围绕《优待条件》的性质与溥仪出宫的一系列讨论。论争完全集中于周作人所讽刺的北京市民的"家奴气"及《优待条件》的"法理"问题，并无要求溥仪复辟与恢复《优待条件》的意见①。

在上述社会反响之下，北京政变后不久，知识分子（包括法学家）就《优待条件》的性质问题（是法律还是契约文书？是私人缔结的条约还是国际条约？）展开了热烈的讨论。论争的导火索是溥仪"出宫"不久后，胡适致外交总长王正廷的一封公开信：

> 我是不赞成清室保存帝号的，但清室的优待乃是一种国际的信义、条约的关系。条约可以修正，可以废止，但堂堂的民国，欺人之弱，乘人之丧，以强暴行之，这真是民国史上的一件最不名誉的事②。

胡适批判当局撕毁《优待条件》，呼吁民国政府保证清帝及其眷属的安全，并提出民国应正式接收清宫古物，将其作为"国宝"永久保存，且对清室宝物及私产支付相应金钱。

作为进步文化人中的新秀，胡适的发言及其同情溥仪与清室的政治态度受到了广泛关注，一些参与了新文化运动的知识分子对其真实意图表示不解。如周作人看到《晨报》的报道，立刻致信胡适表示反对："以经过二十年拖辫子的痛苦生活，受过革命及复辟的恐怖的经验的个人眼光来看，我觉得这乃是极自然极正当的事，虽然说不

---

① 当时舆论有关《优待条件》存废的态度，参见前注李坤睿论文。
② 《胡适致外交总长王正廷函》，《晨报》1924 年 11 月 19 日。

上是历史上的荣誉，但也决不是污点。"①而胡适的同事、北京大学教授李书华、李宗侗亦联名致信胡适，对"新文化的领袖，新思想的代表"发表这种论调表示意外，且批评其认识从根本上就是错误的："中华民国国土以内，绝对不应该有一个皇帝与中华民国同时存在，皇帝的名号不取消，就是中华民国没有完全成立。"②如上所述，在溥仪"出宫"的问题上，绝大多数知识分子批判胡适为清室说话，对《优待条件》保留清帝称号和清室特权基本持否定态度，甚至认为剥夺帝号、废除优待已属迟来之举③。

　　值得注意的是，就胡适"清室的优待乃是一种国际的信义、条约的关系"的主张，政治学家与法学家们围绕《优待条件》的法律性质展开了讨论。北京大学政治系教授周鲠生表示，《清室优待条件》既不是"国际条约"，也不是"私法的契约"，它只不过是新旧政权交替的特殊情势下，作为政治善后的权宜之计，民国政府给予国中一姓人的特典④。北京大学法律系教授王世杰对民国政府修正《优待条件》亦表拥护。他主张《优待条件》不属于国际条约、普通契约与法律命令的任何一种，而是一种公法契约，因此可由民国政府自行变更、废止⑤。北京大学、北京法政大学的法学教师宁协万则进一步指出，《优待条件》并非国际条约，而是一种国内法规，所谓"条件"乃"规则"、"章程"

---

　　①　《周作人致胡适》，梁锡华选注：《胡适秘藏书信选》（上），台北：风云时代出版公司，1990年，第387-388页。

　　②　《李书华、李宗侗致胡适》，同上书，第393页。

　　③　胡晓：《国民党与溥仪出宫事件》，《安徽史学》2012年第2期。

　　④　周鲠生：《清室优待条件》，《现代评论》第1卷第1期，1924年12月13日。

　　⑤　王世杰：《清室优待条件的法律性质》，《现代评论》第1卷第2期，1924年12月20日。

之意,因此可以随意废止①。尽管学者们对于《优待条件》的法律性质各有见解,但他们在否定胡适将《优待条件》视作国际条约,以及正当化民国政府修正、废止《优待条件》的举措这两点上是一致的②。

教育部次长马叙伦同意周鲠生的"特典"说,主张《优待条件》本是辛亥革命之际,民国政府赠给清朝的一种"礼品",而1917年的复辟则违反了民国赠礼的初衷,故而清室没有理由要求继续维持《优待条件》③。外交部长王正廷也反驳胡适等人"国际的信义、条约的关系"的论点,指出《优待条件》本为单方面的善意,不同于平等国家之间缔结的条约,只要得到"多数国民的同情",无论何时都可以加以修正④。综上所述,在当时的主流舆论中,就单方面撕毁《优待条件》这一问题,唐绍仪提出的"道德的问题"与胡适的"国际的信义"等论点并没有形成气候。而关于溥仪的突然"出宫",荷兰、英国、日本公使曾向中华民国外交部询问。外交总长王正廷回复称,政府将负责保护宣统帝的生命财产,因此并未造成更大的国际问题⑤。马叙伦所说的,《优待条件》乃是超过保质期的、落后于时代的产物,可以说是当时社会上一般认识的最大公约数。

实际上,早在1918年,北京法政专门学校的黎伯颜就曾以专家的视角论述过《优待条件》的法律性质及其与民国宪法(《约法》)的关

---

① 宁协万:《清室优待条件是否国际条约》,《法政学报》第4卷第1期,1925年1月。《东方杂志》(第22卷第2号,1925年1月25日)亦有转载。

② 有关《优待条件》法律性质的讨论,参见杨天宏:《"清室优待条件"的法律性质与违约责任》,《近代史研究》2015年第1期。

③ 马叙伦:《清室优待条件之我见》,《晨报六周纪念增刊》1924年12月1日。

④ 《王正廷之时局谈话》,《晨报》1924年11月14日。

⑤ 《修改优待清室条件之经过》,《国闻周报》第1卷第16期,1924年11月16日。

系。在这篇先驱性的论说中,黎分析称"《优待条件》不是条约、契约、法律",不过是"一种国家限制自己统治权之宣言","即付与清室一种特权的宣言"①。黎伯颜的论点与北京政变后周鲠生的"特典"说、马叙伦的"礼品"说虽有异曲同工之处,但在当时却近于空谈,没有引起反响。然而,溥仪"出宫"后的《优待条件》论争,则是在溥仪的离开与"小朝廷"的解体导致《优待条件》失去根据之时——而不仅是修正条文本身之时——发生的。对革命后仍保留帝号的"小朝廷"心怀不满的《优待条件》否定派与反对派在此时一举壮大了声势。

尽管如此,针对《优待条件》的法律性质,专家之间也见解不一,给出了条约、法律、契约、命令乃至特典、礼品等种种解释,却未能得出最终的结论。而除袁世凯外,民国政府始终对《优待条件》的法律定位持不即不离的态度,至北京事变爆发之前并无一人触及。与清帝退位同时成立,又与清帝"出宫"同时迎来末日的《优待条件》,如同一面镜子,映照出各个时期的民国政治情势。但其法律定位始终是模糊不清的。尽管如此,辛亥革命时期南北议和结果之一的《优待条件》,其各项规定作为前清与民国政府之间的政治"约言",发挥了一定的政治作用,在十二余年间始终有效。

结　语

1924 年 11 月 5 日溥仪出宫后,先暂住在其父的醇亲王府,后于 11 月 29 日入日本公使馆避难。次年 2 月 23 日晚,溥仪乘汽车秘密离开北京,前往天津。此事经报道曝光后,原来一些对溥仪较为同

---

① 黎伯颜:《宪法与条约及优待条件之形式的效力》,《法政学报》第 2 期,1918 年 4 月 18 日。

情、宽容的舆论,转而加强了对清室和遗老的批判。1925 年 7 月,清室善后委员会在清点故宫文物档案时,发现了"清朝复辟阴谋"的文件。消息一出,要求立刻废除《修正优待条件》,取缔、处分复辟势力的舆论空前高涨①。即便如此,移居天津的溥仪与遗老们仍然多次向民国政府要求恢复《优待条件》②。然而,时代的车轮已驶入"革命"阶段,再无计挽既倒之狂澜。

从民国的宪法体制这一视角出发,我们应如何定位存在于 1912 年到 1924 年之间的《优待条件》? 周作人在一封给溥仪的公开信中如此写道:

> 你坐在宫城里,我们不但怕要留为复辟的种子,也觉得革命事业因此还未完成;就你个人而言,把一个青年老是监禁在城堡里,又觉得心里很是不安。(中略)人们所要者是身体与思想之自由,并非"优待"——被优待即是失了自由了。你被圈禁在宫城里,连在马路上骑自行车的自由都没有,我们虽然不是直接负责,听了总很抱歉,现在你能够脱离这种羁绊生活,回到自由的天地里去,我们实在替你喜欢,而且自己也觉得心安了③。

周作人在此文中代替溥仪做出了"人间宣言"。以"身体与思想之自由"为核心的五四新文化运动精神,向溥仪周边及失去权力、只

---

① 有关溥仪赴津前后的舆论变化,参见前引李坤睿论文。

② 前引《溥仪出宫后图谋恢复优待条件史料》。有关清室内务府总管绍英致孙中山的书信及清室、遗老、满蒙王公等试图恢复《优待条件》的情况,参见前引胡晓论文。

③ 周作人:《致溥仪君书》,《语丝》第 4 期,1924 年 12 月 8 日。

剩一副空壳的皇帝制度下达了最后通牒。而此时突然降临到"小朝廷"头上的，是北京政变与《优待条件》事实上的废止。从这一点来看，在民国成立后仍保留帝号、保障皇室特权的《优待条件》的退场，可以视为 1912 年共和革命的最终完成与王朝时代政治遗产的最后清算。换言之，《优待条件》迎来末日的 1924 年，正是中国政治的焦点从南北议和促成的"共和"时代，向新的"革命"与"党治"时代转换的过程的起点①。

从法学的视角来看，除袁世凯制定的新约法外，《优待条件》一直处于难以整合进民国法律体系中的宪法（《约法》）的"外部"。如果考虑到"满蒙"地区的统合问题，那么《优待条件》的适用范围亦可概括为"异法域"。然而，这一"异法域"既没有制定法律的主体，也没有法律适用的领域。从这个意义上说，《优待条件》仍是一份难以分类的政治文书。如果一定要对其进行定位，那么《优待条件》是一种暧昧而宽松的政治"约言"，也是一份"契约"，较之政治效力，它的重点更多地放在其于国家统合所起到的象征作用上。

如果我们将"帝国"定义为异法域的结合体（山室信一所言），那么部分地继承了清朝统治体制的《优待条件》则可被视为民国时期"异法域"的痕迹与余像。其后的中国政治，无论是追求民主宪政，还是追求以党治国，都朝着否定包含"异法域"的统治体制、建立单一国家制度的方向迈进。然而，不管是中华民族的凝聚，还是五族共和，只要多民族统合的问题仍然存在，中国的多法域格局就不得不成为与国民统合息息相关的政治课题。在武力胁迫之下，《优待条件》骤遭废止，不复存在，这确实受到了社会上大多数人的欢迎。但正如胡适在公开信中所暗示的，民国社会中仍存在某种分裂与压抑。受压

---

①　拙稿《序章全球史中的辛亥革命》，前引《総合研究辛亥革命》所收。

抑一方的回归,终将以政治反动的形式出现。我们或可将 1932 年
"满洲国"的成立,视为对这种压抑的无意识的反动。

抗日战争时期穆罕默德·伊敏
归附国民政府之经过 *

孙 江

一

　　中华民国自始即面临近代主权国家的"匀质化"要求与"有限性"(limited)之间的龃龉。① 在中国西部，1912 年后杨增新统治下的新疆处在半割据状态；1928 年杨遇刺身死后，金树仁接任新疆省政府主席，成立伊始的南京国民政府得以介入新疆政治。然而，1931 年 2 月哈密发生的叛乱使新疆顿然陷入从东到西、由北及南的混乱境地。

　　1931 年的叛乱是由维吾尔人和加尼牙孜（Khoja Niyās Hājjī，1889—1941）所领导的，这位民国元年（1912 年）的叛乱领袖在隐匿 20 年后重新现身，触发了各地大规模的叛乱。在与新疆省当局的对峙中，和加尼牙孜很快陷于不利境地，于是他目光东向，将与军阀马步芳角逐而败北的马仲英回族军队引入新疆。骁勇善战的马仲英部队一度势如破竹，但不久为取代金树仁的盛世才所击败。在苏联的

　　* 原文载《南国学术》第七卷第四期，2017 年 11 月，本文略做修改。

　　① Benedict Anderson, *Imagined Community*：*Reflection on the Origin and Spread of Nationalism*, Revised Edition, London & New York：Verso, 2006, pp. 5 - 6.

武力支持下,盛世才逐渐掌握了全疆政治的主导权。

　　哈密叛乱、地方实力派间的博弈加速了南疆地区的叛乱。在南疆,出现了几股较大的力量:喀什的铁木尔(Temūr,1886—1993)、乌斯满(Uthmān Bātūr,1899—1951)和麻木提(Mahmūd Muhītī,1887—1944/45),和田的穆罕默德·伊敏·布格拉(Muhammad Amīn Bughra)兄弟和沙比提大毛拉(Sabit Dāmullāh),以及孤守喀什汉城的马占仓。1933 年 11 月 12 日,在野心勃勃的沙比提的纠合下,喀什出现了一个伪政权,宣称脱离中华民国,沙比提自任"总理",遥奉和加尼牙孜为"总统"。次年 3 月,二度入疆的马仲英军队落败后转入南疆,伪政权不堪一击,迅即烟消云散。其后,盛世才招安和加尼牙孜,令麻木提处死沙比提,恢复了对南疆的有效支配。①

　　在南疆乱局中,与和加尼牙孜、铁木尔等相比,甚至与两个蛮勇的弟弟相比,穆罕默德·伊敏·布格拉(1901—1965)是个不太彰显

────────────

　　①　关于叛乱经过,各种叙述略有差异。中文叙事大多沿袭郭维屏《南疆事件帝国主义侵略新疆之分析》(《西北问题研究会会刊》第 1 卷第 1 期,1934 年)和曾问吾《中国经营西域史》(上海:商务印书馆,1936 年)。1987 年,两个当事人或当事人后代的回忆提供了新的资料。参见穆罕买提·牙库甫·布格拉:《关于和田起义的回忆》,中国人民政治协商会议新疆维吾尔自治区委员会文史资料委员会编:《新疆文史资料》第 18 辑,新疆人民出版社,1987 年。国外学界关于该事件的代表性研究主要如下:Dr. Baymirza Hayit, *Turkestan Zaischen Russland und China*, Amsterdam: Philo Press,1972; Andrew D. W. Forbes, *Warlords and Muslims in Chinese Central Asia: A Political History of Republican Sinkiang*, 1911—1949. New York: Cambridge University Press,1986;新免康:《新疆コムルのムスリム反乱(1931—32 年)について》,《東洋学報》,第 70 卷第 3·4 号,1989 年 3 月;《新疆ムスリム反乱(1931—34 年)と秘密組織》,《史学雑誌》第 99 編第 12 号,1990 年 12 月。《"東トルキスタン共和国"(1933—34 年)に関する一考察》《アジア·アフリカ言語文化研究》,46·47 合併号(創立 30 周年記念号 1),1994 年 3 月。

的人物,在以往关于该事件的叙述中,大多略而不计或甚少记述。但是,作为维吾尔经学知识分子,伊敏是沙比提大毛拉之外最有思想的一个,在他所掌控的和田地区推行的政策具有伊斯兰原教旨色彩。抗日战争期间,伊敏归附国民政府,历任国民党中央候补监察委员、新疆省政府副主席等职。20世纪50年代亡命土耳其期间,伊敏与对其照顾有加、时任台湾"行政院"副院长的朱家骅书信往还,互相诘难,《朱家骅先生言论集》收录了朱家骅规劝伊敏的三封信函。① 在信中,朱家骅驳斥伊敏的主张,力证新疆是中国不可分割的一部分。时过半个多世纪,阅读朱家骅的信函,不难发现二人所讨论的问题几乎涵盖了现代民族/民族主义理论中的所有要素,或因读者不清楚三封信的背景以及伊敏本人的故事,迄今尚无论著涉及这段往事。本文作为笔者关于伊敏研究的一部分,主要依据保存在台北的朱家骅档案和日本外务省档案,试图揭示抗日战争时期伊敏鲜为人知的归附国民政府的经过,并作若干评论。

二

1934年,伊敏携家眷逃至阿富汗。客居喀布尔的伊敏活动在由流亡维吾尔人组成的"新疆同乡会"的小圈子里,每月定期收到来自阿富汗政府的500尼(相当于125印度卢比)的生活费,英国学者福布斯(Andrew D. W. Forbes)就此认定,"在和田爱米尔(指伊敏——引者注)和喀布尔之间很早就存在联系了"。② 但是,阿富汗

---

① 王聿均、孙斌合编:《朱家骅先生言论集》,"中央研究院"近代史研究所史料丛刊(3),1977年。

② Andrew D. W. Forbes, *Warlords and Muslims in Chinese Central Asia*, p. 140.

政府能给予伊敏的支持有限,伊敏时刻盘算着如何重返和田。对于伊敏的情况,1939年1月国民政府代表艾沙(Isa Beg Afandi,1901—1995)、马赋良在访问喀布尔后,给国民党中央执行委员会秘书长朱家骅的信中是这样描述的:

> 前新疆革命时四领袖之一和阗政府之大元帅穆罕默德伊敏先生素为一般知识分子及大部民众所拥护,自失败后即来阿京隐居,潜心著述中国与新疆之历史及研究时代知识,不问任何政治,虽敌人不断遣使及走狗往说之,结果均遭其严词拒绝,故阿富汗及印度政府对其感想甚佳,且礼遇之。伊素与麻木提政治见解不同,近日彼此政治意见更形冲突,认为麻木提之赴日,不异蚊萤投火。①

此处"革命"一说,反映了抗日战争爆发后国民政府基于"中华民族是一个"的国族认同需要,对叛乱事件的看法有所变化;所谓伊敏"不问任何政治",言不副实,伊敏正在用一支笔创造政治化的历史。从"敌人不断遣使及走狗往说之"等句看,在日本人展开"回教工作"后,"新疆同乡会"内部似乎发生了分化,麻木提决心投靠日本,伊敏予以反对,"意见背道而驰,彼此为政治上之仇敌"②。确实,在第一次叛乱事件时,喀什的麻木提附从和加尼牙孜,与和田沙比提大毛拉、伊敏等在对待苏联和盛世才的态度上意见相左,最后沙比提大毛

---

①　《艾沙、马赋良致朱家骅》1939年1月15日。朱家骅档案:《新疆人事:艾沙卷》,馆藏号301-01-15-008。朱家骅兼职甚多,本文仅以该当时期最主要的职位相称呼。

②　《马赋良致朱家骅》1940年1月14日。朱家骅档案:《回教》,馆藏号301-01-15-017。

拉死于麻木提之手，伊敏和麻木提堪称政治上的"仇敌"。但是，在寻求日本的支持上，二人意见并无二致。根据英国领事的报告，1935年伊敏曾秘密访问过驻喀布尔的日本领事馆，向领事北田正本提交了一份在日本支持下建立伪政权的详细计划。伊敏声称，如果日本出兵新疆，他将组织穆斯林叛乱，"扰乱后方，支援日军的行进"；新疆"独立"——建立中亚的"满洲国"后，伊敏将给予日本以特殊的经济和政治优惠。① 伊敏的提案正合意欲打开通向中亚之路的日本帝国主义的战略，但大概空想大于实际，结果没有为北田所接受。

就在伊敏暗通日本前后，麻木提也在寻求日本的支援。1935年新疆乱局初定后，和加尼牙孜和加尼亚孜赴迪化（今乌鲁木齐）就任新疆省政府副主席，麻木提部队被改编。面对盛世才不断要求其来迪化，麻木提心怀狐疑，虚与委蛇。为寻求反共产主义国家的援助，鉴于喀什通往苏联和外蒙、中国内地、印度的道路皆被封住，麻木提派其兄（日文作モースル・パイ）借去麦加朝觐之机转往土耳其，拜访日本公使馆，谋求日本的援助。日本因为和苏联还维持着表面上的友好关系，拒绝了麻木提的请求，只答应将来麻木提如遇到困难而需避难时，日本政府将提供庇护。②

1937年1月，麻木提带着少数扈从逃到克什米尔（Kashmir）后，③又派其兄往访日本驻土耳其公使馆，得到的回答为：就地潜伏，

---

① Andrew D. W. Forbes, *Warlords and Muslims in Chinese Central Asia*, p. 140.

② 蒙古军事顾问部调查部：《回疆独立運動ノ概說》，1939年10月。这份"极密"调查报告的可信度极高，据具体制作者马仁德称，"本调查系得自缠头回军将校巴义（Bay Ajiji，42岁，喀什人）、亚生（Yasin Korkmas，24岁，喀什人）、席力失（Sharif，26岁，喀什人）、何子美（Abdilrhim，28岁，吐鲁番人）之口述"。

③ 阿不都卡德尔阿吉：《1934年至1937年在喀什、和田、阿克苏发生的事变》，《新疆文史资料》第18辑，第54页。

伺机再起。不久,麻木提的行踪被中国驻加尔各答领事馆探知,领事规劝麻木提去南京。麻木提担心如果到南京可能会被拘留,不去的话又可能被与中国关系友好的英属印度政府逮捕,于是谎称生病,派亲信巴义(Bay Ajiji)、席力失(Sharif)代为前往南京。1937 年 9 月 2 日,巴义等到南京,受到蒋介石的接见。巴义等向蒋介石痛陈苏联之暴虐,要求中央政府予以支持,而蒋介石则答以等抗日战争结束后再行处理。随后巴义托词向麻木提报告而转往上海,一到上海,巴义即和日本领事馆取得联系。1939 年,巴义勾结日本的情报为英国情报部所获,英印政府立刻对刚从土耳其返回印度的麻木提下逐客令:离开印度,去伊朗或阿拉伯。麻木提不得已在誓约书上保证于 3 月 4 日离开。之后,麻木提秘密与孟买的日本领事馆联系,日本领事馆在得到本国政府的同意后,避开英国警察的监视,将麻木提悄悄送上日本海船"远山丸"。3 月 23 日上午载着麻木提的"远山丸"抵达上海。麻木提担心形迹暴露,对滞留上海等待其指令的十余名同党秘而不宣,于 27 日悄然离沪。"远山丸"4 月 1 日到神户,麻木提 6 日抵东京。①

正当麻木提暗结日本而伊敏叩门无果时,1939 年 1 月,突然到访喀布尔的两位中华民国的使者燃起了伊敏新的政治欲望,来者不是别人,是心仪伊敏甚久的艾沙。

艾沙,南疆喀什英吉沙出身,维吾尔人,和他一起到访的还有乌孜别克人马赋良。当伊敏在和田作乱时,艾沙从南京的中央大学新疆补习班毕业,一路升迁,官至国民政府立法委员。在国民政府退居重庆、抗日战争陷入胶着状态之时,艾沙领导下的"新疆同乡会"响应国民政府号召,积极进行抗日宣传活动。在重庆,艾沙不仅联合了哈

---

①　前揭《回疆独立運動ノ概説》。

密叛乱领袖之一尧乐博士（Yulbās Khan，1889—1971），①还出版了古突厥文《抗战杂志》，倡言中国境内外穆斯林携手抗战，因此其行踪引起了日本情报机构的关注。据日方在1938年的调查称：艾沙时年35岁，叶尔羌人（即莎车，与中文档案所说不同——引者注），维吾尔人，没有学历，因精通汉语，曾在驻苏联的中国领事馆当过翻译。②大概因为在使馆工作的经历，艾沙后来得以被推荐进入中央大学新疆补习班学习。

艾沙见风使舵，有行动力。1938年6月28日，他致信朱家骅提出访问中东、对穆斯林进行统战工作的想法，认为借此可"吸引学生内来"。③稍后，艾沙进而提议深受国民政府信任的监察委员马赋良与其同往。④艾沙的提议很快得到朱家骅和蒋介石的允准。就在中东访问团即将起行时，得悉此事的中央大学校长罗家伦致信朱家骅表示异议："惟艾沙君曾在中大新疆补习班服务，据考查，其品格思想甚有可疑之处，专此奉达，敬请先生加之注意。"⑤对罗家伦所说"品格思想甚有可疑之处"之"品格"，日方的调查可资参考，如艾沙夸言在西安十所清真寺礼拜，求真主保佑中国抗战胜利。而据一位住在厚和（今呼和浩特），经重庆到西安的"欧思曼"（显系日方间谍）的见

---

①　关于尧乐博士自身的叙述，参见《尧乐博士回忆录》，（台北）传记文学出版社，1969年。

②　《新疆同鄉會發行抗戰雜誌ニ關シ報告ノ件》，在厚和总领事代理望月静致外务大臣有田八郎，昭和十四年八月二日。

③　《艾沙致朱家骅》1938年6月28日。朱家骅档案：《新疆人事：艾沙卷》，馆藏号301-01-15-008。

④　《艾沙致朱家骅》1938年7月16日。朱家骅档案：《新疆人事：艾沙卷》，馆藏号301-01-15-008。

⑤　《罗家伦致朱家骅》1938年9月19日。朱家骅档案：《新疆人事：艾沙卷》，馆藏号301-01-15-008。

闻,艾沙只去过其中一座清真寺,而且"起居于汉人旅馆,每日沉湎于酒色,与不良分子往来,当地回民见之非常不满,完全不信任他"。①至于思想,大概指艾沙虽然效忠国民政府,但心怀"东突厥斯坦"思想,和艾沙同往中东的马赋良在给朱家骅的信件中曾谓:"艾沙兄此次为国宣传特别努力,惜终不免旧病复发,思想不纯,言语失检,是为美中不足。赋良不应揭发好友之过,但在国家立场,奈何云云。"②对于罗家伦的忠告,朱家骅不予理睬,回信称:"弟与艾沙相识多年,察其为人,实属干练,亦尚可靠。"③

艾沙一行的目的旨在宣传抗日,所携带的宣传品计有《蒋介石题字》、《告近东回教民众书》(朱家骅)、《告伊斯兰教胞书》(白崇禧)、《东方人的责任》(麦斯武德)、《我们为什么要拥护中央》(尧乐博士)、《团结东亚的和平力量》(章嘉)、《我所望于友邦者》(格西喜饶嘉措)、《一年来的抗战》(马赋良)、《中国的回民》(艾沙)等17种。10月16日乘法国邮轮出发,抵科伦坡后,辗转到印度孟买、加尔各答。在印度,艾沙一行拜会了印度回教领袖、甘地、泰戈尔等。12月26日参加了于巴特那(Patna)举行的回教大会。次年,一行赴麦加朝觐,继而访问土耳其、埃及等。④ 对于艾沙来说,在这些预定的活动中一个重要的节目是拜访逃亡阿富汗的伊敏,也就是他所说的"拉拢各国及新

---

① 日译文《抗戰雜誌》(新疆同鄉會發行,1938年8月)所收艾沙报告大要中的注释。在厚和总领事代理望月静致外务大臣有田八郎(昭和十四年八月二日),附件。

② 《艾沙致朱家骅》1940年1月14日。朱家骅档案:《回教》,馆藏号301-01-15-017。

③ 《朱家骅复罗家伦》1938年9月20日(约)。朱家骅档案:《新疆人事:艾沙卷》,馆藏号301-01-15-008。

④ 《林珈珉致朱家骅》1939年1月13日。朱家骅档案:《新疆人事:艾沙卷》,馆藏号301-01-15-008。

疆流亡领袖,务使其对我国政府有良好印相(象)"。①

在阿富汗盘桓期间,艾沙一行受到阿富汗国王和总理的款待。官方交往之外,艾沙一行大部分时间都花在了与伊敏的往还上,前引1939 年 1 月 15 日艾沙、马赋良致朱家骅信写道:"伊素主张新疆不应脱离中央,而须在平等原则下共同建国,此次共与其商讨廿余日,对总裁及中央之一切伟大更为悦服。"②艾沙在喀布尔停留二十余日,与伊敏反复交谈,结果如何呢? 艾沙在 1942 年 7 月 2 日的另一封信中称:"前岁(1939——引者注)出国在阿富汗晤及新疆和阗民族领袖穆罕默德阿明,经沙与之长谈,后愿为我中央服务。""查阿明君为新省青年志士,不仅为新民所拥戴,且为各回教国家所钦仰,年来困居阿富汗,颇能洁身自好。沙在阿时,与其详论国家大势,及民族前途,渠甚愿合作,为中央效劳。"③艾沙急切地希望国民政府接纳伊敏,"麻木提之赴日,自不可轻视,而我政府若得此人,亦可谓失之东隅,收之桑榆也"。④ 那么,如何"在平等原则下共同建国"呢? 1939年 12 月,伊敏曾给朱家骅去过一封信,次年 5 月由在重庆的艾沙译为汉文,信中清楚地表明了上述艾沙所说的伊敏"愿为我中央服务"的意愿。⑤

---

①　《艾沙致朱家骅(秘书长)》1938 年 10 月 3 日。朱家骅档案:《新疆人事:艾沙卷》,馆藏号 301 - 01 - 15 - 008。

②　《艾沙、马赋良致朱家骅》1939 年 1 月 15 日。朱家骅档案:《新疆人事:艾沙卷》,馆藏号 301 - 01 - 15 - 008。

③　《艾沙致朱家骅》1941 年 7 月 2 日。朱家骅档案:《新疆人事:穆罕麦德阿明卷》,馆藏号 301 - 01 - 15 - 012。

④　《艾沙、马赋良致朱家骅》1939 年 1 月 15 日。朱家骅档案:《新疆人事:艾沙卷》,馆藏号 301 - 01 - 15 - 008。

⑤　《伊敏致朱家骅》1939 年 12 月。朱家骅档案:《新疆人事:艾沙卷》,馆藏号 301 - 01 - 15 - 008。

　　恭敬的国民党秘书长骝先先生阁下：

　　把内心的敬意呈奉尊前。以中华民国的名意来统制"东土耳其斯坦"的官吏，违犯法律，用种种强暴不法的手段来压迫摧残民众的贪污行为，大概你统明白。我们为脱离专制的统制，为直接服从中央享受民国给予"东土耳其斯坦"自然的权利计，乃对于此种贪污强暴的官吏起了民族革命，但是我们没有良好的军械，同时没有经验，以及邻邦敌人的干涉，以致没有成功，同时离开了乡土。"东土耳其斯坦"问题，如想离开中央单独去解决，是不会成功的，我老早就有此种信念及认识。当在革命的时候，以至离开乡土之后，我很有意与中央发生关系，我也未能达到此目的，这个的完全原因，是我不敢断定及不明白中央对于这种可怜的民众有没有可怜的诚意。所以这四年的当中，在一个人不注意的角落上，隐姓埋名的静修，作唤醒我们民族、增进知识及社会思想之著作。现在艾沙伯克及马斌良先生到阿富汗，将相会晤，他们把中央对于"东土耳其斯坦"的好意及情形相告，给了我一种很大的快愉，所以我愿意把我以前在一个角落隐没的生活放弃，来指导在内在外的同乡们，使他们走向正途，我并决定积极作一点为中国为"东土耳其斯坦"民族有利益的工作。我前后的话统向艾沙、马斌良说了，他们一定会当面向你报告，如果我说他们口中要求我的希望中央能够接受，我马上实行我的组建全细密的一个计划去工作，如果中央不能接受，我仍继续我的隐没生活，来维持以前为民众谋幸福而得来的一点光荣历史。最后向你声明一句，我不是一个给敌人作工具玷污了自己光荣的历史，而使民族永远辱骂的人，我恳切的要求你相信我。我唯一的信仰,"东土耳其斯坦"的解放,是在中央及"东土耳其斯坦"人民合为一体的身上。

无上的尊敬你的"东土耳其斯坦"和阗民族革命军总司令穆罕默德伊敏

一九三九年十二月

伊敏这封信既狡辩了其叛乱的"正当性"——反对军阀专制的"民族革命",也在向国民政府表白绝无叛离中央政府之意:"为直接服从中央享受民国给予"东土耳其斯坦"自然的权利","'东土耳其斯坦'问题,如想离开中央单独去解决,是不会成功的,我老早就有此种信念及认识","我唯一的信仰,'东土耳其斯坦'的解放,是在中央及'东土耳其斯坦'人民合为一体的身上"。基于这一想法,伊敏表示"愿意把我以前在一个角落隐没的生活放弃,来指导在内在外的同乡们,使他们走向正途"。那么如何将同乡们引向正途呢? 伊敏言及通过艾沙和马赋良转达朱家骅归附中央的要求:"如果我说他们口中要求我的希望中央能够接受,我马上实行我的组建全细密的一个计划去工作。"这个略显拗口的翻译意思是清楚的,艾沙在转呈伊敏信函的同时,还附上了一封其撰写的信函,言及伊敏的具体要求。和上文引用的艾沙信函一样,艾沙对伊敏极尽吹捧,指称面对日本的威胁和利诱,"惟伊(敏)氏为人忠诚正直,不愿为敌人利用,自失其过去革命之光荣历史,故终未为所动"。土耳其驻阿富汗大使云:"新疆伊敏有操守有胆识之革命家,同时更为博学之士,虔诚之宗教家,领导新疆民众最为适宜,不可不识。"[①]在艾沙与伊敏相处的 25 日,每日谈话

----

① 艾沙:《拟请派穆罕默德伊敏在印工作》(1940 年 5 月)。朱家骅档案:《新疆人事:艾沙卷》,馆藏号 301 - 01 - 15 - 008。

一二次中,伊敏提出了三项要求:第一,"据传中央政府是否将新疆卖与苏俄,如无其事,中央政府应予确实证明,以使一般旅居国外者安心";第二,中央政府以实际行动证明"爱护新疆人民";第三,"惟返国之前,欲先对于政府做有裨益之工作",将散居在印度的新疆人组织起来,成立"旅印同乡会","免为日寇所诱惑","驻印领使可随时考察,如发现有违法或工作不力时,则取销(消)之"。①

　　伊敏的信函明确表达了对国民政府中央的忠诚、信仰,艾沙代为转达的三项要求与国民政府的政治导向不相矛盾,自然受到朱家骅及国民政府中央的欢迎。1940 年春,当艾沙和马赋良先后带领 19名和 14 名新疆学生回国后,伊敏归附国民政府之日屈指可数。

三

　　伊敏的归附之路并不平坦,首先其向印度政府提交的签证迟迟得不到批准,据说麻木提一派放言说伊敏将要转道往赴日本。伊敏在致艾沙信函中称:"系有吾同乡之败类,同情日人,故意造谣,加以破坏,引起印方疑窦。"②而加尔各答(Calcutta)总领事黄朝琴 1941年 5 月 10 日复艾沙信中也说:"有人故意致函嘱其抵印后,赴加城与日本总领事接洽,被邮局检查所得,致印度政府顿生疑窦,不肯签证。"③接到伊敏来信后,7 月 2 日艾沙致信朱家骅:"前岁出国在阿富

---

①　艾沙:《拟请派穆罕默德伊敏在印工作》(1940 年 5 月)。朱家骅档案:《新疆人事:艾沙卷》,馆藏号 301－01－15－008。

②　《艾沙致朱家骅》1941 年 7 月 2 日。附件《阿明致艾沙函译文》。朱家骅档案:《新疆人事:穆罕麦德阿明卷》,馆藏号 301－01－15－012。

③　《黄朝琴致艾沙》1941 年 5 月 10 日。朱家骅档案:《新疆人事:穆罕麦德阿明卷》,馆藏号 301－01－15－012。

汗晤及新疆和阗民族领袖穆罕默德阿明,经沙与之长谈,后愿为我中央服务。"但是,黄朝琴来函则称印度政府拒绝发给签证,"现据该民函称,谓有人从中破坏,致引起印度政府疑窦,请再设法交涉协助"。① 艾沙继续写道:"此次竟遭同情日人之同乡奸宄之嫉视,加以破坏,殊甚惋惜。阿明君学识能力,俱甚丰富,为吾族中之杰出人才,倘能罗致为我所用,于增进团结,国际影响,俱有莫大裨益。"②在信中,艾沙还附上了伊敏来函的中文翻译:"印度政府原已令阿富汗公使签证,所可恨者,有同情日人之同乡,从中破坏,故施谣言,遂引起疑窦,拒绝签证。"③最后经中国大使馆交涉,1942 年 3 月 22 日伊敏离开喀布尔前往印度。④

伊敏携家眷和随从到印度后,立刻拜访加尔各答中国总领事保(Pau),得到一些指示后,返回拉瓦尔品第(Rawalpindi)。接着,伊敏在 4 月 10 日前往克什米尔——聚集了流亡"东突厥斯坦"分子的地方。行至白沙瓦(Poshawar),据伊敏夫人致朱家骅英文信称"英国政府怀疑他充满热情地为中国政府效力而逮捕了他"。⑤ 被投入监狱的还有一同前往的亲戚 Abdul Karim Haji。为此,6 月 4 日伊敏夫人写信请艾沙给予救助。迟迟得不到消息的伊敏夫人,于 7 月 25

① 《黄朝琴致艾沙》1941 年 5 月 10 日。朱家骅档案:《新疆人事:穆罕麦德阿明卷》,馆藏号 301 - 01 - 15 - 012。

② 《艾沙致朱家骅》1941 年 7 月 2 日。朱家骅档案:《新疆人事:穆罕麦德阿明卷》,馆藏号 301 - 01 - 15 - 012。

③ 同上。《附录阿明致黄总领事函译文》,朱家骅档案:《新疆人事:穆罕麦德阿明卷》,馆藏号 301 - 01 - 15 - 012。

④ To the High Commissioner, China, Delhi. 朱家骅档案:《新疆人事:穆罕麦德阿明卷》,馆藏号 301 - 01 - 15 - 012。

⑤ To Honourable Dr. Chu Jubu Jnag, 25/7/1942. 朱家骅档案:《新疆人事:穆罕麦德阿明卷》,馆藏号 301 - 01 - 15 - 012。

日直接写信向朱家骅信求救："That after leaving our country Khutan（Eastern Turkistan）we had been passing our days peacefully at Kabul. Being far from our mother land we could not get the opportunity of expressing our loyalty and faithfulness to the Chinese Govt."[①]Eastern Turkistan、mother land 等语存在政治问题,伊敏夫人似乎觉察到不妥,稍后在给德里中国大使馆的求助信中改称"中国的突厥斯坦（新疆）"："Bibi Aimna is the wife of Mohd. Amin Beg Amir Khutan-Chinese Turkistan（Singkiang）",并声称"His faith in the Good Chinese Government did not shake but being far away had no opportunity to show his loyalty"。[②]

　　其实,几个月前接到艾沙信后,朱家骅即致信驻印度大使沈士华,要求调查事情的原委。9 月 25 日,沈士华回信称,伊敏在去克什米尔途中与 Abdul Karim Haji 在白沙瓦一起被捕,"被英方认为日人间谍嫌疑被捕"。[③] 朱家骅的解救工作戛然而止。迟迟等不到结果的艾沙,10 月 5 日复致信朱家骅要求解救伊敏并附上伊敏狱中来信翻译：

---

① To Dr. Chu Jubu Jnag from Guru Bazar, Rawalpidi, 25. 7. 1942, Bibi Aaiman, wife of Amir Mohd Amin Bed. 朱家骅档案:《新疆人事:穆罕麦德阿明卷》,馆藏号 301 - 01 - 15 - 012。

② To The High Commissioner, China, Delhi. Bibi Aaiman（wife of Amir Mohd Amin Beg and Bibi Zainib（wife of Abdul Karim Haji））. 具体时间不详。朱家骅档案:《新疆人事:穆罕麦德阿明卷》,馆藏号 301 - 01 - 15 - 012。沈士华大使中文信函为:"默罕默德・伊敏・布格尔是中国政府的坚定的支持者,他从来没有对政府存有任何异心,一直准备为中国政府工作"。（《沈士华致朱家骅》1942 年 9 月 25 日。朱家骅档案:《新疆人事:穆罕麦德阿明卷》,馆藏号 301 - 01 - 15 - 012）

③ 《沈士华致朱家骅》1942 年 9 月 25 日。朱家骅档案:《新疆人事:穆罕麦德阿明卷》,馆藏号 301 - 01 - 15 - 012。

　　我奉朱部长之命于5月前离卡布尔赴印，曾奉上长函数封，迄未得复，现正在等候你的复示。印度政府妄信谗言，将余监禁于别沙瓦城（Poshawar），至今已有二月半之久，这确是很疼心的事，一个素以忠厚自持的人，竟无端受着攻讦，如是下场，受此耻辱，实痛不欲生。

　　因朱部长的劝导，我放弃那安适的生活，最初满以为服务于中央，在工作上得到安慰，且朱部长已接受过要求。为今政府竟不关心，这使我感到很大的烦闷与焦急。如果政府的解释，我相信必能释放，不但于我个人有利，对政府亦同样有利。

　　亲爱的弟兄，我已无法容忍，我已十分厌世，请即赐复。①

　　接到来信后，朱家骅告知艾沙："已迭请保总领事设法营救，惟英方认为有通敌嫌疑。"②11月3日，朱家骅复沈士华信，进而写道："阿明（伊敏——引者注）等原为新省反盛份子，种族成见甚强，既有通敌之嫌疑在押，暂置不理亦佳。"③结果，基于麻木提的前车之鉴，英国政府将伊敏等一直羁押到释疑为止。出狱后的伊敏致信沈士华，"从心底里感谢"所给予的帮助，同时要求来函示下："是否有来自我们中国政府的命令或指示"（any order or instruction from our Chinese

---

　　① 《艾沙致朱家骅》1942年10月5日。朱家骅档案：《新疆人事：穆罕麦德阿明卷》，馆藏号301-01-15-012。
　　② 《复沈士华》1942年11月5日。朱家骅档案：《新疆人事：穆罕麦德阿明卷》，馆藏号301-01-15-012。
　　③ 《复沈士华》1942年11月3日。朱家骅档案：《新疆人事：穆罕麦德阿明卷》，馆藏号301-01-15-012。

Government)，时在 1943 年 2 月 12 日。[①]

四

　　本文所揭示的伊敏归附国民政府的史实鲜为人知。20 世纪 50 年代初，伊敏重新走上分裂国家之路后，对自己曾经向国民政府输诚的历史讳莫如深，乃至国内外的研究均一无涉及。与伊敏一起叛离的艾沙生前留有的回忆录中，也仅仅轻描淡写地、错误地说在印度见到伊敏并动员其为中国政府服务。[②] 作为南疆叛乱首领之一的伊敏，其在政治图谋失败、亡命阿富汗多年后，归附处在抗日战争苦境的国民政府，是一个饶有兴味的问题。

　　毫无疑问，国民政府的边疆政策的变化是需要考虑的一个视角。1931—1934 年间新疆发生的叛乱正当日本发动侵略中国之时，对于新疆乱局的性质，国民政府是置于地方军阀与帝国主义（英国、日本）、苏俄三者权力博弈关系中加以认知的，视为分裂国家的叛乱。[③] 但是，出于"中华民族是一个"的国族认同的需求，对于归附国民政府的叛乱者（如尧乐博士）加以安抚，肯定其行动中有反对军阀专制压

---

　　① To His Excellency the Chinese High Commissioner in India，Delhi，12/2/43. 朱家骅档案：《新疆人事：穆罕麦德阿明卷》，馆藏号 301 - 01 - 15 - 012。

　　② Mehmet Ali Tasci，*Esir Dogu Turkistan Icin：Isa Yusuf Alptekin'in Mucadele Hatiralar*，Istanbul：Dogu Turkistan Nesriyat Mesriyat Merkizi，1985，p. 423. 转见清水由里子、新免康、铃木健太郎：《ムハンマド·エミン·ボグラ著"東トルキスタン史"の研究》，NIHUプログラム「イスラーム地域研究」東京大学拠点，2007 年 3 月，第 9 页。

　　③ 参见前揭郭维屏：《南疆事件帝国主义侵略新疆之分析》，《西北问题研究会会刊》第 1 卷第 1 期，1934 年。曾问吾：《中国经营西域史》，商务印书馆，1936 年。

迫的正当性，组织内地新疆人成立"新疆同乡会"。在艾沙的领导下，
"新疆同乡会"发行维吾尔文《抗战杂志》，宣传国民政府的中华民族
团结抗日的主张，主要成员艾沙、尧乐博士等还奔赴前线慰问抗战将
士。在这一情景下，国民政府为了抵制日本展开的"回教工作"，应允
艾沙提出的组团到中东宣传抗日的要求，使伊敏得以接触国民政府
的代表团并最后走上了归附国民政府之路。

换一个角度看，就伊敏本人来说，1939 年 1 月艾沙一行访问喀
布尔期间，他正在撰写彰显其分裂国家主张的著作。艾沙一行离开
后次年，该书在喀布尔出版。① 最近，日本学者清水由里子影印出版
了得自伊敏女儿的手稿，该手稿长达 800 多页，除第 3 - 50 页缺失
外，与今日所见版本无异。清水由里子在英文解说中认为该书"是一
部系统民族主义的叙事"、"历史书"（history book），"在使用该书作
为历史资料时，任何人都应注意到其偏差（bias），因为它带有布格尔
本人强烈的民族主义色彩"。② "小说家虚构故事，历史学家发现故
事"。③ 小说家与历史学家职责不同，文学与历史的范畴相异。其书
与一般公认的"历史书"的区别绝非"偏差"，远远超出了历史书写所
能容忍的范围，与其说伊敏"发现了"湮没无闻的故事，不如说它基于
分裂中华民国现代国家的政治欲求而"虚构"了历史。该书最后部分
涉及叛乱，大概大准备归附南京国民政府，伊敏最初不敢写，后经过

---

① Muhammad Amīn Bughra, *Doğu Türkistan Tārīkhi*, Kabil，1940.

② Shimizu Yuriko, ed., *The Autograph Manuscript of Muhammad Amīn Bughra's Sharqī Turkistān Tārīkhi in Two Volumes*, TIAS：Dept. of Islamic Area Studies, Center for Evolving Humanities, Graduate School of Humanities and Sociology, University of Tokyo, 2014—2016, pp. XII-XIII.

③ Hayden White, *Metahistory：The Historical Imagination in Nineteenth-Century Europe*, Baltimore & London：Johns Hopkins University Press，1973, p. 6.

反复考虑和周边人的催促才续写了这部分内容。① 确实，从艾沙等
离开喀布尔到伊敏走上归附之路，他有三年多时间在权衡投奔国民
政府的利弊，朱家骅档案所藏史料显示，在第二次世界大战陷入胶着
状态，自身生活困窘、投靠日本无果后，伊敏放弃了其分裂国家的主
张，自觉选择了归附国民政府的道路。

---

① Shimizu Yuriko，The Autograph Manuscript of Muhammad Amīn
Bughra's Sharqī Turkistān Tārīkhi in Two Volumes，p. XXVIII.

概　念

近代关键词的诞生

——以"自由"为一例

沈国威[*]

引　言

　　包括大量抽象词汇等学术用语在内的汉语新词中有一些至关重要的词语,表达了中国社会不可或缺的核心概念,我们把这样的词称为"关键词"。关键词与一般词语的区分因学术领域的不同而异,本文将那些与中国社会的近代特征密切相关的语词称为"近代关键词"。近代关键词作为词汇体系的一部分,一方面蕴含着新词译词创造、普及、定型等近代词汇史研究的问题,另一方面作为近代概念的承载者,又反映了东亚接受西方文明的进程,是近代概念史研究的对象。近代关键词的重要性在词汇史和概念史这两种研究中并不一定等同,例如"哲学"和"数学"这两个词的创制和定型对于词汇史研究同等重要,但对于概念史研究却有着不同的意义。近年来,近代词汇史、中日词汇交流史的研究和以关键词为焦点的概念史研究都取得了长足进步。我们一方面需要从词汇学的角度对近代新词进行词源考据,另一方面还需要从概念史的视角对近代关键词进行梳理。这

---

　　* 作者系日本关西大学外语学部教授。

是一项词汇研究和其他人文科学研究相交汇的跨学科研究。近代关键词的成立需要哪些条件？语言研究者在概念史研究中应该起何种作用？本文试图就上述问题发表一些粗浅的看法，以就教于大方。

一、从新概念到新名词

16 世纪以降，被称为"西学东渐"的知识大移动带来了大量西方的新事物和新概念，进入 19 世纪后，翻译活动更加活跃。

关于翻译的可能性问题，历来有两种对立的观点：有人主张不可能有真正"等值"的翻译，其论据是，译词（equivalent）被视作不同语言之间概念的等价物，但"词"是语言对事物的命名和概念范畴化的结果，说不同语言的人用不同的视角切分世界，描写世界；不同的语言，概念范畴化也不可能完全一致。译词与原词即使有可能具有相同的概念义，也不可能具有相同的周边义。所谓周边义就是联想、评价、文体、感情色彩等附属义，这是具体语言社会所规定的意义要素，具有强烈的文化个性。说某种语言的社会只为那些他们认为至关重要的概念准备一个"词"，即加以词汇化（命名行为）①，否则，则使用词组或短语等说明形式表达这些概念（非命名行为）。双语词典常常呈现这样一种状况：一个原词被用一组译词来对应。这也就是说，没

---

① 在讨论这一问题时，我们还常常使用另一个术语"观念"。"观念"和"概念"有何不同？这两个术语对应的英语词都是 idea、concept，概念即语言所包含的意义内容，与语言的形式相对应。形式与内容的关系即"能指"与"所指"的关系，是语言符号系统研究的对象，故语言研究更多地使用"概念"这一术语。笔者的定义是：经过意识形态化的概念是为"观念"，即只有那些得以编入某一语言社会意识形态体系的概念才能成为观念。这一过程姑且称之为概念的"观念化"。没有词化也就没有观念化。

有完美、准确的一一对应，只有一个最大的近似值。同时，不同语言的词汇分属不同的词汇体系，其本身的词义受整个词汇体系的制约。所谓"体系"就是词与词之间的关系：近义、反义、上下位等关系的总和。汉语中的某一语词 A，在自己的词汇体系里和其他词发生关联，形成一个以 A 为结点的网络；外语词 B，同样在自己的词汇体系里和其他词发生关联，形成一个以 B 为结点的网络。作为译词，尽管 A≈B，但两个网络并不重合。例如严复说：

> 宪法西文曰 Constitution，此为悬意名物字，由云谓字 Constitute 而来。其义本为建立合成之事，故不独国家可以言之，即一切动植物体，乃至局社官司，凡有体段形干可言者，皆有 Constitution。今译文宪法二字，可用于国家之法制，至于官司局社尚可用之，独至人身草木，言其形干，必不能犹称宪法①。

即"constitution"与"宪法"两个意义网络并不完全重合。严复在《天演论·译例言》中所说："新理踵出，名目纷繁，索之中文，渺不可得，即有牵合，终嫌参差。"②用自语言中的词勉强对译外语中的概念时，"终嫌参差"的情况是不可避免的。

对此，另一些人则不那么悲观：尽管没有十全十美的翻译，但这只是译者的能力有限而已。肯定翻译的人认为，人类可以，或者曾经分享过一个意义世界的"原风景"，不同的语言之间可以建立对译关

---

① 严复：《宪法大义》，王栻主编：《严复集》第 2 册，北京：中华书局，1986年，第 239 页。另"悬意名物字"为抽象名词；"云谓字"为动词。

② 严复：《天演论·译例言》，北京：商务印书馆，1981 年，ⅻ。

系,正是以这种人类具有的可以互相接受的意义体系为前提的。作为不容置疑的事实,现今世界说不同语言的人无时无刻不在借助翻译,进行沟通。圣经中有巴别塔的传说,近代比较语言学的诞生加强了这种想象。西方语言学界的部分学者在寻找这种初始语言上甚至显示了强烈的宗教热情,严复似乎也受到了影响,他说:

> 则支那之语,求诸古音,其与西语同者,正复不少。如西云 mola,mill,吾则云磨。西云 ear,arare,吾则云犁。西云 father,mother,pama,吾云父、母、爸、妈。西云 Khan,King,吾云君。西云 Zeus,Dieu,吾云帝。西云 terre,吾云地。甚至西云 judge,jus,吾云则,云准。西云 rex,ricas,吾云理,云律。诸如此类,触处而遇。果使语言可凭,安见东黄西白不出同源?[①]

但现在语言类型学的知识告诉我们,这种偶然的相似性并不能说明什么实质性的问题。现代语言学认为:语言没有优劣之分,无论是高度文明社会使用的语言,还是原始部落的语言,都可以表达他们认为有必要表达的任何概念。然而当我们把目光转向概念表述的单位时,会发现在"词"与"大于词"的不同层面,概念的可译性并不相同。人类社会一方面具有人类赖以存续的共同的基础概念(自然的和社会的),另一方面,由于地域、民族、语言社会的不同,概念的词汇化也呈现出巨大差异[②]。所谓概念的移译可以是词,也可以是比词大的单位,如词组、短语、句子。我们应该意识到"可译性"是建立在

---

① 　严复:《政治讲义》,《严复集》第 5 册,1246 页。
② 　例如"兄弟姐妹"在汉语中是单纯词,在英语中则不是。

比词大的层次上的,即在词组、短语、句子的层次上没有什么概念是不可移译(或表达)的。但不同语言的词,在相当多的情况下不是一一对应的。例如在双语词典里,很多词条(entry)没有给出对译的词,而是只有词组或短语形式的解释。可知"译词"并不是天然存在的,需要努力创制并逐渐积累。例如,马礼逊编纂《字典》是从翻译《康熙字典》和《五车韵府》着手的,马礼逊立即发现,为数众多的概念在语词的层次无法建立一一对应的关系,为此他不得不采用解释的方法。在马礼逊的辞典里大于词的单位数远远多于词的数量。马礼逊以后的汉外辞典中,短语等长单位减少,译词增多,逐渐形成了一个原词对多个译词的局面。词组、短语、句子可以凝缩成一个词,但是从概念的诠释到获得译词,还有很长的一段路要走。纵观英华辞典的编纂史,可以清楚地看到这种由"非词"形式向"词"形式演进的倾向。译文,需要的是"词",而不是"词"的定义,没有译词就没有翻译。需要强调的是,对于近代社会的核心概念,其词化常常是强制性的,就是说,为了适应国际社会交流的需要,我们的语言社会不容许democracy、human rights 等概念长久停留在说明性短语的阶段上。概念的词化分为两个步骤:一是造词,二是造词结果的社会认同和容受。在容受过程中又不可避免地发生异化。

笔者不赞成"不可翻译论",在"词"这一级层次上,我们可能没有百分之百的等价物,但语言的词汇体系有极大的柔性,可以自我调节、自我完善。理论上或许没有绝对完美的对译,但是,随着人、物交流的增加,人类总能找到一个最大的近似值。不然,不同语言,甚至持不同方言的人将永远生活在误解之中,这是不现实的。与索绪尔把言语活动分成"语言"(langue)和"言语"(parole)两部分一样,"词"有个体的一面,它带有个人发音、使用、联想上的特征与区别,是parole;但是,"词"又有社会性的一面,它不受个人意志的支配,为社会成员共有,是一种社会心理现象,这是词义高度抽象化的结果,是 langue。而两者之间并没有不可逾越的鸿沟。不同语言之间的概念义可以达到一种 langue 层面的对应,不仅如此,随着文化等各方面交流的深入,周边义也可以互相接受、融合,即"再范畴化"。译词也是如此,在经过词汇体系的调整之后,等价关系是可以建立的,只不过需要努力和时间。① 王力指出:

> 现代汉语新词的大量增加,使汉语大大地丰富了它的词汇,而且使词汇走向完善的境地。我们说丰富了,是因为产生了大量新词以后,任何复杂的和高深的思想都可以用汉语来表达;我们说完善了,是因为词汇国际化,每一个新词都有了国际上的共同定义,这样就能使它的意义永远明确严密,而且非常巩固②。

"国家"、"政治"、"经济"、"科学"等大量被称为近代关键词的抽象词语,都具有这种"国际词"的特征,有着大致相同的外延与内涵,且感情色彩等周边义较稀薄。

严复说:"大抵取译西学名义,最患其理想本为中国所无,或有之而为译者所未经见。"③"理想"即 idea,今译"概念"。严复指出了译

---

① 任何一种语言的词汇系统都具有自我调整的机制,可以容受外来概念,重构原有的意义体系,这一切所需要的只是时间。如果不是世纪之交以决堤之势涌入汉语的日本译词中断了汉语自然演化的进程,严复等人的本土译词都将缓慢地接受洗礼,最终融入已有的词汇体系。

② 王力:《汉语史稿》,北京:中华书局,1980 年,528 页。

③ 严复:《尊疑先生覆简》,《新民丛报》,1902 年第 12 期;亦见《严复集》第 3 册,518 页。

词获取的两个主要路径：一、为那些"或有之而为译者所未经见"的"名义"寻找出中外概念的等价物；二、对于那些"本为中国所无"的西方或外域的"理想"，创造一个等价物①。从自语言中找出与外域概念等价的词语作译词，译者必然要直面怎样寻找对的译词，从何处寻找的问题。关于寻找译词，严复表现了两种不同的态度：有一些译词，"但求名之可言而人有以喻足矣"，又说"若既已得之，则自有法想。在己能达，在人能喻，足矣，不能避不通之讥也"；但是对于某些重要词语，严复则说："盖翻艰大名义，常须沿流讨源，取西字最古太初之义而思之，又当广搜一切引伸之意，而后回观中文，考其相类，则往往有得，且一合而不易离。"②即有些译词即使概念义、周边义并不完全吻合，也无大碍，使用过程中词义等都会得到调整。困难的是那些"译者所未经见"的"艰大名义"。严复认为这些概念古昔中西或相通，其后人类族群分化，语言形式也发生了变化，匛此译者需要"沿流讨源"将其找出来。严复为了这种寻找付出了艰苦的努力。严复翻译多用古僻字，为人所诟病。而严复本人却说："此不仅期以行远已耳。实则精理微言，用汉以前字法、句法，则为达易；用近世利俗文

---

① 　其中有一些复杂的问题，如是用单纯词对译还是创造新的合成词（复合词、派生词）对译等等。在此暂不展开。

② 　严复：《与梁启超书，三》，《严复集》第 3 册，518 - 519 页。

字，则求达难。"①即这样做的目的不仅是为了"雅驯"（行远），更重要的原因是汉以前的字法、句法可以表达"最古太初"人类共同的"精理微言"②。需要指出的是，19、20 世纪之交，寻找译词的范围逐渐从汉籍扩大到了日本的译书乃至各种辞典和术语集。1896 年《时务报》开设"东文报译"栏，翻译日本报刊上的文章；1897 年 5 月梁启超首次在中文媒体《时务报》上鼓吹译日本书；《日本国志》（黄遵宪，1895 年末）、《日本书目志》（康有为，1898 年春）刊行，这些都推动了关于日本的知识渗入中国社会，吸收日本译词也成为可能③。随着留日高潮的到来，1904 年前后日本译词更是充斥了中国的媒体。严复的翻译从一开始就处于日本译词的笼罩下，例如"起点"是当时备受攻击的日本词，严复却不经意地用于《拟上皇帝书》、《天演论》、《西

---

① 例如严复说："惟独 Rights 一字，仆前三年，始读西国政理诸书时，即苦此字无译，强译'权利'二字，是以霸译王，于理想为害不细。后因偶披《汉书》，遇'朱虚侯忿刘氏不得职'一语，恍然知此职字，即 Rights 的译。然苦其名义与 Duty 相混，难以通用，即亦置之。后又读高邮《经义述闻》，见其解《毛诗》'爰得我直'一语，谓直当读为职。如上章'爰得我所'，其义正同，叠引'管子'孤寡老弱，不失其职，使者以闻'，又'管子'法天地以覆载万民，故莫不得其职'等语。乃信前译之不误，而以直字翻 Rights 尤为铁案不可动也。（中略）此 Rights 字，西文亦有直义，故几何直线谓之 Right line，直角谓 Right angle，可知中西申义正同。此以直而通职，彼以物象之正者，通民生之所应享，可谓天经地义，至正大中，岂若权利之近于力征经营，而本非其所固有者乎？且西文有 Born Right 及 God and my Right 诸名词，谓与生俱来应得之民直可，谓与生俱来应享之权利不可。何则，生人之初，固有直而无权无利故也，但其义湮晦日久，今吾兼欲表而用之，自然如久废之器，在在扞格。顾其理既实，则以术用之，使人意与之日习，固吾辈责也。至 Obligation 之为义务，仆旧译作民义与前民直相配。Duty 之为责任，吾无间然也。"（《与梁启超书，三》，《严复集》第 3 册，519 页。）

② 严复：《天演论·译例言》，xii。

③ 以上参见沈国威：《近代中日词汇交流研究——汉字新词的创制、容受与共享》，三语言接触编，第 2 章"近代新知识的容受与日本途径"，北京：中华书局，2010 年。

学门径功用》中。严复 1902 年以后的译著、文章，如《穆勒名学》、《政治讲义》、《教授新法》（又名《论今日教育应以物理科学为当务之急》）等已经"混入"大量日本译词。但是，总体上严复是反对日本译词的。首先，他认为日本也是一个学习者，而不是知识的本源①；再者，他似

① 例如严复说："今夫科学术艺，吾国之所尝译者，至寥寥已。即日本之所勤苦而仅得者，亦非其所故有，此不必为吾邻讳也。彼之去故就新，为时仅三十年耳。今求泰西二三千年挈乳演迤之学术，于三十年勤苦仅得之日本，虽其盛有译著，其名义可决其未安也，其考订可卜其未密也。乃徒以近我之故，沛然率天下学者群而趋之，世有无志而不好学如此者乎？侏儒问径天高于修人，以其愈己而遂信之。"（《与外交报主人书》，《严复集》第 3 册，518－519 页）。在给亲友的私人信件上，严复说得就更不客气了。如《与熊季廉书，七》中："至一切新学，则不求诸西而求于东。东人之子来者如鲗，而大抵皆滥竽高门，志在求食者也。吾不知张南皮辈率天下以从事于东文，究竟舍吴敬恒、孙揆陶等之骄嚣有何所得也？"（孙应祥、皮后锋编：《严复集补编》，福建人民出版社，2004 年，第 235 页。此信写于 1902 年。）《与熊季廉书，八》："上海所卖新翻东文书，猥聚如粪壤。但立新名于报端，作数行告白，在可解不可解间，便得利市三倍。此支那学界近况也。"（《严复集补编》，第 237 页。此信写于 1903 年。）《与曹典球书，三》："大抵翻译之事，从其原文本书下手者，已隔一尘，若数转为译，则源远益分，未必不害，故不敢也。颇怪近世人争趋东学，往往入者主之，则以谓实胜西学。通商大埠广告所列，大抵皆从东文来。夫以华人而从东求西学，谓之慰情胜无，犹有说也；至谓胜其原本之睹，此何异睹西子于图画，而以为美于真形者乎？俗说之诪常如此矣！"（《严复集》第 3 册，第 567 页。此信写于 1905 年。）《与熊纯如书，八》："方今吾国教育机关，以涉学之人浮慕东制，致枘凿不可收拾。"（《严复集》第 3 册，第 607 页。此信写于 1912 年。）

乎不认可日本人的对译和造词①。借自日本貌似是一条捷径,但是由于汉字使用上的差异、命名理据的不同,对于相同的文字列,中日读者也会有不同的理解、感受。

如果自语言中没有适当的对译词,或不存在可以移译外语概念的既有词语时,就需要新造。严复在译《天演论》时对这种情况的态度是"自具衡量,即义定名",即用自语言的成分创制新词做译词。译词创造是一项艰难的工作,需要高超的外语能力②,且费时费力。严复说"一名之立,旬月踟蹰"③,又说"不佞译文,亦字字由戥子称出"④。另外,在世纪之交,创制、使用新词是一个极具争议的问题,对于传统的士子来说是有心理负担的,清末文人对于新名词的态度

---

① 严复说,economics,"日本译之以经济,中国译之以理财。顾必求吻合,则经济既嫌太廓,而理财又为过狭"。(译事例言,《原富》,第7页)"东学以一民而对于社会者称个人,社会有社会之天职,个人有个人之天职。或谓个人名义不经见,可知中国言治之偏于国家,而不恤人人之私利,此其言似矣。然仆观太史公言《小雅》讥小己之得失,其流及上。所谓小己,即个人也。"(译余赘语,《群学肄言》,xi)"理学其西文本名谓之出形气学,与格物诸形气学为对,故亦翻神学、智学、爱智学。日本人谓之哲学。顾晚近科学独有爱智以名其全,而一切性灵之学则归于心学,哲学之名似尚未安也。"(《穆勒名学》,第12页)严复这段话的意思是:理学在西文中称为形而上学(Metaphysics),与形而下的自然科学各学科相对。Metaphysics又可以译为神学、智学或爱智学,日本人译为"哲学"。但是"哲学"同时又是philosophy的译名,这似乎不妥。
② 这种能力除了对词义的理解外,还包括拉丁语、希腊语等词源知识。
③ 严复:《天演论·译例言》,xii。
④ 严复:《孟德斯鸠法意》,北京:商务印书馆,1981,第219页。

大致反映了这一点①。惟严复并不隐瞒、避讳自己新词创造的行为，不怕"生吞活剥"讥讽，甚至颇有些沾沾自喜："他如物竞、天择、储能、效实诸名，皆由我始。"②译词的成立需要语言社会的认同，故严复又说"我罪我知，是存明哲"。如果说用既有词对译新概念反映了译者对新旧古今词义的连续把握，那么，新译词的创制则传递了译者对外来概念的理解和命名理据上的信息。

中国和日本是近代译词的主要"产地"，在汉字文化圈内，长期以来"汉字"是概念唯一正式的载体，以至于近代以降，汉字以及汉字构成的新词、译词是容受、表达西方新概念的主要形式。在中国，20世纪之前的很长一段时间里像颜永京、严复那样的西学、西文功底深厚的中国人凤毛麟角，译词创造的工作是由来华西方传教士唱主角的。但是需要指出的是，传教士的汉语能力不足以造词，大多数情况下采用的是西士口述，中士笔录的方式，西士口述的说明性短语凝缩为词，汉译西书里的译词大都是这样形成的。在日本，译词创造的主力是兰学家以及明治时期以后的启蒙思想家们。尽管这些人汉学素养深厚，但汉语终究不是他们的母语。

---

① 荀子说："故王者之制名，名定而实辨，道行而志通，则慎率民而一焉。故析辞擅作名以乱正名，使民疑惑，人多辨讼，则谓之大奸；其罪犹为符节、度量之罪也。故其民莫敢托为奇辞以乱正名，故其民悫。"(《荀子·正名篇》)熟读四书五经的士大夫对阑入之词极为敏感，如张之洞、樊增祥等的言论。日本的兰学家也称独自的造词为"私造"。参见沈国威《近代中日词汇交流研究》，三语言接触编，第3章"清末民初中国社会对日语借词之反应"；沈国威《清末民初〈申报〉载"新名词"史料(1)》，《或问》24号，2013年，第169-180页。

② 严复：《天演论·译例言》，xii。

二、新名词的普及与定型

　　尽管有些词经过如严复式"一名之立，旬月踟蹰"的呕心沥血，但是造词只是语词形成的整个过程的一半，任何新词译词还需得到语言社会的认同才能成为"词"，即词汇体系一员，这也是词与格言、警句、句子的根本不同之处。近代以后风行一时，终被弃如敝屣的新词、流行词数不胜数。

　　考察语词普及定型的过程，我们必须回答以下的问题：一、什么是语词的定型？如何判断一个词定型与否？二、影响新词定型的因素是什么？一个词稳定地被使用就是定型，反之就只是一个昙花一现的流行词。例如我们可以说"进化"定型了，"天演"则以流行词终。但是，这只是一种结果论，回到历史的现场则无法判断，无法预测哪些词会定型，哪些词将消失。历时性语料库所反映的使用频率的增减是一个重要的指标，但其局限性也是显而易见的：语料库无法涵盖语言使用的整体情况。那么左右定型的因素是什么？一个外语词往往有几种译法，为何最终能定于一尊？尤其在近代译词研究中我们会遇到这样的问题：传教士或严复创制的本土译词为何会被日本译词所取代？关于原因的讨论主要集中在以下 3 点：① 外部力量的干预；② 译词本身的因素；③ 语言社会的反应。

　　第①点最常见的情况是国家或学术团体推进的术语审定统一工作。在近代国民国家形成过程中，这是语言政策的体现。第②点是造词法或理据上的因素①,"理据"即"物之所以名",是能指与所指的结合理由。索绪尔以后的现代语言学的一条基本原则是,除了某些拟声拟态词以外,单纯词能指与所指的关系是任意的。但近代译词主要以复合词的形式出现,而使用复合既有语言成分创制新词必然发生"理据"问题。理据又可以分为外语词所具有的"原生理据"和译者所赋予的"译者理据"。前者体现了不同语言对世界上森罗万象的不同把握,这种异质的意义模式通过直译进入容受语言时,既可以造成某种混乱,也可以引进某些新的表达方式。如兰学译词"植民"、"十二指肠"、"盲肠"等都是饶有兴味的例子。译者理据反映了造词者(通常是时代的先行者、启蒙家)在理解、接受域外新概念时的思维方式。观念史研究试图通过对理据的分析,诠释概念容受过程中的某些重要现象。

中日译词的交替等就被普遍认为是造词或理据的优劣结果。例如王国维指出"日人之定名,亦非苟焉而已,经专门数十家之考究,数十年之改正,以有今日者也"②。王国维举了很受一部分国人推崇的严复的例子与日制译词相比较,评论道:Evolution 严译"天演",日译"进化";Sympathy 严译"善相感",日译"同情";"执得执失、执明执

① 关于中日造词法上的异同请参见沈国威:《近代中日词汇交流研究——汉字新词的创制、容受与共享》,北京:中华书局,2010 年,第 36 页。另外词形,如单双音节的区别也是一个极为重要的因素,参见沈国威:《近代译词与汉语的双音节化演进:兼论留日学生胡以鲁的"汉语后天发展论"》,《日本学研究纪念文集——纪念黑龙江大学日语专业创立 50 周年》,哈尔滨:黑龙江大学出版社,2014 年,第 16-38 页。

② 王国维:《论新学语之输入》,《教育世界》第 96 号,1905 年 4 月。收于《王国维遗书》卷 5,《静安文集》,上海古籍书店,1983 年。以下引用同。

昧,凡稍有外国语之知识者,宁俟终朝而决哉"①。王国维还说:"日本人多用双字,其不能通者,则更用四字以表之,中国则习用单字,精密不精密之分,全在于此",所以国人"创造之语之难解,其与日本已定之语相去又几何哉"。也就是说,王国维认为日本的译名比中国自创的译名更准确。第③点反映了语言使用者对新词的态度,正如王国维所说对于来自日语的新词译词,"好奇者滥用之,泥古者唾弃之"②。即一方面有人对日本新词趋之若鹜,另一方面崇尚雅驯的氛围和对日本译词的民族主义情绪也极为强烈。定型与否是上述三种因素合力作用的结果,但是,词汇研究认为新词能否得到语言社会的认可,外部力量的介入、造词法或理据等原因固然重要,但并不是决定性的因素。从结果上看,政府教育部门审定的术语没有完全被语言社会所接受③;理据的合理与否也并不决定一个词的存亡。以严复的"天演"和日本的"进化"而论,这两个词都曾出现在《天演论》中,严复试图分别用"天演"表达自然的演化,用"进化"表示人类道德的升华。从造词的理据上看,"天演"没有人为设定的价值取向的含义,要优于"进化"④。但是严复的"天演"终究没能抵御日本译词"进化"。又如,广东近代译词如"银行、保险、陪审、养气(氧气)、轻气(氢气)"等,对当时的文人来说或俗不可耐,但也最终保留了下来(不可否认在普及定型过程中有日语影响的因素)。

---

① 我们应该注意的是,王国维这里将日人造词和国人造词完全等同看待了。其实两者之间有较大的分歧,这是需要我们认真分析的地方。

② 王国维:《论新学语之输入》。

③ 沈国威:《〈官话〉(1916)及其译词——以"新词""部定词"为中心》,《アジア文化交流研究》第3号,2008年,第113-129页。

④ 例如"盲肠"是进化的结果还是退化的结果?有时人们不得不强辩:"退化也是进化。"

近代词汇形成史告诉我们，一个新词、译词能否普及、能否为语言社会所接受，其决定性因素常常不在语词本身（即内部原因），而在于该语言社会的认同，在于语言使用者的价值取向（即外部原因）。由于种种原因，使用者弃置旧词、选用新词，在任何时代、任何语言社会都是存在的。日本译词代表了新的知识，其大量涌入是历史时代使然，我们需要找出并准确地记述当时语言社会的诸种因素。

三、从新名词到关键词

如上所述，近代新词中有一些至关重要的词语被称为"关键词"或"近代关键词"。关键词与一般词语的区分在哪里？关键词又是如何形成的？

汉字文化圈的近代新词是容受西方新概念的结果，这一过程可分为三个阶段：第一阶段是19世纪初叶至中日甲午战争；第二阶段是1895—1915年；第三阶段是新文化运动时期。第一阶段是传教士造词，并在有限范围内传播的时期。在翻译内容、造词方法上，第一阶段都不能说取得了成功。第二阶段是日本译名大量涌入汉语的时期，甲午之役，"老大帝国"败给"蕞尔岛国"，亡国亡种的危机加深。而在此之前扮演传播西学主角的传教士淡出中国政治舞台，严复的孤军奋战终不能满足中国吸收西方新知识的迫切需要，国人只好将目光转向日本。留学日本、翻译日文书籍的热潮帮助汉语从日语获得了大量的新词译词，汉语不但从日语接受了新词，还刷新了旧词词义。由此现代汉语迅速完成了词汇体系的建构，进而实现了书面语的言文一致。第三阶段是对新出现的词汇成分（自造的或外来的）进行整合，使其融入汉语词汇体系的时期。大量语词被观念化成为关键词就是在第三阶段的五四运动期间及其以后的一段时间内发生的。

新语词得到社会认同的过程也可以称之为"后词汇化"。在这一过程中词汇体系得以整合,原有的意义体系被重组:语言社会赋予新的语词成分以联想、语体、评价等周边义以及意识形态的价值指向。语词具有体系性,即作为概念名称的"词"不是孤立存在的,而是与其他的词语保持着这样或那样的关系,织成一个意义网络。任何一个词的出现、消亡,或意义用法的变化,都会引起该词汇体系内同一语义场中其他词语的变动,可谓牵一发而动全身。所谓的"关键词"在知识网络中处于结点,即语义场中心的位置,一方面作为外延大的上位词统辖其他下位词,另一方面内涵稀薄,又依靠下位词的支持,例如《新尔雅》在解释"国家"时使用了"领土、人民、政府、文化、社会"等词语。关键词是知识体系的问题,19 世纪传教士们也做了大量新知识引介的工作,之所以没能形成关键词是因为传教士的引介没有严密的体系性。关键词的考察不能仅仅针对个别词语孤立进行,而必须兼顾同一语义场中的其他概念。例如,在讨论"民主"时应将"民权、民治、民政、共和、立宪、德谟克拉西"等纳入视野;"经济"与"经世、计学、富强、生计","科学"与"格致、格物致知、穷理、博物、生产力"等相关联。只有在特定的语义场中才能准确地观察关键词的诞生、普及和定型。

概念的词化提供了表达上的便利性,也蕴含着概念异化,即名实乖离的危险。我们用一个词指涉一个概念时,常常忽视了概念的真正内涵及其潜移默化的演变。例如,今天说汉语的人使用"铅笔",利用"银行",却没有人留意"铅"、"银"的缺位。被观念化(意识形态化)的语词尤其如此,人们按照想当然的"观念"行事,而不是按照思想或严格定义的概念去把握事实。"个人"、"自由"、"革命"等观念在中国语境中的异变引起了研究者强烈的学术兴趣[①]；"个人、自由、革命"之所以成为独具中国特色的关键词不在于它们是 individual、freedom、revolution 的译词，而在于这些术语在中国意识形态体系中的定位，这种定位是通过与其他词语的搭配组合关系体现出来的。

"概念是代号，是思想的出口"[②]，而语词则是概念的外壳；没有概念不足以形成思想，没有语词则无法表达概念。由概念到观念的过程就是近代观念史的考察内容。我们说的观念史其实是近代观念形成史，即东方如何用汉字容受西方的新概念，并建构大同小异的各自的近代意识形态体系的历史。问题的实质是："东方如何用汉字容受西方的新概念？"特别是 19 世纪以来的中日之间的文化交流和语言接触使西方新概念的容受及其"词化"的过程成为跨语言的事件，这是一个共创共享的时代[③]。

近代关键词之所以成为关键词，是近代观念史（准确地说是东亚容受西方新概念的历史）研究的课题，而非词汇史的内容，并不是所有新词译词都具有观念史研究的价值；但近代关键词作为语词形成的诸种事实则是近代词汇史的考察对象。对西方概念的传入、接受过程（其中一部分语词经历观念化）的梳理不等于词汇史研究，反之亦然，对于关键词词汇史考察也不等于观念史研究。但是，以关键词为考察出发点的观念史研究必须以词汇史研究为基础。关键词的问题应该放在汉字文化圈来观察。从 20 世纪之初的各科学术到 1920 年代的社会主义、共产主义思想体系以及文艺戏剧理论，可以说整个

[①] 金观涛、刘青峰：《观念史研究：中国现代重要政治术语的形成》，香港：香港中文大学，2008 年。

[②] 方维规：《概念史研究方法要旨》，《新史学》，北京：中华书局，2010 年，第 3 卷，第 3-20 页。

[③] 沈国威：《中日近代词汇交流研究》，北京：中华书局，2010 年。

中国近代知识体系的建构都与日本知识有着深刻的关联，即西学从东方来，马列主义从东方来。考察 1895—1915 年这一阶段的中国观念史，日本知识是一个无法回避的问题。最大限度地利用包括相关的历史文献及研究成果在内的日本的研究资源，会使我们的视角更加全面，这在分析比较东亚各国近代化不同的进程时（共性与个性）尤为重要，因为这不仅仅是一个译词创制、借贷的词汇史的问题，而是对东亚近代史的整体描述①。以下，分别以"自由"为例，讨论近代关键词成立的某些侧面。

"自由"是汉语古典词，《辞源》1915 年版和 2016 年版的释义分别如下：

【自由】一、谓奉行己意也。［杜甫诗］送客逢春可自由。二、法律名词。如在法律范围内之言论自由。集会结社自由是。此种自由凡立宪国皆有之。按英文 Liberty 法文 Liberte 皆原于拉丁文之 Liebrtas。其意为脱去被人羁绊虐待之谓。

【自由】谓能按己意行动，不受限制。礼少仪"请见不请退"汉郑玄注："去止不敢自由。"三国志吴朱桓传："桓性护前，耻为人下，每临敌交战，节度不得自由，辄嗔恚愤激。"

Freedom 与 Liberty 主要是词源上的区别，马礼逊在自己的辞典里译为"自主、自主之理"；麦都思的辞典开始出现"自由"；罗存德的《英华字典》综合两者：自主、自由、治己之权、自操之权、自主之理。

---

① 沈国威：《时代的转型与日本途径》，王汎森等著：《中国近代思想史的转型时代》，台北：联经出版社，2007 年 12 月，第 241 - 270 页。

日本自《英和对译袖珍辞书》(1862)起，"自由"就是 freedom、liberty 的译词。首次将"自由"一词作为西方的概念引入日本的是福泽谕吉的《西洋事情》(1866)：

欧羅巴政学家の説に、凡そ文明の政治と称するものには六ケ条の要訣ありと雲えり。即ち左の如し。第一条自主任意国法寬にして人を束縛せず、人々自からその所好を為し、士を好むものは士となり、農を好むものは農となり、士農工商の間に少しも区別を立てず、固より門閥を論ずることなく、朝廷の位を以て人を軽蔑せず、上下貴賤各々その所を得て、毫も他人の自由を妨げずして、天稟の才力を伸へしむるを趣旨とす。『西洋事情』巻之一六下

（译文：欧洲政治学家的学说中有大凡文明政治均有六条要诀，即第一条，宽容自主任意国法，对人不加束缚。人人做自己所喜好之事。愿为士者为士，愿为衣者为农。士农工商不设区别，不以门阀论，不以官位轻蔑人，上下贵贱，各得其所。丝毫不妨碍他人自由，提升天赋的才能。）

割り注：本文、自主任意、自由の字は、我儘放盪にて国法をも恐れずとの義に非らず。総てその国に居り人と交て気兼ね遠慮なく自力丈け存分のことをなすべしとの趣意なり。英語に之を「フリートム」又は「リベルチ」と雲ふ。未た的当の訳字ならず。『西洋事情』巻之一七上

（译文：本文的"自主任意、自由"等词，并非为所欲为，不惧国法之意，而是国民之间无须客套，各尽自己的能力，做自己要做的事之意。英语称之为 freedom、liberty。尚无

精准的译词。）

其后，西周在《百学连环》(1870)中以"自在"的词形介绍了 freedom、liberty 的概念，侧重点在出版自由：

西洋右の発明に依りて一千五百年来文化大に開ケ、一千七百年来に至りて liberty(自在) of press(印刷)印刷自在と雲ふとこと起れり。《西周全集》第四卷 17、47 頁

（译文：西洋根据以上发明[即印刷术，译者]16 世纪以来文明大开。至 18 世纪，印刷自在兴起。）

其中一ッの真理は liberty 即ち自在と訳する字にして、自由自在は動物のみならす、草木に至るまて皆欲する所なり。《西周全集》第四卷 25、56 頁

（译文：其中一真理即 liberty，译作自在。自由自在不仅动物，至草木植物也都祈盼。）

人は又其類上にあらすして最も自由を得ると雖も、唯夕之を縛して動かさゝるは法なり、其法たるや自由の理に戻るへからす、若し是に戻るときはかならす乱るものなり。《西周全集》第四卷 25、56 頁

（译文：人尽管不在其类之上，最获自由，但惟受法律束缚。其法律不可返回自由之理，如返，则必乱。）

神は萬物の根元にして萬物を自由にするの權ありと称するより。《西周全集》第四卷 113 頁。

（译文：上帝作为万物之根本有使万物获自由之权。）

西周在早期的著述中，更倾向于使用"自在"，而不是"自由"。《百学连环》中前者 39 例，后者仅 8 例。但到了《明六杂志》（1874. 4—1875. 11），"自由"的用例多达 280 例，而"自在"仅 7 例，其中 2 例为"自由自在"连用。

中村正直 1872 年刊行译著《自由之理》（原著为 J. S. 密尔的 *On Liberty*）。1874 年"自由民权运动"起，"自由"作为 freedom、liberty 的对译词在日本社会普及定型。在"自由"意识形态化的过程中，还有很多事件，但已不是词汇学的内容了。

中国虽然向日本提供了译词，但实际概念的导入晚于日本 20 年以上。限于篇幅，我们只对严复的情况进行讨论。

可以推测严复在 19 世纪 70 年代留学英国期间就接触了西方的自由概念，但首次介绍给中国社会是 1895 年。严复在他的第一篇公开发表的时论中写道："（西学的关键）不外于学术则黜伪而崇真，于刑政则屈私以为公而已。斯二者，与中国理道初无异也。顾彼行之而常通，吾行之而常病者，则自由不自由异耳。"[1]

严复用"自由"对译 freedom、liberty，此时"自由"作为西学词汇已广为知晓。例如《申报》在 1880 年代初已经报道过日本的自由党成立，图 1 显示了"自由"的第一次使用频率高峰。"自由"是古典词，做译词使用，必然有一个当与不当的问题。严复紧接着说："夫自由一言，真中国历古圣贤之所深畏，而从未尝立以为教者也。彼西人之言曰：唯天生民，各具赋畀，得自由者乃为全受。故人人各得自由，国

---

[1]　严复：《论世变之亟》（1895. 2. 4—5《直报》），王栻主编：《严复集》一，北京：中华书局，1986 年 1 - 5 页。

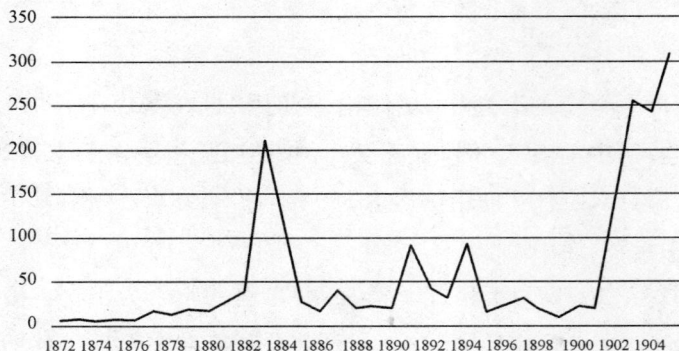

图1 《申报》中"自由"的使用频率

国各得自由,第务令毋相侵损而已。侵人自由者,斯为逆天理,贼人道。其杀人伤人及盗蚀人财物,皆侵人自由之极致也。故侵人自由,虽国君不能,而其刑禁章条,要皆为此设耳。中国理道与西法自由最相似者,曰恕,曰絜矩。然谓之相似则可,谓之真同则大不可也。何则?中国恕与絜矩,专以待人及物而言。而西人自由,则于及物之中,而实寓所以存我者也。自由既异,于是群异丛然以生。"指出了东西方之间根本的不同。译词只是勉强"相似",不是"真同"。尽管如此,严复认为这里"自由"是合适的译词,说"西名东译,失者固多,独此大成,殆无以易"①。

然而严复并不是完全满意,他提出了两点:

> 一、中文自繇,常含放诞、恣睢、无忌惮诸劣义,然此自是后起附属之诂,与初义无涉。初义但云不为外物拘牵而已,无胜义亦无劣义也。

---

① 严复:《群己权界论·译凡例》,北京:商务印书馆,1981年。

二、由、繇二字,古相通假。今此译遇自繇字,皆作自
繇,不作自由者,非以为古也。视其字依西文规例,本一玄
名,非虚乃实,写为自繇,欲略示区别而已。

第一点是"自由"的周边义问题。如严复所说,20 世纪初叶的
"自由","常含放诞、恣睢、无忌惮诸劣义"①。但严复同时又认为这
是"后起附属之诂,与初义无涉"。中西远古相同的主张在这里也有
所反映。第二点与其说是"自由"的问题,毋宁是世纪之交汉语本身
的局限性。严复认为按照英文文法,freedom、liberty 都是名词(抽
象的),是实词,而不是虚词。相反,汉语中的"自白"则是副词,即汉
语传统分析法中的"虚词"。严复试图用古僻的汉字把"自由"作为抽
象名词来使用,但由于发音不变,严复的企图也不可能实现。其实,
在世纪之交,如 1902 年以后,"自由"例剧增,已经部分地获得了抽象
名词的用法,如严复在《群己权界论》(1903)中有 4 例"有自繇"的例
子②。但《钦定宪法大纲》(1908)中的二例,还不完全是抽象名词:

君上大权
八、宣告戒严之权。当紧急时,得以诏令限制臣民之
自由。
附臣民权利义务
二、臣民于法律范围以内,所有言论、著作、出版及集
会、结社等事,均准其自由。

---

① 关于"自由"在当时的社会评价,可参阅沈国威前揭文《清末民初〈申
报〉载"新名词"史料(1)》。
② "有"后面的宾语可以是具体名词(这时常有数量词修饰),也可以是抽
象名词或动名词。

在讨论"自由"的政治隐含的同时,还要关注作为语言单位"词"的"自由"。

小结:近代关键词成立的条件

一个外域的新概念,通过"译词"的形式被导入,最后成长为"近代关键词",这一过程需要哪些条件? 对此我们以"自由"为例可以总结出以下各项条件。

1. 定义:如严复所指出的那样,近代关键词作为人文科学的术语,需要进行严格的定义。语文词典、术语词典只提供简单的释义,关键词的诠释需要大词条式辞典,如百科全书提供。《新尔雅》(1903)属于前者,梁启超设想的《新释名》属于后者。遗憾的是《新释名》只在《新民丛报》上刊载了两期,解释了"经济"等数条术语而已①。严复在《政治讲义》中对"自由"的定义做了详细的梳理,影响了一代人对"自由"的理解。

2. 语义网络:如前所述,词并不是单独存在的,而是处于一个复杂的意义网络之中,一个词的词义也是根据它与其他词的关系而确定的。关键词处于意义网络的结点,更是如此。以"自由"为例,其与"平等、自主、自治、自助、民主、权利、义务、人权"等同位联想词的关

---

① 关于近代中国包括百科全书在内的科学用语辞典编纂情况,可参阅沈国威《中国近代的科技术语辞典(1858—1949)》,《或问》13号,2007年,第137-156页。

系、与"压抑、压迫、专制"等反义词的关联①,以及"自由自在、自由散漫、自由平等、自由恋爱、信仰自由、言论自由、结社自由"等固定搭配组合的使用情况,都对"自由"的概念义和周边义有影响。

3. 事件:使词语与记忆联系起来的是事件。历史事件对近代关键词的形成、普及也起着重要的作用。

以上,本文主要从翻译学、词汇学的视角对近代关键词的成立做了讨论。个人创造的译词必须被语言社会接受才能成为词汇体系的一员,从这一角度看,个人是微不足道的。创造了诸多译词,而留用无几的严复就是明证。但是概念引介者的历史作用又是巨大的。笔者在刚刚问世的《严复与科学》中②,对"科学"之于严复做了横贯式的梳理。同理,"严复与自由"、"严复与社会"也是题中应有之义。

---

① 笔者曾试图通过对"野蛮"的考察,界定近代中国的"文明"。沈国威:《"野蛮"考源》,《东亚观念史集刊》2012 年 12 月第 3 号,第 383 - 403 页;《近代东亚语境中的文明和野蛮:以"野蛮"的词史为中心》,《走向翻译的历史》,香港中文大学,2013 年第 3 辑,第 37 - 60 页。

② 沈国威:《严复与科学》,南京:凤凰出版社,2017 年。

概念史的新近发展与国际影响

方维规 *

斯坦福大学荣休教授、德国著名文学理论家、概念史研究的重要前辈人物之一的贡布莱希特(Hans-Ulrich Gumbrecht,1948—   )于2006 年出版自己的概念史文集《概念史的维度和局限》,对遴选的六篇重要旧作(1978—2001)未做任何修改,但他出人意料地否定了概念史的前景。购买该著的读者,首先要买他的长篇"前言"———一篇非同凡响、不胫而走的前言:科塞雷克(Reinhart Koselleck,1923—2006)的学生贡布莱希特在与概念史告别! 该文很能说明问题的标题为"精神金字塔",论述"概念史运动的迅速高涨、看不见的维度和突然退潮"。作者不仅试图诊断概念史的当代水平,同时也在审视和诊断整个当代思想。这是他讨论问题的重要目的。其他领域的学者提出一些值得进一步探讨的疑虑和问题,与概念史研究阵营内部发出的根本性质疑相比,似乎显得无伤大体。

贡氏对概念史研究的回顾,带着感伤的目光审视书房里的《哲学历史辞典》、《历史基本概念》、《法国政治和社会基本概念工具书,

---

* 作者系北京师范大学文学院教授。

1680—1820》、《美学基本概念》等一系列多卷本概念史巨著。① 在他眼里,这些卷帙已经成为"金字塔";曾经充满希望的将来,随着课题的竣稿和出版而变成过去的将来,1960—1980 年代的将来已经死去。直到不久前,他才发现概念史之时兴,"经历也很丰富,而且几乎是突然发生的,就像活跃的概念史研究在 20 世纪落下帷幕之时已在以往的大型纪念碑的石块中僵化一样",金字塔已很遥远。② 这种诊断似乎恰逢时机,几个大的德国概念史工程几乎完竣,《哲学历史辞典》的索引卷也将在该年问世,人们只在等着九卷本《修辞学历史辞

---

① 十三卷《哲学历史辞典》(*Historisches Wörterbuch der Philosophie*)(1971—2007);八卷本大辞典《历史基本概念——德国政治和社会语言历史辞典》(*Geschichtliche Grundbegriffe. Historisches Lexikon zur politisch-sozialen Sprache in Deutschland*)(1972—1997);十五卷《法国政治和社会基本概念工具书,1680—1820》(*Handbuch politisch-sozialer Grundbegriffe in Frankreich 1680—1820*)(1985—2000);七卷本《美学基本概念:历史辞典》(*Ästhetische Grundbegriffe. Historisches Wörterbuch*, hrsg. von Karlheinz Barck、Martin Fontius、Dieter Schlenstedt、Burkhart Steinwachs、Friedrich Wolfzettel, 7 Bde, Stuttgart: Metzler, 2000—2005)。《美学基本概念》吸收了不少针对概念史研究方法的批评意见。尽管它具有专业百科全书的性质,但是编者依然强调该著知识的开放性和未完成性,认为所有概念史都是"当代概念运用的前史"。另外,编者还指出,科塞雷克式的概念史所设计的历时发展路径较少关注与特定时代相关的动机。因此,探讨"关注差异性甚于同一性的审美现代性条件",亦当为历史研究做出贡献(《美学基本概念:历史辞典·前言》卷一,第Ⅷ页)。

② 贡布莱希特:《精神金字塔:论概念史运动的迅速高涨、看不见的维度和突然退潮》,《概念史的维度和局限》,慕尼黑:Wilhelm Fink,2006 年,第 7、9、35 页(Hans-Ulrich Gumbrecht, "Pyramiden des Geistes. Über den schnellen Aufstieg, die unsichtbaren Dimensionen und das plötzliche Abebben der begriffsgeschichtlichen Bewegung", in H.-U. Gumbrecht, *Dimensionen und Grenzen der Begriffsgeschichte*, München: Wilhelm Fink, 2006, 7-36)。

典》(1992—2009)①卒底于成。

"死亡讣告"极易引起误解。因为所有大型学术项目都会将其雄心勃勃的计划转变为书册,即便结构上无法完结的项目,总有收场之时,尤其是按照字母顺序编写的多卷本参考书。若是无人运用汇聚于这些书籍的知识,才有死亡可言。贡布莱希特当然知道,这些书卷都很有用,他是另有所指:"石化"来自内部,精神金字塔中不再有生命;在西西弗斯的苦役中,推石人的心脏已经石化。在贡氏看来,概念史鸿篇巨制没有掩藏着能够让人在运用中获取思想认识的宝物,没有可以通过对话来开发的往昔世界的精神,而更多的只是埃及"宏伟的墓碑"(黑格尔),它的内部埋葬着从前的幻想和激情。概念史巨著的成果,实为"人文科学中一个业已告终的时代的证人。对于我们来说,它虽然在时间上并不比昨天久长多少,但在思想上仿佛同文艺复兴或者巴洛克时代一样遥远,也就是……我们的记忆无法完全唤回的东西"。②

贡布莱希特在这种背景下的当代诊断,带着不少后现代的通常看法。这一倾向可以概括为:早先那种与自我和集体解放理想不可分离的现代历史意识,被当代之宽广的多元意识所替代,浓重的多元意识正在执着地向着开放的、未知的将来蔓延。这就让人易于理解,贡氏为何见出概念史之星在后现代的"认识论环境"中陨落,"后现代计时器的出现"改变了概念史的期待和假设。③ 若是不再能从过去

---

① *Historisches Wörterbuch der Rhetorik*, hrsg. von Gert Ueding, 9 Bde., Tübingen, Max Niemeyer Verlag, 1992—2009.

② 贡布莱希特:《精神金字塔:论概念史运动的迅速高涨、看不见的维度和突然退潮》,《概念史的维度和局限》,第 7 - 8 页。

③ 参见贡布莱希特:《精神金字塔:论概念史运动的迅速高涨、看不见的维度和突然退潮》,《概念史的维度和局限》,第 32 - 33 页。

获得指向将来的东西,那么概念史对于流传之事的孜孜求索,也就失去了说服力和迫切性。

而我以为,人们不应只停留于环视"金字塔"的阶段,还必须打开其入口,端详其内部构造,穿行于复杂的通道,从而断定各种功能或·没有的功能,以及还可能有的功能,或者需要扬弃之物。尽管德国概念史研究还存在理论上的不确定性,但它依然具有典范意义。可惜的只是迄今还未出现真正的全面总结。

毋庸置疑,被誉为德国人文科学之范式的概念史研究,并没有真正死去,没有真正消失。恰当的说法应当是,科塞雷克及其同仁的早期研究计划及发展,在《历史基本概念》等概念史研究竣工之时已经实现,而科塞雷克本人或许是最后承认这一点的人。他完全明白辞书表现形式的固有缺陷,可是早先的理论设定因为著作的连贯性而必须遵守,他只能顺从"理论上的束缚",而他自己的理论却没有停止脚步。对他来说,《历史基本概念》只是他走向顾及语言实用维度之历史语义学的第一步。诚然,该著主要依托辞书类文献、政治理论文本以及其他一些参考资料,将重点集中于词语之历时语义变迁中的联接点,而缺乏对交往状况和行为过程的观照。尽管如此,这种模式依然有其借鉴价值,它的方法能够让人相当快地看到有凭有据的结果。①

---

① 关于传统概念史与历史话语分析的各种模式之概览,参见赖夏特:《"语词律学"与"新文化史"之间的"历史语义学"》,载赖夏特编:《启蒙运动与历史语义学:西欧文化史的跨学科研究》(《历史研究杂志》副刊第 21 辑),柏林,1998 年,第 7 - 28 页(Rolf Reichardt, "*Historische Semantik* zwischen *lexicométrie* und *New Cultural History*. Einführende Bemerkungen zur Standortbestimmung", in *Aufklärung und Historische Semantik. Interdisziplinäre Beiträge zur westeuropäischen Kulturgeschichte* (*Zeitschrift für Historische Forschung*, Beiheft 21), hrsg. von R. Reichardt, Berlin 1998. S. 7 - 28)。

概念史研究确实已经过时? 它确实在 1990 年代"突然退潮"? 贡布莱希特无条件地沉湎于自己的想法、经验和兴趣(或者无兴趣),清理着自己"青年时期的思想沉淀"①。他的"精神金字塔"所存在的一个问题,是他没有真正看清自己所说的话语环境或曰"认识论环境"。他没有发现 1990 年代之后概念史领域的一个变化:大部分从事概念史重大研究课题的学者,其学术成长环境早就离开了贡布莱希特所说的受到里特尔(Joachim Ritter,1903—1974)、伽达默尔(Hans-Georg Gadamer,1900—2002)或布卢门贝格(Hans Blumenberg,1920—1996)影响的理路。他们的思路受到卢曼(Niklas Luhmann,1927—1998)的影响,或者信奉福柯(Michel Foucault,1926—1984)的话语分析理论。而就科塞雷克式的概念史而言,贡布莱希特的看法还停留于 1990 年代的认识。②

在德语区,概念史还在不断开拓新的研究领域,关注经典概念史未曾开发的历史时期,借鉴新的研究方法。例如,新近备受历史学界关注的一个重大课题,是宗教概念史研究,考察欧洲早期近代以降宗教团体化的语言表达形式。③ 考察范围从宗教概念史本身到宗教群体之间的自我认同和他者形象,再到宗教机构和运作的称谓等。在

---

① 贡布莱希特:《精神金字塔:论概念史运动的迅速高涨、看不见的维度和突然退潮》,《概念史的维度和局限》,第 8 - 9 页。

② 参见约尔丹:《贡布莱希特:〈概念史的维度和局限〉》"书评",载《历史研究杂志》第 55 期(2007),第 457 - 458 页(Stefan Jordan, Rezension "Hans Ulrich Gumbrecht: *Dimensionen und Grenzen der Begriffsgeschichte*", in: *Zeitschrift für Geschichtswissenschaft* 55 (2007), 457 - 458)。

③ 参见赫尔舍:《可见教会的建造计划:欧洲宗教团体化的各种方案》,哥廷根:Wallstein,2007(*Baupläne der sichtbaren Kirche. Sprachliche Konzepte religiöser Vergemeinschaftung in Europa*, hrsg. von Lucian Hölscher, Göttingen: Wallstein, 2007)。

宗教冲突不断增长的今天,该研究课题也在逐渐显示出其政治上的启蒙维度。另一个概念史研究重点,见之于跨学科知识及科学史考察,偏重知识体系的话语分析研究,其中包括自然科学的概念史研究。①

分析自然科学之范畴和概念的文化特色、政治语境及其相关知识的语义,亦有助于对研究对象的客观历史评价。里特尔的老师卡西尔(Ernst Cassirer,1874—1945)曾设想过周全的历史语义学方法。如今向文化研究开放的概念史一再援引卡西尔《人论》(*An Essay on Man*)中的说法:"不是自然法则而是语义学准则,给历史思

---

① 参见《摆渡——文学研究与文化研究中心杂志》第 12 卷(2012)第 24 辑(专辑):《跨学科概念史》(*Trajekte. Zeitschrift des Zentrums für Literatur- und Kulturforschung 12*(2012),Nr. 24:Themenheft *Interdisziplinäre Begriffsgeschichten*)。另参见丹内贝格等编:《哲学与科学史中的概念,隐喻和想象》,威斯巴登:Harrassowitz,2009 年(*Begriffe, Metaphern und Imaginationen in Philosophie und Wissenschaftsgeschichte*,hrsg. von Lutz Danneberg、Carlos Spoerhase、Dirk Werle,Wiesbaden:Harrassowitz,2009);埃格斯、罗特编:《科学史作为概念史:现代科学诞生过程中的术语变革》,比勒菲尔德:Transcript,2009 年(*Wissenschaftsgeschichte als Begriffsgeschichte. Terminologische Umbrüche im Entstehungsprozess der modernen Wissenschaften*,hrsg. von Michael Eggers、Matthias Rothe,Bielefeld:Transcript,2009);米勒、施米德尔编:《自然科学的概念史:论自然科学研究方案的历史和文化之维》,柏林、纽约:Walter de Gruyter,2008 年(*Begriffsgeschichte der Naturwissenschaften:Zur historischen und kulturellen Dimension naturwissenschaftlicher Konzepte*,hrsg. von Ernst Müller、Falko Schmieder,Berlin、New York:Walter de Gruyter,2008);费尔德尔:《语义之争:科学中的权力与语言》,柏林、纽约:Walter de Gruyter,2006 年(*Semantische Kämpfe. Macht und Sprache in den Wissenschaften*,hrsg. von Ekkehard Felder,Berlin、New York:Walter de Gruyter,2006)。

维提供普遍原则。"①然而，正是这一说法中的二分法，可能遮蔽一个事实，即自然法则同样有其历史语义，如同诸多文化话语时常借用自然科学的语义一样。事实与阐释的区分，或多或少忽略了一个现象，即事实之描述需要在话语场中进行。②

　　传统的语义研究，专注于"鞍型期"这一现代之形成期，③对于现代盛期以及整个 20 世纪的考证极为薄弱。19 世纪的许多经验材料，已经不在《历史基本概念》的考察范围之内，20 世纪更不是其探究对象，即便一些科学假设与 20 世纪有着诸多关联并能促进相关问题的"叙写"。戈伊伦（Christian Geulen）提出继承《历史基本概念》的研究模式，考察"20 世纪基本概念的历史"，围绕大的时代命题对相关概念做系统的历史钩稽和研究，也就是以那些作为时代历史的组成部分、具有构建意义的中心概念为依托，推究 20 世纪的社会和政治语言运用以及经验阐释。戈伊伦从 20 世纪社会的语义结构变化所带来的新的经验和期待出发，效仿科塞雷克的做法，即考察欧洲

　　① 卡西尔：《人论：人类文化哲学导论》，凯泽译，汉堡：Meiner，1997 年，第 297 页（Ernst Cassirer，*Versuch über den Menschen. Einführung in eine Philosophie der Kultur*，aus dem Englisch übers. von Reinhard Kaiser，Hamburg：Meiner，1996；Original：Ernst Cassirer，*An Essay on Man：An Introduction to a Philosophy of Human Culture*，New Haven：Yale University Press，1944）。

　　② 参见米勒：《导论：关于文化研究视野中概念史的几点看法》，载米勒编《变革中的概念史?》（《概念史文库》特刊），汉堡：Meiner，2005 年，第 11 页（Ernst Müller，"Einleitung：Bemerkungen zu einer Begriffsgeschichte aus kulturwissenschaftlicher Perspektive"，in *Begriffsgeschichte im Umbruch?*（*Archiv für Begriffsgeschichte*，Sonderheft），hrsg. von Ernst Müller，Hamburg：Meiner，2005，9 - 20）。

　　③ 参见方维规：《"鞍型期"与概念史——兼论东亚转型期概念研究》，载《东亚观念史集刊》第一期（2011），第 85 - 116 页。

从前现代（近代早期）走向现代的"过渡时期"之语义结构从旧到新的所谓"四化"①，提出了新的、具有支配性特征的语义"四化"："科学化"（Verwissenschaftlichung），"大众化"（Popularisierung），"迁徙化"（Verräumlichung），和"流动化"（Verflüssigung）亦即语义的开放性。② 以上是对德国概念史新近发展的简要论述。

　　贡布莱希特所说的"精神金字塔"，虽然展示出一座宏伟建筑，却是一个墓地而已。这当然遭到许多学者的反驳。施泰因梅茨（Willibald Steinmetz）便倡导继承概念史遗产，同时赋予这一传统以新的方向。他竭力证明概念史具有旺盛的生命力，用世界范围之丰

---

　　① "四化"：启蒙运动以降许多概念的政治化（Politisierung），即与社会多元化相应的针对性词语运用；民主化（Demokratisierung），即许多概念之社会运用范围的扩展；时代化（Verzeitlichung），即浓缩于概念的特定期待和理想；另有概念的可意识形态化（Ideologisierbarkeit）。参见方维规：《"鞍型期"与概念史——兼论东亚转型期概念研究》，第 89 - 94、100 - 104 页。另参见科塞雷克：《近代政治社会基本概念辞典的准则》，载《概念史文库》第 11 卷（1967），第 81 - 99页（Reinhart Koselleck, "Richtlinien für das Lexikon politisch-sozialer Grundbegriffe der Neuzeit", in: *Archiv für Begriffsgeschichte* 11 (1967), 81 - 99）；科塞雷克：《历史基本概念——德国政治社会用语历史辞典·导论》卷一，科塞雷克等编撰，斯图加特：Klett-Cotta，1972 年，第 XIII - XXVII 页；科塞雷克：《概念史与社会史》，《过去的未来：论历史时代的语义》，法兰克福：Suhrkamp，1979 年，第 107 - 129 页。

　　② 参见戈伊伦：《为 20 世纪基本概念的历史所做的申辩》，载《当代历史研究》第 7 卷（2010）第 1 辑，第 79 - 97 页（Christian Geulen, "Plädoyer für eine Geschichte der Grundbegriffe des 20. Jahrhunderts", in *Zeithistorische Forschungen/Studies in Contemporary History* 7 (2010), H. 1, 79 - 97）。

富多彩的概念史研究事例来驳斥贡氏的"安息吧"悼词。① 或许是德国著名的概念史巨著遮住了贡氏视线,使他没有看到其视野之外的发展。这个善于造势的诊断者之竭力退避的目光,未能看到或提及概念史正是在进入 1990 年代之后开始走向世界,并产生很大反响。他的评估完全与活跃的"概念史运动"之实际状况相左。

概念史研究正在强劲发展着,尤其在德国之外。正是 20 世纪末以来,概念史不再是一个"德国特有的追求和研究纲领"②。其实,贡布莱希特所关注和援引的,只是概念史的早先设想。概念史"运动"并没被束缚,新思维正在不断渗入这一研究方法,概念史依然在不断适应新的形势。注重实证的概念史范式,需要的并不是激情洋溢的纲领,而是扎实的考证。

里希特(Melvin Richter)早在 1980 年代后期就在英美发表文章

---

① 关于概念史研究在德国倡导之后有关的德国和国际发展状况以及大量研究实例,参见施泰因梅茨提纲挈领的论述:《概念史研究四十年:这一学问的状况》,载肯佩尔、艾辛格编:《语言,认知,文化:精神结构与文化特色之间的语言》,柏林、纽约:Walter de Gruyter, 2008 年,第 174 - 197 页(Willibald Steinmetz, "Vierzig Jahre Begriffsgeschichte-The State of the Art", in *Sprache-Kognition-Kultur. Sprache zwischen mentaler Struktur und kultureller Prägung*, hrsg. von Heidrun Kämper und Ludwig M. Eichinger, Berlin、New York: Walter de Gruyter, 2008, 174 - 197)。不过,施泰因梅茨在其论著《可说的与可做的》的"导论"中,并不把自己的方法看作概念史研究,而是视之为"在基本语句的层面上根究政治行为之活动空间的语言构造"。于是,他既同传统思想史,又同以概念为中心的概念史保持距离。参见施泰因梅茨:《可说的与可做的——论政治行为的活动空间:1780—1867 年间的英国》,斯图加特:Klett-Cotta,1993 年,第 30 - 44 页(Willibald Steinmetz, *Das Sagbare und das Machbare. Zum Wandel politischer Handlungsspielräume: England 1780—1867*, Stuttgart: Klett-Cotta, 1993)。

② 贡布莱希特:《精神金字塔:论概念史运动的迅速高涨、看不见的维度和突然退潮》,《概念史的维度和局限》,第 9 页。

介绍德国概念史,①并于 1995 年发表评述专著《政治概念和社会概念的历史——综合述评》②,引起科塞雷克的概念史模式在英美的讨论,该著是科氏概念史在英美的最早评述之一。作者不但讨论了《历史基本概念》,还介绍了赖夏特(Rolf Reichardt)等人主编的《法国政治和社会基本概念工具书,1680—1820》。他也是最早探讨两部概念史辞书与剑桥学派(John Pocock)和斯金纳(Quentin Skinner,1940—   )的著述和思考之理论关系的英美学者之一。

汉尼嫩(Sakari Ha□nninen)和帕洛嫩(Kari Palonen)主编的《文本,语境,概念:语言中的政治和权力研究》(1990),主要收录了芬兰政治学家和社会学家的著述,主题为"语言论转向"对不同学科所产生的影响。各篇论文主要依托的方法论如编者"导言"所述,赞同科塞雷克起始于他的成名作、博士论文《批评与危机》(1954)③,尤其

---

① Melvin Richter, "Conceptional History (Begriffsgeschichte) and Political Theory," in *Political Theory* 14 (1986), 604 - 637; Melvin Richter, "Begriffsgeschichte and the History of Ideas," in *Journal of the History of Ideas* 48 (1987), 247 - 263; Melvin Richter, "Reconstructing the History of Political Languages: Pocock, Skinner, and the Geschichtliche Grundbegriffe," in *History and Theory* 19 (1990), 38 - 70.

② Melvin Richter, *The History of Political and Social Concepts: A Critical Introduction*, New York: Oxford University Press, 1995.(中文版《政治和社会概念史研究》,张智译,上海:华东师范大学出版社,2010 年)

③ 科氏在海德堡大学撰写的博士论文《批评与危机》(1954),主要受到他原先的导师施密特(Carl Schmitt)思想的影响,1959 年成书时加上副标题"市民社会的病理起源研究"。作者根据施密特的国家学思想,全面评述了启蒙运动及其历史哲学。至 2010 年,这部很有影响的著作已有十多版问世,并被译成许多语言。参见 Reinhart Koselleck, *Kritik und Krise. Eine Studie zur Pathogenese der bürgerlichen Welt*, Frankfurt: Suhrkamp, 1973。

是其论文《非对称的对立概念的历史政治语义》(1975)①之研究方法和特色：概念史所查考的概念之语义，并不是一成不变地传流下来的，它们在政治上始终充满争议；并且，它们正是在语义争辩和冲突中塑形的"概念不是在讲政治……而始终是政治的对象。"②

汉普歇尔-蒙克(Iain Hampsher-Monk)等人主编的《比较视野中的概念史》(1998)③，其编辑和出版主要由荷兰学者和机构担当。该著探讨的一个重要问题是德国概念史与剑桥学派思想史输入其他文化和语区的可能性，比如在荷兰的运用。因此，书中一再论及比较可能性亦即概念史的比较潜能。该著的突出之处是其艺术史研究及其对语言与艺术、概念与图像的观照所展示的跨学科方向。这一路径也让人想起概念史不可忽视的艺术史家潘诺夫斯基(Erwin Panofsky，1892—1968)图像解释学传统，以及赫伊津哈(Johan Huizinga，1872—1945)文化史的艺术史之维给荷兰留下的思想遗产。

经典概念史早已国际化，在芬兰、荷兰和西班牙等国均有出色的研究中心，主要依照科塞雷克设计、赖夏特等概念史专家进一步发展的研究模式探讨概念史问题。国际"政治与社会概念史学会"

---

① Reinhart Koselleck, " Zur historisch-politischen Semantik asymmetrischer Gegenbegriffe", in ders., *Vergangene Zukunft. Zur Semantik geschichtlicher Zeiten*, Frankfurt: Suhrkamp, 1979, 211 - 259.

② Sakari Ha□nninen、Kari Palonen, "Introduction: Reading, Politics and Power?" in *Texts, Contexts, Concepts. Studies on Politics and Power in Language*, ed. by Sakari Ha□nninen、Kari Palonen, Helsinki: Finnish Political Science Association, 1990, 10.

③ *History of Concepts. Comparative Perspectives*, ed. by Iain Hampsher-Monk, Karin Tilmans, Frank van Vree, Amsterdam University Press, 1998. (中文版《比较视野中的概念史》，周保巍译，上海：华东师范大学出版社，2010 年)

（History of Political and Social Concepts Group，HPSCG）自 1998 年以来已经举办了十多次学术研讨会；"概念史与政治思想国际讲习班"（International Research School in Conceptual History and Political Thought）于 2006 年创建（这也是《精神金字塔》发表之年）。[①] 很有特色的"伊比利亚概念史网络"（Iberconceptos. Proyecto y Red de Investigación en Historia Conceptual Comparada del Mundo Iberoamericano）[②]主要从事大西洋两岸西班牙语和葡萄牙语语区的概念史研究：以西班牙 19、20 世纪《社会与政治辞典》（二卷本）为依托，[③]

[①] 关于"政治与社会概念史学会"举办的国际会议与其他学术活动，见网页：http://www. jyu. fi/yhtfil/hpscg；"概念史与政治思想国际研究讲习班"的网页为：http://www. concepta-net. org.

[②] 关于"伊比利亚概念史网络"的状况，见网页：http://www. iberconceptos. net。关于该项目的概念史研究方案，参见戈尔德曼：《一部辞书的跨国研究模式："伊比利亚概念史项目"》，载《赫耳墨斯》，第 49 卷（2007），第 77 - 82 页（Noemí Goldman，"Un dictionnaire de concepts transnationaux: Le projet *Iberconceptos*"，in *Hermès* 49（2007），77 - 82）；塞巴斯蒂安、福恩德斯：《从精神史到政治词汇的历史语义学：概念史中的一个西班牙探讨模式》，载《概念史文库》第 46 卷（2004），第 225 - 239 页（Javier Fernández Sebastián、Juan Francisco Fuentes，"Von der Geistesgeschichte zur historischen Semantik des politischen Wortschatzes. Ein spanischer Versuch in der Begriffsgeschichte"，in *Archiv für Begriffsgeschichte* 46（2004），225 - 239）。

[③] 塞巴斯蒂安、福恩德斯编：《19 世纪西班牙社会与政治辞典》，马德里：Alianza，2002 年（Javier Fernández Sebastián、Juan Francisco Fuentes（Dirs.），*Diccionario político y social del siglo* XIX *español*，Madrid：Alianza，2002）；塞巴斯蒂安、福恩德斯编：《20 世纪西班牙社会与政治辞典》，马德里：Alianza，2008 年（Javier Fernández Sebastián、Juan Francisco Fuentes（Dirs.），*Diccionario político y social del siglo* XX *español*，Madrid：Alianza，2008）。另参见塞巴斯蒂安、洛萨达编：《拉丁美洲国际政治与社会辞典》，马德里：CEPC，2009 年（Javier Fernández Sebastián、Crisóbal Aljovín de Losada（Dirs.），*Diccionario político y social del mundo iberoamericano*，Madrid：CEPC，2009）。

12 个国家的 100 多位研究人员参与该网络项目，从不同的地方、国家和国际视角出发，共同探讨跨大西洋文化之概念史关键时期（18 世纪中叶至 19 世纪中叶）的相关问题。

除老牌概念史年刊《概念史文库》（*Archiv für Begriffsgeschichte*）（1955—　　）和注重词汇史研究的《词汇学通讯》（*Cahiers de lexicologie*）（1959—　　）以外，另有一些新的国际学术刊物问世，比如在芬兰出版的英语杂志《重写——政治思想与概念史年刊》（*Redescriptions. Yearbook of Political Thought and Conceptual History*）（1997—　　）①；由巴西协调的英语杂志《概念史文稿》（*Contributions to the History of Concepts*）（2005—　　）。这些刊物都很明确地研究概念史理论和方法以及具体实践。另外，概念史在世界范围的影响，亦体现于各种概念史课题、专著、论文不断的刊行。

中国的历史语义学或概念史研究，主要起始于译介西方尤其是德国的概念史方法。近年来，概念史研究在东亚给人"异军突起"之感。中国学者的相关研究在方法探讨和实证研究方面都取得了可喜成就，逐渐形成了东亚近代知识考古、数据库研究方法、历史文化研究方法、中国近代新名词研究、近代知识与制度体系转型研究等不同研究路径。② 金观涛、刘青峰、冯天瑜、孙江、黄兴涛、章清、方维规等

---

① 该刊前 7 期刊名为《政治思想芬兰年刊》（*Finnish Yearbook of Political Thought*），2003 年更名为《重写——政治思想与概念史年刊》（*Redescriptions. Yearbook of Political Thought and Conceptual History*），2008 年再次更名为《重写——政治思想、概念史与女性主义理论年刊》（*Redescriptions. Yearbook of Political Thought, Conceptual History and Feminist Theory*）。

② 关于概念史研究在中国的发展状况，参见李里峰：《概念史研究在中国：回顾与展望》，《福建论坛》（人文社会科学版），2012 年第 5 期，第 92 - 100 页。

学者(日本亦有沈国威、陈力卫、刘建辉等学者参与相关课题),对不少概念和术语在中西日文化互动中的生成和发展做了深入探讨。方兴未艾的"近现代西学东渐之汉语历史语义学"①,已显示出强劲的学术潜力和独特魅力。例如,金观涛、刘青峰从1997年开始着手创建"中国近现代思想史专业数据库"(1830—1930),所收资料涵括清末民初近代期刊、晚清档案数据、清季经世文编、清末民初士大夫著述、晚清来华外人中文著译、西学教科书等六大类文献,并以此为依据来研究中国现代重要政治术语的形成。《观念史研究:中国现代重要政治术语的形成》②是二者依托"数据库"研究中国近代若干重要政治概念之形成与演变的专著,作者将自己的研究方法概括为"以关键词例句为中心的数据库方法"。近年来,他们继续在"数据库"的基础上,持续开展数字人文学探索,即追求人文研究与数字方法(词汇检索和分布统计)的结合。冯天瑜主持、以武汉大学中国传统文化研究中心为平台的"近代汉字术语的生成演变与中西日文化互动研究",一方面就近代汉字术语生成载体中的术语情况做系统考索,主要分早期汉文西书、晚期汉文西书、期刊、教科书、辞书等载体类型;另一方面围绕各学科门类的术语群做历时性考析,探究其古今演绎、中外对接的情形。

引人瞩目的《新史学》同仁,亦对概念史研究表现出极大兴趣:孙江主编的《新史学》第二卷《概念·文本·方法》(2008),收录多篇探讨近代概念问题的论文;黄兴涛主编的《新史学》第三卷《文化史研究

---

① 方维规:《历史语义学与概念史——关于定义和方法以及相关问题的若干思考》,载冯天瑜等编:《语义的文化变迁》,武汉:武汉大学出版社,2007年,第18页。

② 金观涛、刘青峰:《观念史研究——中国现代重要政治术语的形成》,香港:香港中文大学出版社,2008年。

的再出发》(2009)，亦与概念史密切相关。具有标志性意义的是由台湾政治大学、韩国翰林大学和日本关西大学合作出版的《东亚观念史集刊》于 2011 年创刊。这一国际刊物的宗旨是"展现新兴研究课题与重要学术成果"，通过"跨语言、跨文化、跨地域、跨领域的研究合作与资源整合"，推动不同学术社群的学术对话，"交流风气"①。该刊虽以"观念史"名之，但其中的大部分论文实为概念史研究。南京大学人文社会科学高级研究院资助的《亚洲概念史研究》丛刊也于 2013 年问世。这一国际丛刊所要达到的目标是："首先梳理中国现代知识体系的生成与流变，继而在东亚范围内进行比较研究，最后在全球史视野下，从中国和东亚的视角与欧美学界进行理论对话。"②纵观东亚的汉语历史语义学发展现状，各种学术会议、论著、刊物风格各异、各具风采，但是它们有一个共同特点：考察西方概念如何在近代东亚被翻译为汉字概念及其古今演变、中外涵化的语用实践，以及汉字文化圈内不同国家和地区之间的概念互动，由此揭示东亚现代性的异同。③

　　从概念史研究的国际发展状况来看，不多的一些说明和挑选的事例，当能反驳贡布莱希特关于概念史已经死去的说法。值得做的事情，或许不是诊断或预见概念史的终结，而是寻找概念史为何依然如此顽强的原因：虽然它理论不够明晰，却依然如此多产并富有魅力。不只仅此而已，概念史基础理论没能解决的问题，可在具体研究

　　① 郑文惠：《发刊词》，郑文惠主编：《东亚观念史集刊》第一期（2011），第 XVI 页。

　　② 孙江、刘建辉主编：《亚洲概念史研究》第一辑，北京：三联书店，2013 年，"发刊缘起与意旨"。

　　③ 东亚的概念史研究，近期还有其他许多成果。本文因篇幅所限，只能择其要端。

中继续探索。换言之：每个研究者可以根据具体材料，尽量贴切地阐释具体语境中的语言与世界的关系。这也涉及贡布莱希特提出的一个问题，即历史的认识价值问题。[①] 在他看来，尽管概念史竭力追求历史认识，但它从未明确说明往事究竟有何认识价值。[②] 他没能看到的是，确认历史的认识价值，当然也可以成为具体研究所要完成的任务，甚至是从事相关研究的重要动机。或许正是放弃寻找通用的理论，放弃具体研究的概念史理论依据，才使研究显示出生机，人们得以悉心辨析材料、推究事源，各自发现和解决问题。谁也不用偏要将具体研究与哪个宏伟理论结合起来，更没有必要服从后现代理论。何况，不用等多久，后现代便是明日黄花。

---

① 参见贡布莱希特：《精神金字塔：论概念史运动的迅速高涨、看不见的维度和突然退潮》，《概念史的维度和局限》，第 28 页。

② 这一指责其实并无说服力。科塞雷克多次明确说明过他的研究用意：他在历史研究中分析词汇，正是要揭示词汇如何融入历史，避免用今天的自我认识解释历史状况。我们也可以借助科塞雷克如何理解过去与现在、现在与未来的区别来解释这个问题：他认为近现代"历史意识"的显著特征是往昔（"经验空间"）与未来（"期待视野"）之间的非对称性。——参见科塞雷克：《"经验空间"和"期待视野"：两个历史范畴》（1975），《过去的未来：论历史时代的语义》，法兰克福：Suhrkamp，1979 年，第 349 – 375 页（Reinhart Koselleck，"'Erfahrungsraum' und 'Erwartungshorizont'-zwei historische Kategorien"，in ders.，*Vergangene Zukunft. Zur Semantik geschichtlicher Zeiten*，Frankfurt：Suhrkamp，1979，349 - 375）。在《历史基本概念》课题范围内，经验空间与期待视野的矛盾所产生的非对称性，既对"考察旧世界的解体与现代世界的诞生如何体现于概念的历史"，也对"鞍型期"的理论假设有着关键意义。——参见科塞雷克：《历史基本概念——德国政治社会用语历史辞典·导论》卷一，第 XIV - XV 页。

东亚的时代性

贵志俊彦[*]

一、所谓"东亚"的地域像

地域概念,依时代或各自立场及思维的不同而伸缩变化。东亚这一地域像中,也存在这样的文化圈,并未认识到围绕其自我同一的有效性。东亚作为一个地区,并不足以视为已知的实际状态,而且,因存在于其中地域的多样性、成长的不均衡、地区间的竞争关系、与历史上的过去相伴的各种问题,至今没有形成广泛的地域共同体,依然以国家或民族单位与世界保持关系。

东亚,现在被设想为什么样的地方? 从一般地志学的角度理解,其界限东及日本列岛及台湾,西至西藏高原及喜马拉雅山脉,南为云贵高原,北达天山山脉、蒙古高原、黑龙江。这固然不是普遍的地域概念,但今天联合国对东亚的理解,同样指称包括中华人民共和国(包括香港及澳门特别行政区)、大韩民国、日本、蒙古及朝鲜民主主义人民共和国在内的大致相同区域(台湾不包括在内)。然而,在曾由西嶋定生提出的以汉字、儒教、律令、佛教等作为文化基础的东亚

---

* 作者系日本京都大学东南亚地域研究所教授。

世界中,加入了越南,而排除了蒙古与西藏。① 推动对这一地域概念
再定义的,乃1993年世界银行报告书《东亚的奇迹》中所体现的东亚
广域经济圈。其在战后首次将东亚定义为包含ASEAN的地区,促
使对已往的东亚印象进行再检讨(参照东亚地域研究会,2001—
2002)。但是,如后所述,这一地域概念有先例可循。

原本的东亚,是由各种圈域层累而成的概念,包括地理的区分、
政治的场域、文化圈、亚洲贸易圈(滨下武志)与亚洲间贸易(杉原
熏)、市场圈与通婚圈(施坚雅,W. Skinner)、宗教圈与语言圈、生活
圈(拉采尔,F. Ratzel)等。特别是,通过认定这种圈域与地域的人与
集团的自我同一性(简言之即"我们"的意识),地域概念的形式,有时
甚至是概念的有或无也会发生变化。

对于这一点,韩国延世大学的白永瑞教授的观点值得一提:

实际上,东亚并非一个共有"纯粹的"单一文明(或文
化)的集团,而是构成东亚圈域的多样的主体,在互相竞争、
妥协中连结成的一个场。(孙、白、陈,2006年,第73页)

从同样的视角出发,基于各学科的立场捕捉东亚这一地域像的
《"东亚"的时代性》②(贵志俊彦、荒野泰典、小风秀雄编,溪水社,
2005年,以下简称《时代性》)一书,确认了东亚这一地域概念分析的

---

① 西嶋定生所说的"东亚世界",在欧美被翻译为"East Asian cultural sphere",在中国被翻译为"汉字文化圈"。在韩国被翻译为"东亚文化圈",比起文化问题,西嶋自身更注重以政治、经济问题为轴线进行探讨。这一点,实则是一个误解。

② 2004年5月,立教大学举办公开"作为地域认识的东亚与自我同一性"研讨会。本书由其论文集全面修订而成,翌年6月由溪水社出版。

有效性,同时,明确了东亚并非一个作为自明前提的实体化地区,也不是钢板一块、稳固的地域像,而是涵括多样的地区与自我同一性。

然而,在《时代性》中,对于东亚这一地域概念所拥有的某种暧昧感,羽田正指出其存在如下的问题:

> "作为目标的地域",在什么场合会变成"作为实体的地域"呢?原本,作为从前者向后者推移的前提,"作为目标的地域"与"作为实体的地域"难道不是存在于同一条直线之上吗?今后,我们在讨论"东亚"地域论时,有必要加入对这一问题的考量。(贵志、荒野、小风,2005年,第176页)

目前,东亚这一地域概念并不确定,此外,即便考量最近围绕东亚的研究情况,羽田的批评也依然重要。其原因便在于,一方面,1960年代以后不断推进的册封体制论、90年代的东亚贸易圈论与华侨网络组织论,及最近围绕亚洲海域的议论,都以"作为实体的地域"为前提。在向近代推进的过程中,明确这一地域的形象与实际状态,明确其机能的连续、断裂始终是一个课题。另一方面,"东亚共同体论"在最近的议论中渐渐沉寂,至今仍仅是"作为目标的地域",并未形成一个坚固的地域实态(参照毛里等,2006—2007)。包括其有用性,今后各国、各地区,无论如何也有必要持续讨论。

前述《时代性》出版至今已历10年。其间,围绕东亚的各种议论互相交杂,发表了许多成果。① 本文中,基于期间东亚地域认识论目的与方法的变化,重新提出《时代性》中的问题,即如何讨论地域,通过地域概念让什么变得明确,其目的是何,等等,从这些初步的问题开始,对地域史与世界史的连续与断裂问题等进行考察。

二、日本东亚地域认识的推移

1. 从"东亚"到"大东亚"的漂流

"东亚(東アジア)"这一混合着片假名的书写形式确定于 1950年代,然而至今"东亚(東亜)"仍是主流。"东亚(東亜)"中的"亚(亜)"意为"亚细亚(亜細亜)"。众所周知,"亚细亚"这一用语,在汉译世界地图"坤舆万国全图"中被首次使用,该图乃耶稣会士利玛窦于明代万历三十年(1602 年)出版,其间获得了工部员外郎李之藻的帮助。一方面,片假名书写的"亚洲(アジア)",出现在新井白石的地理书《采览异》卷之三的"亚洲(アジア)"中,这成了当时荷兰东印度公司活动的地域认识的基础(冈本,2003 年,第 151、207 页)。在江户时代,"亚细亚"与"アジア"被同时使用。此外,数量庞杂的地图中,"小东洋"被用来表述日本列岛的东部海域,"东洋"这一表达方式在史书中被使用,可见于明末刊行的汪大渊所著《岛夷志略》一书,其时表示海路。此后,"东洋"被用作与"Orient"或"East"对等的表示"东方"的地域名称,这已是明治以后的事了。

---

① 在今天,比起讨论东亚的境域与共通性,更多的是对包含/排除的各地域的特性与差异性进行赋义,从研究的方法论中重新思考"东亚史"。这一动向,可参见《东亚近代史》第 11 号(2008 年)特集"'东亚史'再考——近现代史中的问题"与 2012—2013 年间的《历史学研究》三次特集"'东亚史'是否可能——方法/检验的同时代史"(第 906 - 908 号)。

　　此外,"亚细亚东部"这一表述,初次登场于日本出兵台湾的翌年,即1875(明治八年)陆军文库出版的《亚细亚东部舆地图》,其后尤为陆军与海军所倚重。但是,参谋本部下令用"东亚"替代"亚细亚东部",出版了《东亚各港志》(1893)及同部陆地测量部编《仮制东亚舆地图》(1894)等书籍与地图。"东亚"所表示的范围,包括日本、中国、朝鲜,进而涵盖从马来半岛至新加坡的东南亚沿海部分。1941年1月,以"对法印、泰施策要纲"的公布为契机,"东亚"被"大东亚"所取代。但即便在当时,波恩大学的佐尔纳(Reinhard Zoellner)也认为如常识性的理解那般,其地理范围实际上是一以贯之的。但是,这是军部的话语,民间使用"东亚"时,也有仅指日本、中国、朝鲜的场合。此外,"东亚细亚"这一表述,被用于1883年文部省开始出版的《百科全书》的"亚细亚地志"卷,其范围被表述为"统辖满洲支那本部其他近岛的日本国"。"东亚细亚"这一表述,其后也被用于那珂通世的《支那通史》(1888)与《东洋略史》(1903),小藤文次郎的《普通地理学讲义》(1890),秋月胤继的《东洋史》(1901)等历史、地理学书籍中(Zoellner,2009年,第264、266-267、272、297-298页)。

　　报纸等媒体中是什么情况,以《朝日新闻》(1879年创刊)为例,其中使用了"东洋"、"东亚"、"东亚细亚"等表述。其中,最新用语"东亚细亚"首次于相关版面登场,乃是1891年7月3日刊登的社说"外国贸易"一文。其中,有"外国贸易已善,占中间之利亦好。(中略)在东亚细亚与美国之间,为彼此负责贸易,所云东部亚细亚,其指以支那为主"。根据这则报道,说明"东部亚细亚"指"东亚细亚",其中心为"支那"。但是,应该留意的是,这则报道中"东亚细亚"所标"ひがしアジヤ"这一注音假名。"アジヤ"受到英语"Asia"读音的影响。试查其后《朝日新闻》的新闻报道,也可散见"とうアジヤ"、"ひがしアジヤ"等注音假名。此后,1894年11月16日的报道"西伯利铁道

竣工之期"中,首次加注了"ひがしアジア"这一假名。但是,此后,注音假名的主流依然是"ひがしアジヤ"。"アジア"的固定,始于战后,显示这一用语很长时间内是一个自西洋而来的借用品。

1941 年 1 月之后,公文中的"东亚"被"大东亚"所替代。世界不再以西欧与美国为中心,而是被表述为一种基于"亚洲主义"的对抗性言说,其以"大东亚共荣圈"为核心地区。此乃作为帝国的日本转变世界认识的标志性宣言。

为了赋予这一言说以理论依据,1941 年春,文部省教学局设立了东亚史编纂部,翌年 7 月左右,提出编纂作为《国史概说》姐妹篇的《大东亚史概论》的计划。文部省将根据皇国史观提出的这一新史学著作翻译、散发至"大东亚共荣圈"各地,试图再次确认日本帝国的位置。这一书籍出版之际,东京帝国大学的池内宏、京都帝国大学的羽田亨等担任主编,委托东京帝大系统的铃木俊、山本达郎,京都帝大系统的宫崎市定、安部健夫执笔。宫崎负责第一部自上古至中国古代部分,1944 年完成了第二稿。因战况恶化出版计划受挫,最终《大东亚史概论》还未出版便迎来了终战。但是,宫崎作为《大东亚史概论》开头四分之一的打字稿原件就这样一直被保存着,内容为西亚文明东流论。在终战后的 1947 年,其作为人文书林出版的《亚洲史概说》正编出版。其后,他在翌年以曾经的片段式记录为基础,重新写下了续编并出版。此后,1973 年由学生社刊行的《亚洲史概说》,乃合其二者,润色第八章"现代亚洲史"而成(宫崎,1993 年,第 428 - 430 页)。

终战前一年的 1944 年,与《大东亚史概论》构想相同的概说书由弘文堂书房出版,即"世界史讲座"全七卷。因战况恶化,只出版了计划的一部分。这一丛书,被评价为"将西田几多郎的哲学与大川周明的亚洲主义(进一步乃折口信夫的民俗学),综合为最为巧妙的形态"。直接实现了他们的思想、哲学的,是受到西田几多郎及田边元等直接指导的京都学派第二代,包括西谷启治、高坂正显、铃木成孝、高山岩男等人,及与西谷有亲密往来的井筒俊彦(安藤,2008年,第270-271页)。

该丛书的第四卷,是以弘文堂创始人八坂浅太郎为编者的《东亚世界史2》。这一卷的构成如下所示。"印度史概观"(足利惇氏)、"印度思想与文化"(金仓丹照)、"佛教文化的流传与其展开"(塚本善隆)、"南方地域"(松本信广)、"满朝地带的历史"(三品彰英)、"印度的阶级社会"(善波周)、"印度文学"(辻直四郎)、"印度美术的理念"(上野照夫)、"印度的科学技术"(善波周)、"南方佛教"(龙山章真)、"欧洲的东亚侵略"(西山克己)、"亚洲民族运动史"(田中直吉)、"南洋与支那大陆"(杉本直治郎)。由此可见,其中的"东亚",乃由自北部的"满朝地带"到南部的"南洋"、"印度"这一地区,变成了基于"大东亚共荣圈"构想的地域概念。此外,第三卷计划的"东亚世界史1"虽然最终没有刊行,但从第四卷的内容来看,可以推测其论述对象当以"大日本"、"支那"、"朝鲜"为中心。

这一"世界史讲座"丛书的规划,与学校的教学计划也有关系。当时的中等教育中,东洋史科目被废除,日本史、东洋史、西洋史被统合于"国民历史"之中,可以说设置了日本型的世界史科目,上课所使用的乃文部省编纂的国定教科书《中等历史》(黄东兰,2013年,第93页)。终战前一年,在日本,基于强烈的日本乃世界中心这一政治意识形态,"国民历史"被标榜为与世界史具有同样的重要性。

同年,日本的交战对手、重庆国民政府的国民党中央宣传部主办的中国文化服务社读书会发行的半月刊《读书通讯》(1944年第100期)上,刊登了一则引人注意的报道。据此,中国政府正着力推进面向军官学校的通史形式的《东亚史》(东亚史的教科书)的编纂计划。

这一教科书由三篇（民族、民权、民生）构成，计划以全部 20 课结束，但其"东亚"所指地域并不明确。教科书的编纂目的，当然是基于三民主义史观，描绘以中华民国为"东亚"中心的历史（同上，第 17 页）。但是，该书是否为对抗日本的皇国史观而指定的计划，因到终战为止该教科书并为刊行而并不明确。

2. 从"東亜"到"東アジア"的转变

即便战争结束了，"东亚"这一用语也并未成为"禁忌"，依然被用于报纸之上。"東アジア"这一片假名语不仅在学术与教育场合，而且在媒体中被固定下来，可以说是在进入 1950 年代之后。例如，在《读卖新闻》中，"東アジア"代替"東亜"初次登场，便是在座谈会"美国的决意——东亚（東アジア）的赤化被阻止了吗"（1950 年 6 月 29 日）这则报道中。

在"東亜"向"東アジア"的转换中，高等学校的社会科中被导入了世界史这一事件产生了影响。文部省视学官保柳睦美（后为防卫大学教授）在 1947 年实施了"六、三、三、四"这一新学制。开始时，高等学校的社会科被分为与战前相同的西洋史与东洋史，此外也有人文地理与时事问题。但是，尽管东洋史的报名者很少，且在中学的社会科中也有"国史"（1949 年改称日本史），但在高等学校中不设置这一科目仍被视为一个问题（尾锅，1950 年，第 259 - 260 页）。因此在 1948 年的教育课程审议会中，在历史学者不在场的情况下，CIE（联合国军最高司令官总司令部民间情报教育局）的负责人提出了以下提案。总而言之，美国国内分美国史与世界史进行教育，因此日本的高等学校教育社会科中也可以分设日本史与世界史（合并东洋史与西洋史）。尾锅辉彦曾言法国文学家、文艺评论家中岛健藏委员等对此表示支持（上原等，1956 年，第 249 页）。基于这一方针，文部省学校教育局开始推进教学计划改革。

这一将世界史导入高等学校社会科的提案,排除了一部分历史学者的反对,十分迅速地推进开来。根据 1949 年 4 月由文部省教科书局长所下达的文部省通牒"关于高等学校社会科日本史、世界史的学习指导",日本史与世界史的教育开始正式实施。然而,因为该科目的学习指导要纲此时尚未完成,世界史的概念与教授法完全被托付给了教学现场。其明确体现,乃在 1949 年召开的座谈会"今后的历史教育"中,当东北大学的丰田武向文部省教科书局历史科主任箭内健次确认"文部省的意见不论增加还是没有,令世界史百花齐放便可以了"时,箭内回答"的确如此"(《日本通史》通第 15 号,1949 年,第 33 页)。

文部省为了改善教育现场,急于完成学习指导要纲,除中国研究所的野原四郎之外,作为大学相关人员的柴三九男、太田秀道、矢田俊隆、尾锅辉彦及起草高校教谕的大野英雄等六人被任命为初期的编纂委员。1951 年完成了指导要纲的试行方案,在教授内容中增加了"亚洲专制国家的变迁"、"亚洲的近代化"。两年后,1952 年 3 月最终完成(上原等,1956 年,第 249-250 页)。

其间,高等学校的检定教科书工作也在进行。1951 年度高等学校社会科所使用的教科书,只有由中教出版社发行的《东洋的历史》(1、2),《西洋的历史》(1、2)。1952 年,村川坚太郎、江上波夫共同完成的,由史学会编写的最初的文部省检定通过教科书《世界史》由山川出版社出版。其第五章题为"东亚文化圈的形成"。当时章节的构成,甚至被今天的《详说世界史(修订版)世界史 B》的框架所继承。此外,作为 1952 年度所使用的教科书,三上次男等执笔的《世界史》(上、下)(中教出版社)也同样刊行。其上卷第十一章"东亚文化的成立",第二十章"专制君主制中国最后的繁荣与东亚的国家",下卷第三十四章"中华民国的发展与东亚的近代化"中,都有认知东亚的说明。

此外，作为概说书，1949 年 6 月由旺文社出版了东京大学吉冈力所撰的《世界史的研究》。其第一部第六章为"东亚世界的形成"，第二部第五章为"东亚（中国）世界的统一与扩大——唐、宋、元时代"，第三部第五章为"东洋的停滞与孤立——明、清时代"。《世界史的研究》一书十分受到重视，其后不断再版，1968 年吉冈从东京大学退休时已经出版到了第 9 版。完全是世界史教育中的基本款书籍。此外，从 1949 年到 1950 年，饭塚浩二、仁井田升、大塚久雄、村川坚太郎共同编著的《世界的历史》全六卷，由每日新闻社陆续出版。其第三卷"东洋"中加入了中国、印度、伊斯兰的历史。执笔者仁井田升、野原四郎、松本善海、增井经夫等，并未使用"東アジア"这一称呼。而在 1949 年山川出版社出版的《世界史概观》中，写有"东亚（東アジア）诸国家的变迁"、"蒙古民族的发展"、"东亚（東アジア）的专制国家"等章节。这一历史概说书的章节名中出现了"東アジア"这一词汇的最早用例。《世界史概观》的编者，包括东京大学的村川坚太郎、山本达郎、林健太郎等人。此外的执笔人有江上波夫、橡川一郎、前田直典，之后列有榎一雄、荒松雄、神田信夫、山口修、井上一的名字。

此后，平凡社从 1951 年起开始编纂《世界历史事典》全 25 卷。其"序言"中写有"不取西洋史、东洋史、日本史这一框架，基于世界史这一广泛的立场回顾历史的流变与方向"。委员中，云集石田干之助、岩井成一、上原专禄、贝塚茂树、坂本太郎、清水博、杉勇、高桥幸八郎、羽原又士、松本信广、丸山二郎、三岛一、宫崎市定、山中谦二、和田清等当时一流的历史学者。完成全部 25 卷事典，被认为需要五年的光阴。

1952 年 8 月，学习指导要纲决定的翌月，日本历史教育者协会

第三次高校部会世界史教育研究会召开。该会议特别在以下意见上获得了共识,包括联系东亚史中的中国、朝鲜、日本并进行定位,借助东洋史建构从古代直到殖民地化前的东亚历史,以及教授帝国主义出现前的欧美历史,最后在现代史中围绕统一的日本教授现代世界史,明确了世界史教育中东亚史的定位(《历史教育月报》第 14 号,1952 年 9 月,第 6-7 页)。

历史学研究会也于 1953 年召开大会,并以"世界史中的亚洲"作为主题,以"亚洲作为民族解放斗争的中心,对日本在其中符合何种关系作一历史的考究"为目的。当时大会的报告被集结成册,以与大会主题相同的名字由岩波书店出版。这一研究会也遇到的问题是,即便以新的教授法进行世界史教育,依然没有教科书与参考书。

因此,1955 年实教出版社出版了由上原专禄监修的《高校世界史》。其"前言"指出,"东亚"中存在东亚文明圈、印度文明圈、伊斯兰文明圈三大文明圈,拥有各自独特的文明,但与此同时三者确有相互之间的交流。"东亚"被定位为"东洋"中的一个文明圈。其后,这一文明圈的说明方式,变成一种流行。当然,其中也有汤因比(Toynbee)《历史研究》(*A Study of History*)的影响。顺带一提,梅棹忠夫在《中央公论》上发表《文明的生态史观》一文,乃是 1957 年的事。

此外,作为认识东亚史的概说书,东洋经济新报社在 1954—1956 年间陆续推出《世界史讲座》全 8 卷,之后的 1957—1960 年间,诚文堂新光社推出《世界史大系》全 17 卷。前者第一卷第一部以"历史世界的形成——东亚世界的形成"为题,中国史占其内容大半,蒙古帝国史、朝鲜史只略微涉及。后者的第三、八、十四卷,由东京大学的三上次男担任主编,在处理"东亚"时,其有意识地将中国、蒙古、满洲、朝鲜半岛、日本、琉球作为对象地区。进而,在考古学中,《世界考古学体系》（平凡社，1958—1962 年）丛书出版，其第五卷到第七卷的三册，也取"东亚"一名。

如此，1950 年代，世界史教科书与概说书的出版成为某种的潮流。通过后述西嶋定生东亚世界论的登场，日本史、东洋史、西洋史的区别消失了，提出了"同时代、全地域把握"的重要性。这一思想的背景中，1955 年召开的万隆会议的动向有很强的影响。之后，学习指导要纲于 1960 年被修订，促使了"文化圈"学习。此后，1973 年至 2002 年的学习指导要纲解说书中，以"摆脱所谓欧洲中心史观"为理由，高唱"文化圈学习的目标"，加入"东亚文化圈的形成与发展"，可定位于这一潮流之中。

如此，虽然战后高等学校社会科建设了日本史与世界史这两大支柱。但却不能认为关于日本史与世界史、东洋史与西洋史关系的说明与解释，在教育现场有所实践。

3. 战后东亚史研究的展开

东洋史研究中，前田直典的论文《东亚古代的终结》（《历史》第一卷第 4 号，1948 年）指出中国、朝鲜、日本等诸地域的社会发展中存在相互关系，由此成为了战后东亚世界论的出发点，这一论点众所周知。前田的论点之一乃是，东亚以中国为中心互相给予影响，同时形成了一个世界。这一观点由西嶋定生的隋、唐研究予以证明。西嶋明确了以汉字、儒教、律令、佛教为共通文化的中国、朝鲜、日本、越南，基于册封体制，构成了一个东亚世界。与此同时，其特别注意在东亚世界中理解日本（参照西嶋，2002 年，第Ⅰ部《东亚世界论》）。如后所述，西嶋的东亚世界论，不断给予今天台湾及韩国的历史教育以巨大的影响。基于西嶋这一观点，滨下武志围绕明清时期的贸易圈世界，以朝贡贸易体系为轴进行了讨论。滨下通过朝贡贸易体系，不仅如西嶋一般讨论以中国王朝为中心的东亚地域，更推广至周边

地域,明确了结成中央—地方—土司、土官(西藏等西南地方)—藩属
(蒙古、越南、回部)—朝贡(东南亚、朝鲜、琉球)—互市(明中期以降
的日本)这一同心圆形状的地域像。滨下认为,这一亚洲贸易圈,在
东亚、东南亚甚至是大洋洲的地区相互关系中以商业网络组织为基
础成立(参照滨下,1990 年、1997 年)。

　　西嶋的东亚世界论与滨下的亚洲贸易论,都提出了以中国为中
心的地区相关型的亚洲像,克服了在此之前基于一国史、一民族史,
或是两国关系的把握方式,由此可以认识到一个在更广阔地域中拥
有复杂关联的世界。以此考究各时代的研究情况,可谓划时代的成
果。但是,册封体制论并不以与之无关的西藏、蒙古、老挝等周边国
家为考察对象,而亚洲贸易论也忽视了没有贸易往来的地域与弱小
民族部落的居住地区。由此理所当然引发了如何讨论整个东亚地区
的疑问。对于这一点,台湾大学的黄俊杰主张,东亚文化共通的命题
只能在各国具体的相互作用的过程中形成,东亚文化交流史也是东
亚各国筑成各自文化主体性的过程。虽然十分细小,但却试图进行
批判(黄俊杰,2013 年,第 13 - 14 页。)

　　如前田以来的东亚世界论所提示的,在欧亚大陆东方世界中,理
所当然有必要考察更为广泛的各国、各民族的历史。但另一方面,赋
予地区独自的社会发展过程以特征,构造性地捕捉地区间的相互关
系及其交流史也是不可或缺的。关于这点,丰见山和行在《时代性》
中提出了如下问题:

　　　　以中国为中心的册封体制、册封关系,或朝贡关系等,
　　受其影响巨大的琉球与朝鲜等地区,与日本这类与册封、朝
　　贡关系关联较弱地区的差别,在讨论东亚的之时难道不正
　　变得越来越必要吗(贵志、荒野、小风,2005 年,第 122 页)。

原本,朝贡贸易体系便根据时代与当事人立场的不同而有所区别。也必须留意与这种半官营的朝贡贸易本无关系的民间私人贸易(参照村上,2013 年)。关于这点,羽田正认为 17 世纪末两者发生了变化,华商的出海贸易与外国船的互市贸易有所扩大,而朝贡贸易的比例则日益降低。到十八世纪,随着清代海禁解除,不仅民间贸易船只,连海盗船也开始仗势妄为,由于各国的贸易规则与出入境管理,东中国海的国际贸易总量成减少趋势,与之相对,中国大陆沿岸的地区间贸易与日本、朝鲜的地区内贸易反而活力四射(小岛,2013 年,第 253 页)。

另一方面,日本史研究中,岩生成一的《南洋日本町的研究》(1940)等,给予了日本对外关系史、比较史以重要的影响。岩生从东京大学退休进入法政大学的 1961 年,财团法人东洋文库内附设了联合国东亚文化研究中心。在以东亚为旗号的研究中心中,其可算作日本最早设立的相关组织。岩生最初在该中心规划的课题,乃"关于东亚诸国吸收欧洲文化的历史背景的国际调查研究"(1962—1966年)(《朝日新闻》,1963 年 5 月 7 日)。

岩生以比较史论对各国所藏资料进行研究的项目,给予中世日本的对外交流史、近世日本的对外交涉史研究以重要的影响。特别是,对 1988 年出版的明确了亚洲与日本间相互关系的村井章介的《亚洲中的中世日本》(校仓书房)与荒野泰典的《近世日本与东亚》(东京大学出版会)可谓意义重大。此后,上述内容结出了另一个果实,即村井、荒野加上石井正敏,三人编辑出版了《亚洲中的日本史》全六卷(东京大学出版会,1992—1993 年),而这又为他们三人编辑的《日本的对外关系》全 7 卷(吉川弘文馆,2010—2013 年)所继承。

这些著作的学术影响巨大。1993 年成立了海域亚洲史研究会。进而,在 2003 年起开始实施的高等学校地历科的学习指导要纲中,在世界史 A 中加入了"海域世界的成长与欧洲大陆"、在世界史 B 中加入了 16—18 世纪"东南亚海域世界"的教学,在日本史中,也加入了各时代对东亚世界动向的强调(桃木,2008 年,第 3 页)。

这一中世、近世日本多彩且实证的对外关系史的世界,在进入近代之后,发生了怎样的变化呢? 日本史中近世史与近代史的鸿沟还未被填埋。19 世纪中叶以降,日本的抬头导致了新的东亚世界秩序,但不能简单认为基于此构筑的与周边诸国、地区的关系破坏了传统的华夷秩序。笼谷直人的研究表明了这一点(笼谷,2000 年)。此外,日本带来的殖民地化与统治的实际情况,如在殖民地台湾及朝鲜、"满洲国"中,以及中国的东北、华北与华南间,存在着不同的地域实相,这在近年的研究中变得逐渐清晰。这并非是作为他者的东亚像,而是反映出当时包含日本在内的东亚的地域像。

三、"东亚"自我同一性与中国、韩国

那么,东亚主要三国中的其他两国,也就是中国与韩国是如何认识东亚的呢? 今天又是如何面对这一地区的? 接下来,试对此点进行考察。

1. 中国的场合

"东洋"概念,在开头所言,摇摆于海路、海域等概念之间,在 19 世纪中叶,这是一个被用来指称包括日本、琉球列岛、台湾澎湖列岛等在内的东中国海中列岛群的地域概念。一方面,日清战争后,推动洋务运动与变法维新运动的中国知识分子对日本的兴趣提高,如王之春的《东洋琐记》(广文书局,1842 年)、陈伦炯的《东洋记》(广文书局,1877 年)等书籍所显示的那样,"东洋"变为一个表征日本的词汇。至今,"东洋"也被理解为日本的别称。另一方面,亡命日本的康

有为与梁启超等变法维新派,将"东洋"用于指代包括东南亚在内的亚洲概念,通过《清议报》等向本国介绍(Zoellner,2009 年,第 280 页),但却未渗透入平民阶层。

如此,"东洋"概念,在日中间便有着很大的不同。黄东兰如下所述表明了这一令人关心的事实。也就是说,1922 年,中国基于美国式的教育原型,颁布了"六三三"的新学制,合"亚洲各国史"与"西洋史"为一,设置了新科目"外国历史(世界历史)"。其结果便是,"亚细亚各国史"与"东洋各国史"科目在中学的教学计划中消失了,以欧洲史为轴,亚洲各国的历史仅仅是外国史及世界史的一部分。(黄东兰,2013 年,第 10、103 页)。

中华人民共和国成立后,中国的历史教育在初级中学(相当于中学)、高级中学(相当于高等学校)中都分为中国史与世界史进行教学。此外,在教学计划中将"中国革命常识"编入初级中学,将"中华人民共和国宪法"编入高级中学(上原等,1956 年,第 206 - 208 页)。今天的教学计划中,中国史与世界史的区分仍然基本不变。

位于欧亚大陆东部的东亚历史,对于中国人而言并非外国史,往往被视为本国史的范围。因此进入 21 世纪,这一分野不仅在教育上,在研究上也是一个难以形成独自研究领域的分野。由此,认识到上述以欧洲史为轴的世界史建构,自 1920 年代以来,实际上放弃了形成"东洋"一角的中国这一地域表征的自我同一性。现在的中国也同样如此,其占据东亚地域一角这一地域主义的意识很低,更多的乃是其全球化志向。

对于这一点,即便从韩国的角度观察,中匡的情况也同样如此。比如,延世大学的白永瑞便如此说道:

限于笔者所知,中国知识人缺少"亚洲展望",特别是在东亚的情况中眺望中国的视角。这意味着直面世界（实际上是欧美）的中国这一观念很强，但对于作为周边邻国的东亚其他社会的水平性关系十分稀薄。即便是现在受到中国内外关注的批判知识人，其"横向思考"也显不足。从这一批判可见，此点是显而易见的（孙、白、陈，2006年，第66页）。

中国难以认识东亚的另一个理由，乃其地势的位置。对于日本与韩国而言，一说到周边诸国，便限定在被东亚囊括的地域圈中。极端而言，中国这一政治、经济、文化的核心地域的存在对于日本与韩国都是必要的，但中国对中华世界这一中心性的维持却需要多方向、多重的观念。实际上，中国东至日本、朝鲜、琉球，北达俄罗斯、蒙古，西连中亚，南接东南亚、印度。以中国为主体考察之时，不得不考虑到所有这些地域的全方位地势。今天中国人所抱有的地域认识与国际感觉并未变化，有必要理解中国与日本及朝鲜、韩国不同的复数的地域认识。

与战前、战后日本人文学者对东亚论的热切相比，中国知识人对于东亚论持有极为冷淡的态度。关于这一日、中、韩关心的不同，中国社会科学院文学研究所的孙歌如此谈道：

> 认真思考的话，"东亚"这一论调所提示的是，日本与韩国。从中国而言，"东亚"这一思考方式，在某种情境下是有效的，但绝不是一直有效的。例如其能否指称中国西部与南部地区？（中略）总而言之，作为绝对前提的"东亚"，应该被加上问号进行责备。（孙、白、陈，2006年，第23页）

孙歌指出，这一地域认识论并非只是知识人的问题，在别的书中他如下写道：

> 比如，从中国学会（指中国社会科学院）的情况来看，体制上存在"亚太研究"这一分野，几乎就是冷战构造的遗留物。但不用说"亚洲这一课题"并未作为思想的契机从这一分野中产生，即便连亚洲感也没能产生。近年，亚洲作为一种言说也开始在中国登场，但在中国的多数人间，仍如言说中国国内的一个地区一般言说亚洲，这一思维模式依然顽固地存在。（孙，2008 年，第 100 - 101 页）

中国史的专家沟口雄三也在与丸川哲史的对谈中如此论述中国人所具有的相同感觉：

> 中国人对本国的自我认识中，绝不存在东亚认识。即在中国人的本国认识中"东亚"是一个不存在的冲击。（中略）总而言之，从思想文化的层面而言，所谓东亚，乃日本、韩国、台湾等为了中国大陆周边的自我认识的媒介概念，中国并不实际存在其中。（孙、白、陈，2006 年，第 91 页）

沟口甚至断言，"将中国理解为'东亚'的一国之时，便产生了错觉"。

对中国乃至中国人而言，东亚论的提出究竟具有何种含义？实际上，中国国内在进入 21 世纪后，出版了许多冠以"东亚"的书籍。但与之相对，现状却是东亚论并未深化或无需深化。中国政府或中国人的思维中，纠缠着领土问题、资源问题、人权问题等，不仅周边各国,即便是其国内的某些声音,也存在现代中华思想、新霸权主义、帝国主义等批判。中国政府,无视这一内外批判,现在依然以全球化作为国家前进的目标(同上,第 101 页)。

2. 韩国的情况

在李氏朝鲜,1900 年安驹寿向《日本人》杂志投去了名为"日清韩同盟论"的文章,其中使用了"东亚"这一词汇,这是一个包括清与日本的概念(Zoellner,2009 年,第 280 页)。在《时代性》中,金凤珍也指出,1880 年代萌生的三国间连带意识、论调,在 1882 年壬午军乱后的日清对立下"漂流"了,此后经过朝鲜的保护国化、强制合并,"失踪"了(第 53 – 54 页)。在此后日本推行的殖民地化的过程中,他们也不可能拥有表明自身自我同一性的场合。

在战后韩国历史教科书的词目中,"东亚文化圈"最初出现在教学社 1984 年版的《高等学校世界史》一书。其中列举的文化内容有,汉字、儒教、律令体制、佛教,文化传播的范围遍及新罗、渤海、日本、越南等,其借用了西嶋定生的东亚世界论。此后中学、高等学校的世界史教科书中,虽然存在一定的差异,但大致以同样的内容进行说明。

当然在 1990 年代,韩国的东亚问题产生了新的思想潮流。2000 年 11 月,在首尔成均馆大学为纪念东亚学术院开设而举办的"东亚学国际学术会议"中,朴明圭(首尔大学)做了题为"围绕韩国东亚言说的知识社会学解释"的报告,其中这样说道:

> 90 年代东亚论的抬头,乃在韩国的地势史中再次对亚洲进行思考,应该大书特书。(中略)在超越国家间的关系这一层面,考察地区的实际状态,东亚带有怎样的问题,其 90 年代产生的新变化,在这些问题上围绕韩国、东亚的言

说,将过去的传统换一种新的读法,显示一种面向未来的新构想(子安,2003 年,第 85 页)。

进而,十分明确地显示出以回归战略的东亚为目标的,乃 1990 年出版的金星教科书《高等学校世界史》。其也受到了西嶋定生提倡的东亚世界论的影响。从如下表述中也可看出:

> 诸民族(新罗、渤海、日本)从唐引入的制度与文物各有差异,但大体上有律令政体、儒教文化与汉字、佛教。但唐与周边各国的连结圈是册封体制与朝贡制度。如此,形成了以唐文化为中心的东亚文化圈。[1]

无论如何,韩国采纳东亚论只不过是近 200 年的事,可以说其对亚洲的自我同一性仍是极为稀薄的。

但在此后韩国的教育现场,发生了与日本及中国不同的情况。总而言之,2006 年年末韩国教育科学技术部发布"历史教育强化方案",2009 年起开始实施新的教育课程,中高学生必修的"国史(韩国史)"与"世界史"内容被统合起来作为历史科目,着手尝试"在世界史的洪流中能够理解韩国史"。进而,高等学校 2、3 年级的选修科目"韩国近现代史"与"世界史"也被统一废除,设置了新的"东亚史"、"韩国文化史"及"世界史的理解"这三门科目。这样一种课程计划的改正,应以中韩恢复建交以来两国的接触逐渐加深为背景。

---

① 古田博司:《韩国的历史教科书资料集——社会科·世界史编》,2010 年 3 月,http://www. u. tsukuba. ac. jp/-furuta/kyoukasyo. pdf,最终检索时期:2016 年 5 月 23 日。

2007 年发表的"教育课程试行方案"中,"东亚史"这一科目,由从史前时代到现代共 6 个单元构成,最后一个单元"今天的东亚"中设置了"摩擦与和解"这一小单元,收录了"历史歪曲问题"。"东亚史"是"将以韩、中、日三国为中心的东亚地区的历史作为整体进行教学的科目","为消除东亚各国间的历史对立,并通过面向未来的历史教育,为了构建东亚和平与繁荣的基础,养成其历史认识"而设置。虽然其理由充分,但没有必要回避对其的评价(今野,2009 年,第 150 - 151 页)。从今天韩国的现状而言,"东亚史"的教育效果事实上仍处于难评功过的阶段。接近中国的韩国外交政策,暗示了这一点。

四、面向二十一世纪的东亚论

进入 21 世纪,全球化进程不断加速,至此以两国间协议为基础的地区间问题,成为更广泛地区间的复杂问题,在多国间签订协议的情况时有发生。当世界各地被全球化的价值席卷之时,借助加速的交通、通信技术的发展,人类的生活空间被压缩,生活方式向均质化发展。互相的生活空间被压缩,且因许多流动人口的进入,东亚间的纷争与反弹也极易产生。在地区社会内部,不仅阶层分化日趋明显,信息与教育、社会机会等方面的差距也不断扩大。加之,中国大国化,日本与韩国右倾化的趋势,对于各自周边地区的影响也不容忽视。问题是,为了将视线从这一问题上移开,政治权力与大众唤醒了民族主义。

由领土问题,安全保障与历史认识的问题,渔业圈问题等导致的国家间对立的局面引人注目,这确确实实令东亚各国的民族主义不断升级。在这一局面下,为构筑"东亚共同体论"而必要的"我们"的意识很难产生。在日本,官民一同超越东亚论,现在也与中国一样投入到了全球化的洪流之中。我们没有足够的时间停下来思考这是否是本质上应该前进的方向。

但在多元化的东亚中，的确开始着手追求各种层面的相互利益，尝试相互合作，这一持续不断的情况也不能忽视。

比如，进入 21 世纪后，日本大学中冠以"东亚"的研究所激增，便是一个佐证。2003 年庆应大学最早将地域研究中心改组为东亚研究所。翌年，二松学舍大学整合东洋学研究所、阳明学研究所、国际汉字文献资料中心等三家机构为东亚学术综合研究所。此外，京都大学于 2009 年将人文科学研究所的汉字情报研究中心改为东亚人文情报学研究中心，2010 年将大学院经济学研究科附属上海中心改组为东亚经济研究中心。

此外，中国与韩国在 1992 年恢复邦交，中国大陆与台湾地区在 2008 年 12 月解禁，实现三通，2010 年 6 月缔结了可以被称作 ETA 的两岸经济合作框架协议（ECAF）。进而，2011 年 9 月开始，为促进日、中、韩的和平与繁荣，国际组织三国合作事务局（TCS）在首尔开始活动。为谋求地区秩序稳定的尝试不应受到讥笑，但考虑到各自的政治企图是很有必要的。

到 21 世纪，面向东亚这一地区认识的共有化，各国、各集团、各人的努力，可以说才刚刚开始。即便摆脱了一国史的价值，但是否有必要以东亚这一地域史的观点来考察世界史，或不以地区与国家为媒介，直接投身于全球化之中。我们马上将临近这一需要做出判断的重要的十字路口。

参考文献

浅野丰美编：《战后日本的赔偿问题与东亚地域再编——请求权与历史认识问题的起源》，慈学出版社，2013 年。

荒野泰典:《近世日本与东亚》,东京大学出版会,1988年。

荒野泰典、石井正敏、村井章介编:《亚洲中的日本史》全六卷,东京大学出版会,
　　1992—1993年。

荒野泰典、石井正敏、村井章介编:《日本的对外关系》全七卷,吉川弘文馆,
　　2010—2013年。

安藤礼二:《近世论——危机时代的档案》,NTT出版,2008年。

茨木智志:《初期世界史教科书考——以〈世界史〉实施至检定教科书使用前后
　　的各类出版物为焦点》,《历史教育史研究》第16号,2008年。

上原专禄、江口朴郎、尾锅辉彦、山本达郎监修:《世界史讲座》第八卷(世界史的
　　理论与教育),东洋经济新报社,1956年。

冈本さえ编:《亚洲的比较文化 名著解题》,科学书院,2003年。

冈本隆司:《属国与自主之间——近代中朝关系与东亚的命运》,名古屋大学出
　　版会,2004年。

尾锅辉彦编:《世界史的可能性——理论与教育》,东京大学协同组合出版部,
　　1950年。

笼谷直人:《亚洲国际通商秩序与近代日本》,名古屋大学出版会,2000年。

川岛真:《中国近代外交的形成》,名古屋大学出版会,2004年。

川岛真、服部龙二编:《东亚国际政治史》,名古屋大学出版会,2007年。

菊池一隆:《东亚历史教科书问题的构图——日本、中国、台湾、韩国及在日朝鲜
　　人学校》,法律文化社,2013年。

贵志俊彦编:《近代亚洲的自画像与他者——地域社会与"外国人"问题》,京都
　　大学学术出版会,2011年。

贵志俊彦:《东亚流行歌时刻——越境的音 交错的音乐人》,岩波书店,2013年。

贵志俊彦、荒野泰典、小风秀雅编:《"东亚"的时代性》,溪水社,2005年。

黄俊杰:《东亚思想交流史——以中国、日本、台湾为中心》,藤井伦明、水口幹记
　　译,岩波书店,2013年。

黄东兰:《地域概念的受容与变容——东洋史中的"东洋"》,平野健一郎、古田和
　　子、土田哲夫、川村陶子编:《国际政治文化关系史研究》,东京大学出版会,

2013 年。

国分良成编：《世界中的东亚》，庆应义塾大学东亚研究所，2006 年。

小岛毅等编：《驶向东亚海域》全三卷，东京大学出版会，2013 年。

子安宣邦：《"东亚"如何言说——近代日本的东方学》，藤原书店，2003 年。

今野日出晴：《以"东亚"思考——涉及历史教育》，《岩手大学文化论丛》第 7、8
　　辑，2009 年。

左近幸村编：《近代东北亚的诞生——向跨境史的尝试》，北海道大学出版会，
　　2008 年。

孙歌：《站在历史的交叉口》，日本经济评论社，2008 年。

孙歌、白永瑞、陈光兴编：《后"东亚"》，作品社，2006 年。

武内房司编：《越境的近代东亚民众宗教——中国、台湾、香港、越南及日本》，明
　　石书店，2011 年。

Reinhard Zoellner：《东亚的历史——其构造》，植原久美子译，明石书店，
　　2009 年。

丰见山和行：《琉球王国的外交与王权》，吉川弘文馆，2004 年。

中村哲：《东亚资本主义形成史》全 3 卷，日本评论社，2005—2007 年。

西嶋定生：《西嶋定生东亚史论集》第 3 卷，岩波书店，2002 年。

羽田正：《东印度社会与亚洲海》，讲谈社，2007 年。

滨下武志：《近代中国的国际契机——朝贡贸易体系与近代亚洲》，东京大学出
　　版会，1990 年。

滨下武志：《朝贡体系与近代亚洲》，岩波书店，1997 年。

东亚地域研究会编：《讲座东亚近现代史》全 6 卷，青木书店，2001—2002 年。

桧山幸夫编：《帝国日本的展开与台湾》，创泉堂出版，2012 年。

深谷克己：《东亚法文明圈中的日本史》，岩波书店，2012 年。

夫马进编：《中国东亚外交交流史的研究》，京都大学学术出版会，2007 年。

松浦正孝编：《亚洲主义所言为何——记忆、权力、价值》，ミネルヴァ书房，
　　2013 年。

三谷博、金泰昌编：《东亚历史对话——超越国境与世代》，东京大学出版会，

2007 年。

宫崎市定：《宫崎市定全集》第 18 卷，岩波书店，1993 年。

村井章介：《亚洲中的中世日本》，校仓书房，1988 年。

村上卫：《海洋上的近代中国——福建人的活动与英国、清朝》，名古屋大学出版会，2013 年。

毛里和子等：《构筑东亚共同体》全 4 卷，岩波书店，2006—2007 年。

桃木至朗编：《海域亚洲史研究入门》，岩波书店，2008 年。

山室信一：《作为思想课题的亚洲——基轴、连锁、投射》，岩波书店，2001 年。

山本武利、田中耕司、杉山伸也、末广昭、山室信一、岸本美绪、藤井省三、酒井哲哉编：《岩波讲座"帝国"日本的学知》全 8 卷，岩波书店，2006 年。

林泉忠：《"边陲东亚"的自我同一性、政治学》，明石书店，2005 年。

历史学研究会编：《丛书 港口城市的世界史》全 3 册，青木书店，2005—2006 年。

和田春树、后藤乾一、木畑洋一、赵景达、中野聪、川岛真编：《岩波讲座 东亚近现代通史》全 10 卷、别卷，岩波书店，2010—2011 年。

"南京大学亚太发展研究中心"简介

　　"南京大学亚太发展研究中心"是由"南京大学郑钢基金·亚太发展研究基金"定向全额资助的一个对大亚太地区进行全方位、多层次、跨学科研究的机构。它致力于承担学术研究、政策咨询、人才培养、社会服务与国际交流等功能。

　　该中心是国内首家以"发展"为关键词命名的综合性地区研究机构，秉持"立足中国、面向亚太、辐射全球"的开放理念，旨在探讨亚太及全球"政治发展"、"经济发展"与"社会发展"诸领域的重要议题，彰显"和平发展"与"共同发展"的价值取向，弘扬"人类命运共同体"这一崭新的全球价值观。

　　"中心"定期主办"钟山论坛"（亚太发展年度论坛）、"励学讲堂"、"年度国际形势回顾与展望"等学术论坛，旨在推动国内外学界、政府、企业、社会之间的对话与交流。

　　"中心"主办的出版物有《南大亚太论丛》、《南大亚太译丛》等系列丛书，《南大亚太评论》、《现代国家治理》、《人文亚太》、《亚太艺术》等学术集刊。此外还有《工作论文》、《调研报告》、《工作通讯》等多种非正式刊物。

通信地址：江苏省南京市仙林大道 163 号南京大学仙林校区圣达楼 460 室南京大学亚太发展研究中心（210023）

电子邮箱：zsforum@nju.edu.cn

电话、传真：025 - 89681655

中心网址：https://www.capds.nju.edu.cn

微信公众号：CAPDNJU

南京大学亚太发展研究中心

微信号：CAPDNJU

本土关怀暨世界眼光　科学与人文并举
秉持严谨求学之学风　学术与思想共存
倡导清新自然之文风　求实与致用平衡

图书在版编目(CIP)数据

人文亚太. 第 1 辑 / 孙江主编. — 南京：南京大学出版社，2018.1

ISBN 978 - 7 - 305 - 19916 - 5

Ⅰ. ①人… Ⅱ. ①孙… Ⅲ. ①社会科学—文集 Ⅳ. ①C53

中国版本图书馆 CIP 数据核字(2018)第 021503 号

出版发行　南京大学出版社
社　　址　南京市汉口路 22 号　　　　邮　编　210093
出版人　金鑫荣

书　　名　**人文亚太・第 1 辑**
主　　编　孙　江
责任编辑　官欣欣　　　　　　　编辑热线　025 - 83593947

照　　排　南京南琳图文制作有限公司
印　　刷　常州市武进第三印刷有限公司
开　　本　880×1230　1/32　印张 11.875　字数 287 千
版　　次　2018 年 1 月第 1 版　2018 年 1 月第 1 次印刷
ISBN 978 - 7 - 305 - 19916 - 5
定　　价　48.00 元

网址：http://www.njupco.com
官方微博：http://weibo.com/njupco
官方微信号：njupress
销售咨询热线：(025) 83594756

* 版权所有，侵权必究
* 凡购买南大版图书，如有印装质量问题，请与所购
　图书销售部门联系调换